国内贸易部部编
中等专业学校商贸系列教材

商品学概论

(修订本)

盛显欣 主编

中国商业出版社

图书在版编目（CIP）数据

商品学概论/盛显欣主编.——2版（修订本）
——北京：中国商业出版社，2000.5（2018.1重印）

ISBN 978-7-5044-2302-3

Ⅰ.①商… Ⅱ.①盛… Ⅲ.①商品学—中等专业学校—教材 Ⅳ.①F76

中国版本图书馆CIP数据核字（2018）第010352号

责任编辑：陈李苓

中国商业出版社出版发行
010-63180647　www.c-cbook.com
（100053　北京广安门内报国寺1号）
新华书店经销
北京军迪印务有限责任公司印刷
*
850×1168毫米　32开　9.75印张　251千字
2012年9月第2版　2018年1月第13次印刷
定价：26.80元
* * *
（如有印装质量问题可更换）

修订说明

《商品学概论》系原内贸部统编中等专业学校商贸系列教材,自 1994 年出版以来,先后发行数十万册,在社会上产生了广泛的影响,受到了广大师生和读者的喜爱,这对我们编写者来说,既是鼓励又是鞭策。

随着社会主义市场经济的深入发展,科学技术水平的不断提高,我国生产经营活动客观上发生了很大的变化,商品学研究也有了一些新的进展。相比之下,原教材中的部分内容已陈旧过时,而且在出版后的六年中,许多同志对本书非常关心,提出了不少宝贵的建设性意见,说明了书中尚有若干不足之处。为了适应我国现代化管理和教学活动的需要,我们应中国商业出版社之约,对原教材进行了较全面的修订和补充。

在修订过程中,为使本教材能较好地体现现代科技水平,正确反映我国社会主义建设的现状,力求使相关内容更加切合当前生产经营活动发展趋势的要求,我们在查阅了国内大量的最新资料,调查分析了一些企业改革经验的基础上,针对中等专业学校、职业学校学生可接受的程度,运用理论与实践相结合的方法,对教材中有关理论做了比较简练而概括的阐述,增加了"产品开发"一个新章目,扩展了与商品相关的法律知识,填补了商品条码的编排结构、识别方法和应用知识,全面地介绍了我国最新的商品分类体系,改写了"商品标准"一章中的大部分内容,其他部分也做了力所能及的修改。

修订中，我们特别注意保持和发扬原教材的一些优点，并努力纠正了书中的缺点、错误。但是，由于编者的水平所限，修编时间又很短促，修订本中如还有错误或不妥之处，请读者继续给予批评指正。

参加这次修订工作的有盛显欣、姜瑞华同志，最后由盛显欣同志统改定稿。修订本中借鉴了一些专家学者卓有见地的研究成果和相关资料，得到了中国商业出版社刘洪涛、蓝垂华等同志和山东省青岛商业学校领导、老师的大力支持，在此一并致以诚挚的感谢。陈道玉、余一夫、郭云生同志在编写原书初稿时，为本教材付出了艰辛的劳动，借此机会向他们表示深深的敬意。

编　者

1999年9月

编审说明

　　国内贸易部部编中等专业学校商贸系列教材，是适应社会主义市场经济发展的新形势，按照建立社会主义现代企业制度和"建立大市场、搞活大流通、发展大贸易"的要求，结合我国财税、金融体制等改革情况，由国内贸易部教育司组织有关专家、教授和长期在教学第一线任教的教师编写的。经审定，可作为国内贸易部系统中等专业学校教材，也可作为各类中等成人学校、在职干部业务岗位培训教材和企业职工自学读物。

　　《商品学概论》是商贸系列教材之一，由盛显欣任主编，陈道玉任副主编。参加本书编写的有：山东省青岛商业学校高级讲师盛显欣（第一、二章），湖北省物资学校高级讲师陈道玉（第三、六章），浙江省粮食学校讲师俞一夫（第四、五章），辽宁省供销学校讲师郭云生（第七、八章）。全书由盛显欣总纂，最后由北京商学院郭汉臣副教授审阅。

　　在编写过程中，得到了许多学校领导和教师大力支持，在此一并致谢。由于编写时间仓促，水平有限，缺点疏漏在所难免，请广大读者提出宝贵意见，以便进一步修订完善。

国内贸易部教育司
1994 年 5 月

目 录

第一章 绪论……………………………………………(1)
 第一节 商品学的产生和发展 ………………………（1）
 第二节 商品及其内涵 …………………………………（7）
 第三节 商品学研究的对象和任务 …………………（12）
 第四节 商品学研究的内容和研究方法 ……………（15）
 第五节 学习商品学的重要意义 ……………………（18）

第二章 商品质量……………………………………（22）
 第一节 商品质量的概念及其意义 …………………（22）
 第二节 商品质量的基本要求 ………………………（29）
 第三节 决定和影响商品质量的因素 ………………（44）
 第四节 商品质量管理与质量监督 …………………（47）

第三章 商品分类……………………………………（54）
 第一节 商品分类及其作用 …………………………（54）
 第二节 商品分类标志 ………………………………（59）
 第三节 商品分类体系 ………………………………（64）
 第四节 商品目录和商品代码 ………………………（73）

第四章 商品标准……………………………………（84）
 第一节 商品标准和商品标准化 ……………………（84）
 第二节 商品标准的作用与分类 ……………………（86）
 第三节 商品标准的制定 ……………………………（97）
 第四节 产品质量监督与认证 ………………………（106）

1

第五章 商品鉴定 (116)
第一节 商品鉴定的概念与作用 (116)
第二节 商品鉴定的基本层次 (119)
第三节 商品鉴定的基本方法 (123)
第四节 商品鉴定的抽样方法 (140)
第五节 商品的品级 (144)

第六章 商品成分、结构和性质 (148)
第一节 研究商品成分、结构和性质的意义 (148)
第二节 商品的基本化学成分 (151)
第三节 商品结构 (157)
第四节 商品的性质 (172)

第七章 产品开发 (192)
第一节 产品寿命周期 (192)
第二节 产品开发及其作用 (199)
第三节 新产品开发的要求和方式 (203)
第四节 产品开发程序 (209)

第八章 商品包装 (214)
第一节 商品包装及其作用 (214)
第二节 商品包装的种类与包装材料 (217)
第三节 商品包装标准化 (234)
第四节 商品包装标志 (239)
第五节 商标 (255)

第九章 商品储运与养护 (266)
第一节 商品储存 (266)
第二节 商品运输 (272)
第三节 商品养护 (279)

第一章 绪 论

第一节 商品学的产生和发展

商品学作为一门独立的学科,已有二百余年的历史。

商品学的产生是商品经济发展到一定阶段上的必然产物,属于一个历史范畴。

人类社会从原始阶段发展到现在的高科技时代,社会经济已出现过三种基本形式,即自然经济、商品经济和计划经济。在原始阶段上的自然经济条件下,生产力水平非常低下,人类处在刀耕火种的时期,劳动工具简陋,产品没有剩余,没有商品交换,更谈不上商品生产。随着生产力的发展,劳动产品自给有余,人们为了调节生产和生活的需要,原始的商品交换形式——物物交换产生。交换的发展使人类社会逐步地进入了商品经济社会,但在简单的商品经济条件下,交换方式单一,具有相当大的偶然性。生产力的不断提高和社会的进步,促进了商品经济的迅速发展,专门为交换而生产的产品越来越多,交换范围不断扩大,交换形式多种多样,推动社会进入了商品和货币时代。随着发达的商品经济的产生和发展,文化科学水平的提高,为适应商品生产、交换和消费的需要,逐渐地形成了商品学这一专门研究商品的科学。

一、我国商品学发展概况

我国是一个具有悠久历史的文明古国,在人类文明史上印记着光辉灿烂的一章,商品经济也曾一度发达,为商品学的诞生奠定了物质基础,对现代商品学的发展也有着重要的贡献。

据考证,我国处在原始公社末期,就有了简单的物物交换,随着社会生产力的发展,私有制的出现,手工业从农业分离出来,有了商品生产。商代(公元前16世纪～公元前11世纪)农业就比较发达,已能用多种谷物酿酒,手工业已能铸造精美青铜器和烧制白陶,商品交换已成为社会生活中的经常现象,出现了规模较大的早期城市。战国时期,商品交换的场所由分散的、不定点的形式,逐渐地向城市集中,形成了固定的市场。到了汉朝已经有以长安、洛阳、邯郸、临淄、成都为中心的大市场出现。当时经营的商品主要是本地区生产的一些生活用品,如铁器、陶器、食品、盐等,商品生产社会化的规模还很小,商品交换的数量仍然有限,交换范围具有很大的局限性和割据性,使用者对商品的要求不高,而且单一。唐朝(公元618年～公元907年)是我国封建社会的鼎盛时期,那时的农业、冶炼业、烧瓷业、印刷业和其他手工业都有了很大的发展,商业空前繁荣,西京(西安)、京京(洛阳)两地的商业已很发达,广州、泉州、扬州等都已成为我国对外贸易的重要商埠。到了唐朝中期,茶叶从江南传到北方,茶作饮料逐渐盛行。由于茶叶大多产自江淮一带,运到京城的品种很多,色、香、味各异,茶商和饮用者迫切需要了解茶的知识,由此引起了在京城寺院长大的竟陵(今湖北天门)人陆羽的极大兴趣。他搜集了大量有关茶叶的种植、采制和消费方面的知识,根据所见所闻,于公元780年写出了《茶经》一书,共三卷十篇,详细论述了各种茶叶的形状、品质、产地、采制、炮制用具及烹饮方法。书中还对茶叶的功能、品质鉴定及贮藏方法等方面的知识作了专门介绍。《茶经》的问世,促进了茶的生产与消费,使唐朝的茶叶经营成了与盐并驾齐驱的大行业。唐德宗时期茶税渐增,唐文宗时,还特意设置了榷茶使。中国的茶叶所以名闻世界,同《茶经》的传播有密切的关系,它也为商品知识的系统论述开创了先例,可以说《茶经》是世界上最早的一部商品学专著。

公元659年(唐高宗显庆四年)出版了《新编本草纲目》20卷;公元1590年(明神宗万历十八年)出版的李时珍《本草纲目》5册计52卷,两书相继传入日本,并在日本普及开来。所以日本的商品学学者中占主流的一种看法认为,商品学是由本草学和物产学演变而发展起来的。

我国过去长时期内,商品经济很不发达,历史上虽然除了《茶经》、《本草纲目》外,尚有吴中孚的《商贾便览》、王秉之的《万宝全书》等有关商品知识的研究;近代通过引进还出现了盛在珣于1925年撰写的《商品学》,1932年刘冠英的《现代商品学》,1937年方嘉东著的《商品研究通论》等,这是我国近代商品学研究中的早期著作。然而,在腐朽没落的封建统治下,以及后来帝国主义列强对我国的侵略和掠夺,使我国沦为半封建半殖民地社会,商品经济得不到充分的发展,也阻碍了商品学研究的发展,使我国商品学的研究水平一度远远落后于世界水平。

新中国成立之后,国民经济得到了迅速恢复和发展,商品学的研究和教学工作受到了党和政府的极大重视和关怀,取得了一系列的进展。1950年以后,许多高等院校相继设立了贸易经济、对外贸易、供销等专业,并开设了商品学课程。为适应教学发展的需要,从1953~1962年,中国人民大学曾编辑出版《商品学总论》等5个分册;黑龙江商学院出版《日用工业品商品学》、《食品商品学》、《五金商品学》等；各有关商业、财经院校与商业部门共同编写了《纺织品商品学》、《针织品商品学》、《百货商品学》、《棉花商品学》、《茶叶商品学》等多种专业商品学，使我国的商品学初步形成了自有的体系。商业部所属中等专业学校及某些经济类学校也开设了商品学课程，为国家培养了一大批专业人才。1963年在哈尔滨市召开了全国商品学学术讨论会，会上发表了多篇商品学理论研究的文章，并对商品学研究的对象和研究内容展开了热烈的讨论。此后，上海、北京、天津、广州等地的大型商业企业出版了定期的商品知识刊物，这对我国商品学的研究和发展，起到了积极地推动作用。

党的十一届三中全会后，我们整个国家的中心工作转移到了社会主义现代化建设上来，特别是十四大以后，随着我国经济体制的转变，大力发展社会主义市场经济，为商品学的科研和教学工作，创造了良好的机会。在这期间，全国商品学会和地方学会、研究会先后成立，涌现了一大批热心商品学研究的理论工作者和实践工作者。最近几年，为适应现代化管理和教学工作的需要，有不少学者试编《商品学概论》(北京)、《现代商品学基础》(上海)、《商品学基础》(华东地区)、《百货商品知识与养护》(山东)以及适用于电大、函授教学的各种商品学教材，使商品学的研究和教学工作进入了一个崭新的发展时期。

从上述我国商品学的产生与发展历程来看，很明显它是为适应商品经济发展需要并为传播商品知识、教育和培养专业人才而产生和成长起来的。

二、国外商品学发展概况

在国外，对商品的研究起步较晚，但发展很快，有关商品的研究和著述是作为商品的一部分来进行的。据西方和日本文献记载，现存世界上最早的商业著作，是9至10世纪间身居大马士革的阿拉伯人阿里·阿德·迪米斯基著的《商业之美》，该书的副标题是"关于优质商品和劣质商品的鉴别方法及对商品骗子伪货的识别指南"。从一千余年前世界上早期的商业发展来看，识别商品质量优劣、真伪已成为当时经商人所必备的知识和技能。因此，广泛和深入的商品知识，作为培养与造就精明能干商人的基础理论，日益扩展到商业研究中来。在此之后，当时欧洲的商业中心，意大利各城市的商人也著述了大量的内容近似的著作。

16世纪中叶，欧洲兴起了许多新的工业部门，如造纸、火药、制糖、棉织、军工和造船等。随着蒸汽机的出现，新技术的应用，自然科学在理论方面也取得了重大突破。社会化大生产和随之而来的新的生产关系极大地促进了商品生产和商品交换。在这种条件下，商品研究和商业研究更密不可分地结合起来，出现了意大利普那裴特药剂师著的药物商品学——《生药学》；俄国也出现了首批商品学书籍，叙述了商品及贸易的有关知识；法国官员沙瓦利著有《完美商人》，这是一部系统的并享有盛名的商业业务指导书，书中用十余章记述了关于纤维制品和染料为主的各种商品的产地、销路、包装和贮藏方法等。

18世纪，德国人约翰·贝克曼教授（Johann Beckmann）于1780年在德国格廷根大学首先开设了商品学课程，并于1793～1800年出版了《商品学导论》。该书为两卷本，第一卷内容主要是商品的制造工艺与方法。第二卷的内容包括：商品的分类、性能、用途、质量、价格、检验和鉴定、产地和主要市场、商品包装等。从而明确和扩展了商品学研究的范围，建立了学科体系。同时,选定了一些国外贸易商品进行了分析并作出规范性的叙述,为贸易商品进行学科叙述创造了先例,贝克曼认为,学习和掌握了这些作为商业工作者必需的基础知识和工艺学、商品学之后,就能获得全面的商品知识。他的理论受到了社会科学界学者的欢迎,被西方称为《商品学》的创始人,他所创立的《商品学》被誉为"贝克曼商品学"。

在东方,日本商品学的发展也经历了一个相当长的过程,可追溯到江户时代的物产学、物产志等,明治时代(公元1852年~1912年)将学科名称定名为"商品",明治二十四年首次出版了日本人户田翠香编著的《日本商品学》,并规定为学校的教材。

19世纪,在工业革命的推动下,创造了巨大的生产力,给资本主义的发展提供了强大的物质基础。商品经济的发展推动人们对商品研究的范围不断扩大,研究的层次不断深入,促进了商品学的发展,确立了商品学成为一门独立学科的科学地位。19世纪中叶,由于自然科学和技术的飞速发展,不少学者运用物理、化学等方面的研究成果,开展了对商品学的研究,把研究商品的内在质量、确定质量标准、拟定检验和鉴定方法,作为商品学研究的主要内容,在建立商品学的自然科学体系方面取得了显著成果。

第二次世界大战以后,商品学的研究又有了新的发展,在西欧形成了"经济学体系"的商品学,在前苏联及东欧各国则形成了自然科学和技术科学的学派。此后,各国开设的商品学课程以自然科学和技术科学为主,又大量引进市场学的内容,以美国、日本、意大利为代表,形成了"经营商品学"这个新的理论体系。

一门学科的发展,一方面是靠学科的教育,以扩展普及面使更多的人熟悉和掌握这门学科;另一方面是靠这门学科科学研究的深入和学科水平的提高而扩展应用面,使其对国家的建设和社会进步发挥作用。其中包括学术活动,因为它是沟通学术交流,促进学科教育和科学研究活动的有利环境条件。1976年10月8日在奥地利的萨尔斯堡成立了国际商品学会,以德文缩写"IGWT"为会徽标志,会刊为《商品论坛——科学与实践》,活动中心设在维也纳经济大学。从此,商品学在世界范围内建成了巩固的地位。

第二节 商品及其内涵

一、商品的概念和特征

商品是指用来交换、能满足人们某种需要的劳动产品。

一切商品都具有使用价值和价值两个因素。首先,商品必须能够满足人们的某种需要,即具有有用性,同时还要有为了交换而生产的产品形状、式样、规格等特征,商品的这类特征,表现为商品的自然属性,它构成了商品的使用价值。商品的使用价值是商品社会属性的前提,即商品价值的物质承担者。其次,商品是用来交换的劳动产品,不同的使用价值之间所以能够按一定比例交换,最基本的是因为它们在生产中都耗费了一定量的人类劳动,形成商品的价值。商品的价值用货币来表示,就是商品的价格,表现为商品的社会属性,它从属于商品的自然属性并从中派生。如无自然属性这一前提,则不存在商品的社会属性问题。卡尔·马克思在分析商品时指出:"没有一个物可以是价值而不是使用物品。如果物没有用,那么其中包含的劳动也就没有用,不能算作劳动。因此不形成价值。"(马克思《资本论》第1卷第54页,人民出版社1975年版)

任何商品,对于它的生产者来说,只能占有价值,不能同时占有它的使用价值。相反,对于商品的消费者来说,只能占有使用价值,不能同时又占有它的价值。因此,一切商品都是使用价值和价值的矛盾统一体。

为自己消费而生产的产品,不是商品;为他人生产,但不经交换的劳动产品,也不是商品。因为这类产品,只有使用价值而无价值,不能体现货币形式。所以说,商品是在一定经济条件下产生和存在的历史范畴,是社会分工和产品属于不同所有者的结果。

在商品经济高度发展的现代社会中,工农业生产用的生产资料和人们衣、食、住、行用的生活资料,绝大多数需要通过交换而获得,它们大都是商品。

同时必须看到,在以市场机制为资源配置主要手段的经济运行环境中,劳动产品交换的范围和领域不断扩大,从具有实体形态的有形产品,扩展到不具实体形态的无形产品,它包容了一切用来交换的、能满足人们需要的、具有使用价值和价值的物质产品和精神产品。如信息商品、技术商品、金融商品、劳动力商品乃至一件事物、一种观念等等。这些商品的出现,同样是社会经济发展到一定阶段上的必然产物,是不以人们主观意志为转移的客观必然性。

作为生产经营者还要清楚的认识到,用来交换而尚未交换的产品,只是形式上的"商品"而已,并不等于是现实的商品,只有当这种商品通过交换(销售)之后,实现了它的价值和使用价值才能成为现实的商品。例如,一个商品生产者生产一批产品准备出售,其中售出的那一部分,其使用价值转移到消费者手中,生产者以价格形式换回货币,表现为商品价值的实现,即使用价值和价值都得到实现,这部分产品就是现实的商品;而没有销售出去的那一部分,最终将成为废品,它既没有使用价值,也没有价值,而且在其生产过程中浪费了大量的社会资源。近几年不少厂家不按市场规律和消费者需求盲目生产,造成了大批商品积压以至报废,就是一个鲜明的例子。

另外,信息、技术、金融等,它们作为商品的存在是有条件的。例如,信息泛指事物存在方式和运动状态的反映,具体表现为消息、情报、数据、资料、图像等等。但是信息并不都是商品,在市场经济条件下,有些信息是需要通过有偿交易才能获得的,所以只有在市场上流通的,并通过交换的信息才具有商品的属性,才能称为信息商品。

信息商品、技术商品、金融商品等主要表现为社会属性的效用,而商品学是以商品的自然属性为主导,研究其使用价值及其实现的科学,故本教材着重分析研究有关工农业生产的、具有实体形态的实体商品,即生产资料、生活资料等。

二、商品整体概念

随着商品经济的高度发展,人们的需要水平越来越高,对商品的应用范围和要求更加广泛。现代经济学家在总结了这一事实后认为,商品应该是一个整体概念,或叫做产品整体概念。它应包括一切能满足消费者某种需求和利益的有形实体和无形服务。前者给消费者带来物质利益和某种需求的满足;后者给消费者带来精神上的满足和信任感。在市场经济条件下,只有这样的商品,消费者才乐于接受,产品才能转化为现实的商品。

概括地说,商品整体概念是指由商品的实质性、实体性和服务性三方面构成的统一体或系统。这个系统分为三个层次:第一个层次称为核心产品,体现商品的实质性。它是指商品带给消费者的最基本的效用和利益,即主要的实际用途,如衣服的首要功能是蔽体或御寒,钟表则是计量时间。第二个层次称为形式产品,体现商品的实体性。它是指商品能带给顾客某些特殊利益,即产品的外部特征,如商品的品质、特点、式样、包装、商标等。第三个层次称为附加产品或延伸产品,体现商品的服务性。它是指围绕商品使用价值的应用,给顾客带来的附加利益,如商品运送、安装、维修及质量保证等。

归纳起来,商品整体概念由以下要素构成:

(一)商品的效用。所谓效用,是指商品能满足买主需求的某种使用价值或功能。它是商品的核心部分,是消费者追求的核心利益,是满足消费需求的中心内容。

(二)商品品质。主要指商品理化性质、技术经济性能、使用寿命等因素。是表明商品内在质量水平的主要标志,它要求商品不仅具有有用性,而且要具有适用性,是消费者最关心的要素之一。

(三)商品式样。主要指商品的结构原理、造型是否先进,花色是否新颖,它是决定商品吸引顾客能力强弱的重要因素。

(四)商品特点。是指某商品与同类或同种商品比较,所具有的与众不同的优良特征。它在很大程度上决定产品竞争能力的强弱。

(五)商品包装。是商品整体中的重要组成部分,它能强化产品的特征和风格,并具有保护商品、方便购买、促进销售的功能。同样的商品实体用不同的包装,在市场上可产生完全不同的价格,它也是商品价值增值的重要手段。

(六)商品商标。不同厂家的产品是由商标加以区别的,它是企业的一种无形的资源。产品的声誉往往表现为某一商标的声誉。有时某种商品启用全新的商标,可以认为是一种新产品。

(七)商品保证。属于产品售后服务的重要内容,指生产经营者对工业配套产品、实施三包的产品,以及有关使用安全、卫生产品等的质量特征实施的售后服务活动。包括技术咨询、备用品、配件的供应及维修等,在保证期限内,企业应根据产品质量法规和商品标准的规定,满足顾客对质量、安全性和可靠性要求的程度。

(八)商品维修。维修是保证商品使用寿命的一种必要措施。生产经营者出售商品时,应根据有关规定或商业惯例,向顾客出具购物凭证或服务单据,作为保修期限或顾客要求维修的依据,当商品出现质量问题时,企业采取上门维修服务或定点维修的形式,以保证消费者的正常使用。

(九)商品运送。者根据商品特点或顾客提出的要求,采取送货上门的服务措施。商品运送在实际操作中,应视产品特点、商品价值、服务对象和运送里程,预先确定免费或有偿的界限,以避免争议,维护企业声誉和消费者利益。

(十)商品安装。是企业向用户提供现场技术服务的重要内容,包括承担安装、调试、指导正确使用等。特别是对于机电产品、交通工具、家用电器及其他高科技产品,当使用者对其安装和使用知识不够了解时,企业提供安装服务有利于指导消费和维护产品性能。

商品保证、运送、安装、维修属于商品整体概念中的无形产品,它们是实现商品效用的可靠保证。在现代,消费者对产品的要求日益增高的情况下,购买者十分关心产品的安全可靠。因此,产品的服务性是满足社会需要的客观要求,在整个产品中绝不是可有可无的,而是商品整体概念中的不可缺少的要素。

综上所述,建立商品整体概念,是时代赋予的历史使命,它意味着商品经济的发展又进入了一个新的历史阶段,商品生产者和经营者只有生产出并掌握着具备以上各种要素的商品,才能向社会提供现代的、人们需要的商品,也才能使形式上的商品转化为消费者使用的现实商品。

第三节　商品学研究的对象和任务

一、商品学的研究对象

商品学是研究商品使用价值及实现商品使用价值规律的科学。

关于商品的价值范畴,如商品价值的形成和实现等问题,是由政治经济学、经济学及有关经济门类学科来研究的。

商品学以商品的使用价值为研究对象,是按照学科形成的分工和社会主义市场经济发展的必然要求,以满足消费者(或用户)对商品的需求为出发点,以商品质量为中心,以商品整体概念为线索,全面分析研究商品的实体性、实质性和服务性。其目的就是为了认识和掌握商品能够满足各种消费效用以及实现这些效用的规律。即从使用价值的角度,研究什么样的商品是最受消费者欢迎的、乐于接受的问题,从而改进商品、更新商品、更好地满足广大消费者对商品效用的需求。

在生产和生活中,人们追求商品的效用是从两个方面展开的。首先是商品的基本的、物质的、实质的效用,它属于商品的自然有用性,包括商品的成分、结构、形状、性质、包装等,是满足使用者在某一方面具体需要的效用。如粮食可以充饥,衣服可以御寒,钢铁可以制造器械等等,来满足人们直接的物质的社会适应性,包括时代性、流行性、民族性、地域性等,是人们主观价值的体现,处于社会联系之中,受到各种社会因素制约的效用,它能满足人们在精神上和感情上的需要。如衣物可以美化身体;具有艺术感染力的装潢材料,能使人们感到高贵和舒畅等。可见,商品学研究商品使用价值,就必须从商品的效用入手,并通过对商品整体的分析与综合,全面研究其属性与技术问题。

作为商品学研究的使用价值,必须具备以下三点:

第一,必须是劳动产品的使用价值;

第二,必须对他人有用,是社会的使用价值;

第三,必须通过等价交换让渡给他人,从而成为交换价值的物质承担者。

按以上三点的规定,现代商品学必须在研究使用价值的同时,联系商品的实体性和服务性,广泛地探讨商品在生产领域、流通领域、消费领域以及新产品的开发等各个领域与商品使用价值密切相关的问题,以便发现和解决商品在生产、流通和使用中的运动规律,使商品学成为连接生产技术与商品经济的桥梁,连接工农业生产与商品流通的纽带。归根结底,商品学是一门研究商品使用价值的决定及实现商品使用价值规律的应用技术科学。

二、商品学的任务

商品学的任务是由其研究对象和内容决定的,即从商品学的研究对象出发,以商品质量为中心,在全面阐明与商品使用价值有关的商品质量的基础上,找出影响质量变化的各种内外因素及规律,探求提高商品质量和开发新产品的途径,促进企业的现代化管理,以利于发展商品生产、扩大经营、满足消费。为此,商品学的任务主要是解决下列几个专题:

(一)为发展生产、扩大经营、开发市场创造条件。通过分析、探索商品的成分、结构、工艺流程来改进生产技术,不断开发新产品;明确商品的用途和使用要求,发掘商品的多种用途和利用方法,扩大商品的使用范围,延长商品的使用周期,并据以向消费者科学地、客观地介绍商品,从而为发展生产、扩大经营、开发新的市场创造条件。

(二)准确评价商品质量,维护国家和消费者的利益。通过对商品使用价值的分析和综合,明确商品的质量标准、检验和识别方法,能全面准确地评价、鉴定商品的质量、杜绝伪劣产品流入市场,切实维护国家和消费者的利益。同时,可据以评比名牌、优质产品,促进企业开展竞争,增产适销对路、物美价廉的名优产品。

(三)实现对商品的科学分类管理,促进企业现代化管理水平的提高。在研究商品使用价值及其变化规律的基础上,科学地选择商品分类标志、正确地确定分类方法,努力实现科学的分类和管理,促进专业化分工和社会化协作,以利于调整产品结构、经营结构和加强宏观管理,提高企业的管理现代化水平。

(四)研究改进商品包装、储运,努力降低商品损耗。通过对这些与商品质量相关内容的研究,掌握不同商品在生产和流通过程中可能引起质变的各种因素,以根据商品本身的特性确定适宜的包装,进行合理的储存与运输,以利于保护商品质量,降低商品损耗和避免商品损坏。

(五)培养专业人才,提高职工素质。商品学是企业经营活动中一门必修的基础知识课,它的任务之一,就是为使从事经营管理的人员获得必备的商品知识与理论,为培养造就一代具有一定科学知识和管理能力的干部、职工队伍奠定基础。

第四节 商品学研究的内容和研究方法

一、商品学研究的内容

随着我国市场经济的深入发展,科学技术的进步和现代经营管理水平的提高,商品学研究的内容越来越丰富,涉及面越来越广泛。

当前,商品学研究的内容应适应市场经济和改革、开放的需要。充分估计各类商品在国民经济中的地位和作用,为促进生产力的发展,为社会主义现代化经营管理素质的提高,为满足人们日益增长的物质文化需要以及为适应发展国际贸易服务。在这一大前提指导下,商品学研究的内容必然要从商品的自然属性扩展到社会属性来进行。

按照商品学研究对象的分析,商品的自然有用性是商品使用价值实现的物质基础,商品的社会适应性是商品使用价值实现的必要条件,而商品的自然有用性和社会适应性的综合,构成商品质量。所以,商品质量决定着商品运动的全过程,它是商品学研究的中心内容。

围绕商品质量这个中心内容,商品学研究的具体内容归纳起来主要是:

(一)研究商品的自然属性,诸如商品的成分、结构、外观、性能等,以阐明商品使用价值构成的物质基础、商品质量差异、质变原因与趋势,找出改进商品质量的途径。

(二)研究原材料、工艺过程、流通过程对商品质量的决定和影响,以分析商品质量的各种外部因素,从而维护商品质量,降低商品损耗。

(三)研究商品分类及品种特点,以阐明商品质量管理的重要性,并提供质量分析、鉴定、分级与保管的科学依据。

(四)根据市场需求变化,研究开发新产品和系列产品,推进产品升级换代,以改善和提高人们的生活质量。

(五)根据商品标准,研究商品质量的鉴定方法,以便准确地监督商品质量,正确识别真伪商品和做好使用价值的评价工作。

(六)研究商品的包装、储运、养护技术和方法,掌握商品质量在流通中的变化规律,以便提出维护商品质量的具体措施。

(七)从加速实现商品使用价值和价值的角度研究商品的服务性,阐明商品必须在合理使用条件和使用方法下,才能达到预定的使用效果和使用寿命。

以上提出的研究课题,是随着社会生产力水平的提高,科学技术的进步,人类生产范围的扩展而不断被开发出来的。商品使用价值领域的不断拓宽和商品质量水平的不断提高,又向着更加高深的层次发展。例如,石油商品不仅是燃料,也是制造塑料、合成橡胶、合成纤维等的重要原料;金属铁可以和其他金属或非金属组成多种用途的合金;食品的营养功能在不断地被发掘;商品的包装、运输和养护技术的不断创新,又直接对商品质量和商品有用性的维护、提高起着重要的作用。因此,商品学研究的内容和领域决不是一成不变地停留在一个水平上,而是要深入探索和发掘,使其更加适应商品经济调整发展的需要。

二、商品学的研究方法

研究方法是揭示研究对象的手段。任何一门以某种客观规律性为研究对象的科学,都有与之相适应的一套合乎科学的研究方法。由于商品的使用价值是商品的自然有用性和社会适用性的统一。因此,商品学的研究方法是按照研究的具体课题,采取不同的形式进行的。归纳起来主要有社会调查法、现场实验法、分析实验法、技术指标法、对比分析法等。

(一)社会调查法

商品的使用价值是一种社会性的使用价值,全面考察商品的使用价值需要进行各种社会调查,特别是在商品不断升级换代、新产品层出不穷的现代社会里,这方面的调查显得更加实际和重要,而且具有双向沟通的重要作用,在实际调查中既可以将生产信息传递给消费者,又可以将消费者的意见和要求反馈给生产者。

社会调查法通常可采用现场调查、问卷调查、直接面谈和定点统计调查等形式进行。

(二)现场实验法

就是通过一些专家,或有代表性的消费者群,凭人体感官的直觉,对商品的质量及其与商品质量有关的方面作出评价的研究方法。这种方法的正确程度受参加实验者的技术水平和人为因素的影响,但运用起来简便易行,适于很多商品的质量评定。如对食品、茶、酒的品尝和某些新产品的试用、试穿等,都属于这种方法。

(三)分析实验法

这是一种在实验室内或一定试验场所,运用一定的实验仪器和设备,对商品的成分、构造、性能等进行理化鉴定的方法。这种实验方法大多在实验室内或要求条件下进行,对控制和观察都有良好的条件,所得的结果正确可靠,是分析商品成分、鉴定商品质量、研制新产品的常用方法。

(四)技术指标法

是一种在分析实验的基础上,对一系列同类商品,根据国内或国际生产力发展水平,确定质量技术指标,供生产者和消费者共同鉴定商品质量的方法。

（五）对比分析法

是将不同时期、不同地区、不同国家的商品资料收集积累,加以分析比较,从而找出提高商品质量、增加花色品种、扩展商品功能的新途径。运用对比分析法,有利于经营部门正确识别商品和促进生产部门改进产品质量、实现商品的升级换代,更好地满足广大消费者的需要。

第五节　学习商品学的重要意义

随着我国经济体制改革的不断深化,社会主义市场经济的深入发展,我国工农业生产有了较大的增长,劳动产品数量不断增加,进入市场的商品品种、投量不断增多。社会化的大生产,需要社会化的大流通,而社会主义市场经济的一切经营活动,都是围绕着商品的运动而进行的,并通过商品购销活动和提供优良的服务来满足消费者和用户的需求。因此,生产经营者、贸易工作者、企业管理者只有在学好相关政治理论、经济理论、法律法规、管理知识的同时,还应学习商品学,才能有效地把握商品生产的发展方向和消费增长的趋势,以市场为导向,正确地了解消费需求,科学地确定产品结构,不失时机地生产适合人们需要的商品；在对外贸易中才能按质、按量、适价地组织好商品进出口工作；在商品运输中才能科学地进行商品包装、贮藏和运输工作,以保护商品质量、降低损耗和减少损失。这样才能加速商品流转、活跃市场、促进生产的不断发展和社会财富的不断丰富、增加国民收入。所以说,学好商品学是我国现代化建设的需要,是对外开放的需要,是生产经营企业实践的需要,也是指导消费,合理使用商品的需要。对于国民经济的发展、企业经济效益的提高和职工素质的提高等,都有着重要的意义和作用。

一、学好商品学是我国现代化建设的需要

当前,国家工作重点是进行社会主义现代化建设。社会主义现代化建设是以经济建设为中心,经济建设又是以经济效益为中心,而经济效益的实现,需要商品质量来保证,就应以商品质量为中心。在我国已形成买方市场的大环境中,消费者购买商品的选择性越来越强,因此商品的整体质量必须适应各层次的消费需要,就是说,商品质量要以满足消费需求为中心。从而通过对消费者的满足来达到实现企业盈利的目的,同时通过消费者的满意来激发全国人民的社会主义建设积极性和创造性,使其在各自的岗位上努力工作和生产,形成整个社会的良性大循环,促进生产建设和人们生活的同步提高。这就要求贸易工作人员在努力学习和研究社会主义建设的普遍规律的同时,也要研究各经济领域建设工作的特殊规律。商品学作为一门应用技术科学,学好它可以使我们在组织商品流通工作中,遵循"质量第一"的基本方针,充分认识商品质量工作是生产、经营企业赖以生存发展的基础,坚持质量和效益统一的观点,以质量求生存,以质量求发展,以质量求效益,在各个环节把好商品质量关,从而促进我国生产力的发展,加速社会主义建设的步伐。

二、学好商品学是对外开放、积极参与国际商品贸易的需要

当今世界是一个开放的世界,国际间的商品贸易活动十分活跃。我国自实行社会主义市场经济以来,不仅外贸部门扩大和发展了对外贸易业务,扩展了进出口商品品种、数量和贸易领域，而且国内生产者和内贸单位也根据需要直接参与了国际间的贸易活动，我国已成为世界上第十大贸易国。这对于充分利用国内和国际两个市场、两种资源是一个极为有利的时机。但另一个事实是国际贸易越活跃，竞争则越激烈，要使这项贸易活动顺利进行，取得竞争中的有利地位，除了把握好有关国际贸易的政策、法规、国际惯例外，了解和根据国际贸易中对商品质量、品种的要求，正确理解"重质先于重量"的原则，就要系统地学习商品学，切实提高质量意识，深入研究我国进出口商品的使用价值以及与商品使用价值有密切关系的问题，熟悉相关的知识，掌握商品检验技术，才能保证以符合要求的商品输出国外和进口符合国内需要的商品。这项工作做好了就可以为提高我国的国际信誉，增加外汇收入，促进国内生产和科学技术的进步，繁荣我国的经济做出贡献。

三、学好商品学是生产、经营企业实践的需要

一切科学理论都是实践经验的结晶，反过来理论又能更好地指导各项实践活动使其循着科学的轨迹发展。生产经营企业的管理和业务实践活动，都离不开科学理论的指导和符合客观实际策略的实施。这就要求商品生产者和经营者必须在学习和运用商品学的基本原理和方法的基础上，对商品的产销情况、工艺流程、品质特征、规格品种、质量标准、运销范围、包装装潢、以及养护措施、使用寿命等加以熟悉和掌握，才能在生产经营实践活动中，敢于主动地去开发新的适销对路的产品，制定适宜的市场价格，实施正确可行的生产经营决策，为创造良好的社会效益和提高经济效益开创新路。

四、学好商品学是消费者正确选购商品、科学使用商品的需要

现代商品经济条件下，产品不断更新换代，新品种、新功

能、高科技系列化的商品不断推出,商品市场琳琅满目,丰富多彩。与此同时,社会上某些人受利益的驱动,置国法与人民的生命、财产安全于不顾,乘机制造假冒伪劣商品,使之充斥市场,牟取暴利。在这种环境中,广大消费者由于商品知识的不足,在市场上就难以区别真伪而上当受骗。为维护消费者权益,有关部门采取了相应的措施管理市场,进行产品质量监督。然而,市场之大,产品之多样,完全依靠政府的监督管理和流通渠道对质量的检验、检查是不够的。更重要的是,应培养全民的质量意识,提高消费者选购和使用商品的科学知识。商品学、商品知识及有关刊物,作为人们生活的良师益友,通过学习就可以了解有关商品的特点,比较和评价商品的等级和价格,提高识别真伪的能力,防止上当受骗,使假、冒、伪、劣等骗人的东西无机可乘。另外,即便是消费者购得了货真价实的名优产品,若使用不当,保养不善,也会造成不应有的损失。因此,对消费者来讲,学习点商品知识,与国与己都有一定的益处。

第二章 商品质量

第一节 商品质量的概念及其意义

一、商品质量的概念

商品质量是企业赖以生存的基础,任何企业要想获得良好的效益和实现长远发展的目标,则必须以商品质量作保证,没有一个好的商品质量,要使企业达到其发展目的,是根本不可能的。无数事实证明,商品质量好,企业就兴旺发达;商品质量差,企业则衰败破产,在竞争的经济社会中,一个企业的成功,主要是产品质量的成功,使其产品成为领导市场的优质品。因而,"质量是企业的生命"是现代企业家共识,优秀的企业把产品质量作为一切生产经营活动的核心。那么,什么是商品质量呢?商品质量的涵义包括狭义和广义两种。

(一)商品质量的狭义概念

狭义的商品质量是指产品质量,通常称为商品品质。它是指产品与其规定标准技术条件的符合程度。它以国家标准、专业标准、地方标准、企业标准、或订购合同中的有关规定作为最低技术条件,如商品的组成成分、加工精度、操作性能、使用寿命、安全可靠性、外观要求等。

例如,对高密度聚乙烯单丝的质量,国家标准(GB5664-85)规定,符合下列技术条件的即为合格品,如表2-1、表2-2所示。

表2-1　　　　　　　　单丝的物理性能指标

指标名称	指标	
	一级品	二级品
细度(mm)	0.20±0.02	0.20±0.03
线密度(tex)	28~42	27~43
断裂强度(gf/tex≥)	52	47
断裂伸长率(%)	12~24	12~26
结节强度(gf/tex≥)	36	32

表2-2　　　　　　　　单丝的外观要求

项目	要求	
	一级品	二级品
色差	同级产品有轻微色差	同级产品有色差
手感	表面光滑,无划伤	表面较光滑,无划伤
压痕	同批产品有轻微压痕	同批产品有压痕
未牵伸丝	不允许	不允许
结头数	每250g轴(绞)装丝中不得超过4个结头	每250g轴(绞)装丝中不得超过5个结头

(二)商品质量的广义概念

广义的商品质量即商品的市场质量。是指商品在一定使用条件下,适合于其用途所需要的各种自然特性的综合及其满足使用者需求的程度。其质量范围包括:产品的制造质量和产品的服务质量。广义的商品质量实际上是消费者最满意的质量,它具有四个方面的涵义:

第一,各种商品均需在一定使用(或食用)条件和范围内按设计要求或食用要求合理使用或食用。若超出它的使用(食用)条件,即使是优质品也很难反映出它的实际功能,甚至会完全丧失其使用价值。例如,汽车不能超出设计负荷和时速要求行驶。所有电器开关都标有使用范围要求,如其上标有5A、

23

250V。说明此开关可用于250V以下电压电路中,最大可断开5A的电流。烹调食品时,若温度过高,则会使营养价值遭破坏。

第二,说明商品质量的基本要求。质量的基本要求是商品的性能必须符合一定用途。加工品的性能是预先规定的,其前提条件应该是性能必须和用途一致。如各种机械零件、工程结构件在使用中将承受多种外力、化学介质、温度、氧化等的作用,这些因素都可能导致金属材料的变形或破坏。金属材料的使用性能就是在使用过程中所表现出来的自然特性,它表示在一定条件下,材料所具有的抵抗外界作用而不产生破坏的能力。例如作为导电材料和电工、电器用材,通常选用具有优良导电性能的铜和铝。

第三,说明商品质量的基本内容。商品中有用的属性形成各种性能,各种性能综合在一起组成商品质量的内容。如家用电冰箱的性能指标就具体规定了星级标准、冷却性能、冷却速度、冷藏室温度波动范围、噪声等。若产品的各项指标均达到规定要求,说明该电冰箱适合于其用途的需要。

第四,说明商品的适用对象。人们对商品的需求是多种多样,这就要求商品质量必须反映对使用者(用户或个人消费者)满足的程度,即商品的适用性。商品的适用性是消费者对商品质量的最终要求,以现代消费观念来看,有用的商品并不意味着一定是人们所期求和满意的商品,而只有包含商品的设计特征、有用性、安全可靠性、环境适应性和维修保证性等全面符合消费者要求的商品,才有可能令使用者满意。

关于商品质量的概念,在不同的企业中,为了体现企业的生产经营特点和指导思想,在质量概念的运用方面也有所不同。一种认为质量涵义包括设计质量和实际质量。所谓设计质量,是指设计中必须使产品性能符合使用者的需要,即解决产品的适应性问题。就是说在设计时就要力图达到为使用者提供预期质量的目的。假如设计质量未能达到目的,即使产品完全符合设计质量的要求,制成品也未必能使用户满意。所以设计质量必须在产品上体现出使用者的要求。所谓实际质量,即成品质量,它必须与产品标准或设计方案的规定相符。这两种质量经过验证都达到令人满意的程度,其质量为优质。

另一种认为,质量涵义包括代用质量和真实质量。这一概念的指导思想是把用户的需求作为生产的前提,把在不断变化中的用户需要作为真实质量的标志,而把设计和制造质量作为不断改进中的带有暂时性的代用质量,从质量概念的表述上反映出企业独特的经营思想,这种指导思想有利于产品的更新换代。

由此可见,商品质量概念不仅限于说明问题,而且可以加以运用并在质量管理中起着指导性作用。

综上所述,商品质量就是衡量商品使用价值的尺度,这个尺度是人们实践中得出的科学结论,它属于相对比较的范畴。对一般商品来说,可以通过简单的比较和识别来观察,而对某些商品,如工业品、材料、仪器仪表、医药、农药等等,则对其质量指标有严格的规定。例如,保温瓶的主要质量技术指标有:保温性、容水量、耐温骤变差、耐酸、耐压及外观指标等等。人们按照规定的技术指标或参数来衡量商品质量,符合或超过指标要求的,属于合格或优质的商品,反之,即属于等外或劣质品。

二、商品质量的意义

一个国家,社会经济越发展,科学技术水平越高,所生产的商品质量就越好。所以说,商品质量的高低是衡量一个国家生产力发展水平的重要标志。而保证不断提高商品质量对于发展国民经济,促进企业技术改造和质量管理的完善,提高人民物质文化生活水平有着重要意义。

我国党和政府历来十分重视和关心商品质量问题,早在20世纪60年代,周恩来同志就指出:"对产品质量不负责任,是对人民的极大犯罪。"党的十四大以后,为了保证我国国民经济快速、健康的发展,相应地制订了一系列与质量相关的法律,如《产品质量法》、《食品卫生法》、《消费者权益保护法》、《反不正当竞争法》等及国家商品标准1.6万余个,对指导生产,明确产品质量责任,促进和加强产品质量的监督管理,保护消费者利益等起到了重要作用。

具体讲,商品质量的意义主要有以下几个方面:

(一)不断提高商品质量,是发展生产、扩大经营的重要前提

提高商品质量是为了向社会提供更多的质价相当、优质名牌商品,从而不断改善人民生活,满足人们不断增长的物质和文化生活的需要——这是由社会主义生产目的所决定的。当今社会,社会的生产活动和人们日常生活中的吃、穿、用都离不开各种各样的商品,如果生产和经营的商品不对路,质量差,就得不到社会的承认和欢迎,这样的商品就很难销售出去。对企业来讲,占压了资金、影响了扩大再生产和正常流通。如不改变这种状况,要发展生产、扩大经营、提高经济效益,那是很难办到或是根本不可能的。所以,工业企业要发展生产,流通企业要扩大经营,都必须首先抓商品的质量问题。质量是企业的生命,不断提高商品质量是发展生产、扩大经营的重要前提条件。

(二)保证和提高商品质量,是创造社会财富、满足消费的

重要标志

商品的使用价值在一切社会形态中都是构成社会物质财富的内容。质量是商品具有使用价值的保证。质量高,意味着商品的耐用性、实用性、适用性都较好。因此,商品质量的提高等于社会财富的增加。如好的工业品一个顶几个用,相当于花同样多的活劳动和物化劳动,生产更多的商品,这样既减少了消耗,又降低了成本,而且减少了消费者在该商品上的支付,并为消费者在生产和生活中提供了较好的物质条件。相反,不合格的商品越多,造成人力、物力、财力的浪费越大,尤其是在社会大生产的条件下,各部门、各企业之间有着密切的联系,一个部门生产的产品往往又是其他部门所需要的原材料或配件,其质量的好坏,涉及到(有的还决定着)其他部门的产品质量,以致使整个国民经济都受到影响。所以说,保证产品质量,有利于国家、有利于企业、有利于消费者,对促进整个社会物质文明和精神文明的发展,有极其重要的作用和意义。

(三)改进和提高商品质量,是促进企业质量管理制度完善的中心环节

企业具备完善的质量管理制度和组织措施是保证商品质量和提高经营水平的基本措施。企业经营管理水平的提高和经营管理制度的完善,在很大程度上是通过组织本企业或本系统的优质产品的生产过程、销售过程和售后对用户服务等一系列工作过程而逐步建立起来的。这些工作涉及到企业内部的各个部门、各个工作环节和各种工作过程,这是必须靠各个方面协调一致和互相配合才能完成的。企业内部的商品质量管理主要是由两个系列的工作组成,即质量保证和质量控制。质量保证是指对产品用户方面的一系列工作,包括:通过企业内部各部门、各环节保证提供优质商品、文明销售和优良

的售后服务等。由于这一系列工作的重要作用,被国内外称为现代质量管理的核心。质量控制工作是指企业内部生产活动中的一系列管理工作,其内容:通过对生产过程中产品质量的测定并与商品技术标准对比,如在质量上出现误差,则及时查找原因、采取措施、及时调整生产工序,以保证质量。这一系列的工作是伴随生产过程不断进行的。从企业内部来看,质量控制是质量保证的基础。由此可见,随着企业推进商品质量工作的不断完善,就会不断推动质量保证和质量控制的完善,就会不断促进企业规章制度的完善和经营管理水平的提高。

(四)改进和提高商品质量,是提高市场竞争能力的重要措施

商品的质量问题,在国际贸易和国内商品流通中日益成为市场竞争中的重要内容,对商品质量的作用,已引起国际贸易界、国内商业界和国内外经济及技术界的重视,很多国家都提出"质量在挑战"的口号。在国内,对生产企业提出的"质量第一",已成为我国长期的指导方针。在对外贸易方面也提出了"提高质量求生存,增加品种求发展,择优出口,以优取胜"的方针。

商品市场的竞争,包括价格竞争和非价格竞争。在正常情况下,国际间的价格竞争是指出口国或出口企业通过降低生产成本,以低于国际市场的价格或低于进口国同类商品的价格,占领市场,扩大销路。这种做法不失为推销商品的一种基本方法,但如果长此以往,就会出现"增汇减收",影响国家和企业的积累,不利于对外贸易的发展。采取低价倾销的政策,还会受到进口国的抵制。在国内市场上,企业若单依靠价格竞争的方式去占领市场,对企业的效益也会带来不应有的损失,甚至会造成严重的亏损。特别要看到在当前国际贸易和国内

商品流通中,市场竞争日趋激烈,竞争的重点已由价格竞争转移到以商品质量为主的非价格竞争方面上来,单一的竞争方式是难以取得预期效果的。非价格竞争包括:不断改进和提高商品性能,改善包装装潢,更新花色品种,发展新产品,准时交货,售后为用户提供优良服务,对购买方的优惠贷款,有效的社会调查和广告,商品的信息传播等。通过这些工作以扩大产品销路,增强竞争能力。然而,在全面做好经营销售工作的基础上,起主导作用的依然是商品质量问题。因为没有一个好的商品质量作基础,其他工作都是无意义的。因此,只有保证和不断提高商品质量,才能在国际、国内市场竞争中取得主动权,才能赢得企业和国家的信誉,为企业创造良好的效益。

第二节 商品质量的基本要求

对商品质量的基本要求是根据其用途和使用方法或食用目的来确定的。由于商品的种类繁多、性能各异,又有着不同的特点和用途,因而对不同商品的质量要求是不同的。

一、生活消费品质量的基本要求

(一)对食品商品质量的基本要求

食品包括的范围相当广泛,粮食、食用油脂、鱼、肉、禽、蛋、菜等等统称为食品。它们在人们的生活中占据着相当重要的地位。"民以食为天",它是人体生长发育、保证健康和日常生活不可缺少的营养物质,是至关重要的生活资料。保证食品的质量,对增强人民体质具有重要意义。根据食品的作用和消费习惯,对食品质量至少应有三个方面的要求,即具有相应的营养,以满足人体维护正常生理功能的需要;具有较好的色、香、味、形等感官性状;无毒、无害,符合卫生要求。

1. 食品的营养价值

能给人体提供营养物质,这是一切食品的基本特征。营养价值的功能是供给人体维持生命活动、劳动能源、调节代谢和促进健康的重要因素。是决定食品质量高低的重要依据,在绝大多数食品中,它是评定食品质量的关键指标。

食品的营养价值包括营养成分、可消化率和发热量三项指标。

(1)营养成分:是指食品中所含蛋白质、脂肪、碳水化合物(糖类)、维生素、矿物质及水分等。不同的食品营养成分不同,在要求上也有区别,这是因为食品商品的种类非常多,很少有某一种食品能够包含全部营养物质。因此,各种食品所含的营养物质及其营养功能各有不同。例如,食品当中的主食(米、面、谷物等)主要含有碳水化合物,它是人体热能的主要来源;大部分副食品(菜、果、肉、鱼、蛋及乳制品等)含蛋白质、矿物质较多,对人体生长发育、调节代谢起主要作用。所以人们需要从多种食品中获得各种营养成分,以维持正常生长和健康的需要。为了保持各种成分的齐全和均衡,饮食中就需要克服偏食的习惯,以避免某种营养成分不足的现象。

评定食品商品的营养价值,主要是分析其营养物质的种类和含量。各种营养成分及其主要功能如图2-1所示。

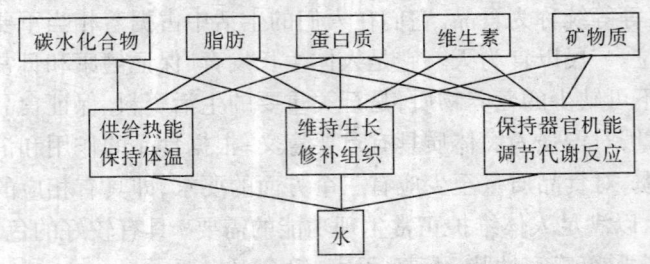

图2-1 食品的营养成分及其功能示意图

从图2-1中可以看出,各种营养成分均需在水的参与下才能发挥其作用。因此,水分更是人体不可缺少的物质。

(2)可消化率:是指食品在食用后,可能消化吸收的百分率。它反映了食品中营养成分被人体消化吸收的程度。因为食品中的营养成分,只有在被人体吸收以后,才能发挥其基本作用。例如,蔬菜和果品中的主体结构——纤维素虽属碳水化合物,但人体不能进行消化和利用,因而在测定其营养成分时都不计纤维的含量。动物性食品的肉和蛋,其主体结构是由动物蛋白质组成的,是人体可以吸收的主要营养物质。所以,通常认为动物性食品的营养价值高于植物性食品,就是从可消化率这个角度讲的。有些食品,如超保质期限的奶粉,溶鲜度降低,消化吸收率降低,易引起婴儿腹泻,即属不符合应有的营养要求。

(3)发热量:是指食品的营养成分经人体消化吸收后在人体内产生的热量。它是反映食品营养价值最基本的综合性指标。

人体对食品的需要量通常是采用能产生热量的碳水化合物、蛋白质、脂肪三种主要营养成分的发热来计算。经实验证明,1克碳水化合物或1克蛋白质经过消化或完全氧化后产生的热值均为4.1千卡,1克脂肪产生的热值为9.3千卡。如已知食品中主要营养成分含量,则可计算出该食品的热值。人体每天所需的能量主要包括基础代谢和从事劳动所需要的能量两个方面,因性别、劳动量、年龄、气候等因素的不同,人体对能量的需要也不同。过去,我国的粮食定量供应办法,就是遵循了在不同条件下所需的能量不同这一标准而制定的。

2. 食品的色、香、味、形

食品的色、香、味、形,是指食品的颜色、香气、滋味和外观形状,以及各种食物的澄清、混浊、组织状态上的软、硬、松、紧、弹性、韧性、粘、滑、干燥、湿润和其他一切凭人体感觉器官所能判定的性质和状态。它是评定食品新鲜程度、成熟度、加工精度、品种特点以及质变状况等的重要外观指标。这个指标是人们可以从直观上判断的感官质量,是选择食品时首先接触的重要问题。色、香、味、形优良的食品能促进人们的食欲,有助于提高食品的可消化率。所以,它直接影响着人体对食品中营养成分的消化和吸收。例如:食品若具有柔和颜色、诱人的香气、可口的滋味和喜人的外观,那么只要见到或闻到这种食品,甚至想到它们,就会引起条件反射,人体消化器官就会分泌较多的消化液,帮助消化和吸收食品中的营养成分。巴甫洛夫把食用前引起消化液分泌称为"反射相"分泌;当食品接触到消化器官后,所引起的消化液分泌,称为"化学相"分泌。两者结合起来就能产生旺盛的食欲,从而使食品中各种营养成分得到比较充分的消化和吸收。

3. 食品的卫生质量

食品的卫生质量,即食品的安全性,这是作为食品商品的起码条件。所谓"食品应当无毒、无害",是指正常人在正常食用情况下摄入可食状态的食品,不会造成对人体的危害。食品卫生关系到人们的身体健康和生命安全,甚至还会影响到子孙后代。例如,某市部分群众在1986年因饮用含高深度甲醇的散装白酒,引起严重中毒事件,中毒者达1000余人,死亡20人。1998年在华北地区某市又发生了更为严重的类似事故。可见,如果食品有毒不仅失去了营养价值,对人体的威胁也是极大的,然而,无毒无害不是绝对的,允许食品含有必要的少量有毒有害物质,如食品添加剂、色素等,但是不得超过国家食品卫生标准规定的有毒有害物质的限量。因此,在对食品质量进行鉴定时决不能忽视食品的卫生质量。

食品中毒害物质的来源,通常有以下五个方面:

(1)食品本身含有或在一定条件下产生的毒素物质。有些天然食品本身就含有或分泌有毒成分,如河豚鱼、毒蘑菇等,白果及土豆发芽部分产生的氰甙、龙葵素等,死亡后的鳝鱼、河蟹、鳖等体内的组胺,经氧化产生的毒素等。这些毒素,对人体的消化系统、神经系统、血液循环系统都有严重的危害。

(2)生物对食品的污染。有的食品含有致病微生物或产生毒素物质(如葡萄球菌产生肠毒素),有的食品含有寄生虫或卵。致病性寄生虫、微生物为数很多,其中常见可以通过食物传播的多达20余种。如致病性寄生虫有:旋毛虫、猪绦虫、肺吸虫、姜片虫(水生植物)、蛔虫卵(蔬菜)等;致病微生物主要有:猪丹毒杆菌等。人类的绦虫病、蛔虫病都是因食用了含有此类虫卵的食品所致。

(3)加工中混入的毒素。食品加工中因配料不当或弄错配量,使用了超出规定范围添加剂、色素等;食品包装容器中有毒、有害物质的迁移(如罐头铁皮中的铅、锌等或分溶于食品)等原因造成食品污染;油炸食品时生成的甘油醛等等,都对食品卫生有严重影响。

(4)保管不善产生的毒素:食品因保管不善都可能感染微生物而腐败或霉变,食品发生霉烂变质时也往往会引起有机物质变化,产生有毒物质。如花生、小麦、玉米、豆类等发霉后则能产生黄曲霉毒素,使人体致癌。

(5)环境或化学药品造成的污染:主要指"三废"或不适当地施加农药等原因造成的环境污染而侵害食品。如农副产品受污染,会使某些鲜活食品形成连锁性的毒性积累。另外,在运输、销售过程中,因不注意食品卫生,受到化学药品、菌类、重金属污染的食品食用后除能引起急性中毒外，大部分能导致慢性中毒。

为了确保食品商品卫生，有效地防止食品污染，保障人体健康，所有从事食品商品生产和经营的单位和个人，都必须切实按照国家的有关法规，对食品、食品添加剂、食品容器、包装材料、食品用具、设备和生产、经营场所以及有关环境，采取必要的防范和处理措施，并且接受食品卫生机关和消费者的监督，切实保证销售的食品符合国家卫生标准要求。1987年轻工部规定，各种食品和对人身安全、健康有直接关系的产品，不仅要标明生产厂的厂名，而且要注明出厂日期和质量保证期限，有的应注明这种产品食用或使用时应注意的问题。这一规定就是为了防止食品污染，对广大消费者的人身健康负责，并且便于消费者监督检查。1995年10月30日由中国的最高立法机关郑重通过的《中华人民共和国食品卫生法》，确定国家实行食品卫生管理制度，这部法律要求，凡在中华人民共和国领域内从事食品生产经营的，都必须遵守本法。它对于保证食品卫生，防止食品污染和有害因素危害人体，保障人民身体健康，增强人民体质具有重要的意义，并发挥着极为广泛的作用。

《食品卫生法》对食品生产经营过程，提出了下列卫生要求：

（1）保持内外环境整洁，采取消除苍蝇、老鼠、蟑螂和其他有害昆虫及其孳生条件的措施，与有毒、有害场所保持规定的距离；

（2）食品生产经营企业应当有与产品品种、数量相适应的食品原料处理、加工、包装、贮存等厂房或者场所；

（3）应当有相应的消毒、更衣、盥洗、采光、照明、通风、防腐、防尘、防蝇、洗涤、污水排放、存放垃圾和废弃物的设施；

（4）设备布局和工艺流程应当合理，防止待加工食品与直接入口食品、原料与成品交叉污染，食品不得接触有毒物、不洁物；

（5）餐具、饮具和盛放直接入口食品的容器，使用前必须洗净，保持清洁；

（6）贮存运输和装卸食品的容器包装、工具、设备和条件必须安全、无害，保持清洁，防止食品污染；

（7）直接入口的食品应当有小包装或者使用无毒、清洁的包装材料；

（8）食品生产经营人员应当经常保持个人卫生，生产销售食品时，必须将手洗净，穿戴清洁的工作衣、帽；销售直接入口食品时，必须使用售货工具；

（9）用水必须符合国家规定的城乡生活饮用水卫生标准；

（10）使用洗涤剂、消毒剂应当对人体安全 无害。

为提高食品卫生质量，保障人体安全，防止食品中毒事故，《食品卫生法》对生产经营食品作了禁令性规定，禁止生产经营下列食品：

（1）腐败变质、油脂酸败、霉变、生虫、污秽不洁、混有异物或者其他感官性状异常，可能对人体健康有害的；

（2）含有毒、有害物质或者被有毒、有害物质污染，可能对人体健康有害的；

（3）含有致病性寄生虫、微生物的，或者微生物毒素含量超过国家限定标准的；

（4）未经兽医卫生检验或者检验不合格的肉类及其制品；

（5）病死、毒死或者死因不明的禽、畜、兽、水产动物等及其制品；

(6)容器包装污秽不洁,严重破损或者运输工具不洁造成污染的;

(7)掺假、掺杂、伪造、影响营养、卫生的;

(8)用非食品原料加工的,加入非食用化学物质的或者将非食品当作食品的;

(9)超过保质期限的;

(10)为防病等特殊需要,国务院卫生行政部门或者省、自治区、直辖市人民政府专门规定禁止出售的;

(11)含有未经国务院卫生行政部门批准使用的添加剂的或者农药残留超过国家规定容许量的;

(12)其他不符合食品卫生标准和卫生要求的。

(二)对纺织品商品质量的基本要求

纺织品商品包括纺织品和针织品两个大类,对这类商品一般从原材料、组织结构、机械性能和服用性能等方面来评定其质量。

1. 材料选择适宜性

纺织品商品的基本性能及其外观特征,主要由其所用的纤维材料决定。纤维材料的种类、品质、混纺织品中的混纺比等对织品性能都有重要影响。织品中其他成分的含量,如毛织品中的植物性类杂物及脂肪;丝织品中的丝胶;麻织品中的胶质以及各种织品整理过程中遗留的甲醛、氯、硫、酸等,这些成分不仅能严重地影响织物性能,而且容易引起贮存过程的质变。因此,在选择原材料时不仅要选用合适的纤维材料,而且限定材料中杂质成分的含量也是重要的质量指标。

纱线的种类和质量好坏,同样直接影响织物的美观和使用价值。反映纱线质量优劣的指标主要有捻度、细度、匀度、强度等物理指标和外观疵点两个方面。

2. 组织结构合理性

纺织品的组织结构,主要包括织纹组织、织品的重量和厚度、织物的紧度和密度、幅宽、匹长及织物歪斜等等。如果组织结构不当,既影响外观又影响机械性能。造成不合理的原因,主要是由于产品设计不合理,或由于生产过程中其他因素造成的。在流通过程中,由于保管和销售方法不当,也可能使其组织结构变形。

织纹的种类很多,它的变化对于扩大和改善纺织品的花色品种具有重要意义。因而在具体工作中要根据原材料性能、使用特点和消费心理变化等,合理地研究织纹,设计织纹。

3. 良好的机械性

在外力作用下,织物产生的应力与形变之间的关系,统称为织物的机械性能。主要包括断裂强度与断裂伸长率、撕裂强度、抗顶强度、抗磨强度、抗皱强度、抗疲劳强度等指标。强度越高,则织物的耐用性越好,在检验中对这些指标应从织物的经向和纬向分别进行考察。例如,摩擦是织物衣着过程中被破坏的主要原因,而织物的摩擦强度与原料、厚度、加工方法等有着密切关系。检验时是在规定条件下,对织物进行纵向和横向摩擦,以其在开始破坏时所经受的次数作为它的抗磨强度,次数越多则说明抗磨强度越高。

织物的机械性能不仅对耐用性有密切关系,而且某些机械性能,如抗皱、抗顶强度等还直接影响织物的尺寸稳定性和手感以及成品风格。

4. 适宜的服用性

主要是要求织品在穿用过程中舒适、美观、大方。其缩水率、刚挺度、悬垂系数符合规定标准,并且有一定的吸湿性和透气性,符合卫生要求。此外,少起毛球、花型、色泽、色牢度及外观疵点处理方面等,也都是服用性能的基本质量指标。

(三)对日用工业品质量的基本要求

日用工业品包括的种类很多。如鞋帽类、塑料类、玻璃类、钟表、缝纫机及日用小商品等,它们各有不同的用途和使用特点。根据日用工业品的用途和使用性能,对这类商品的质量应从适应性、耐用性、安全卫生性、结构和外观等几方面去评价。

1. 适应性

适应性是指某种商品满足其主要用途所必须具备的性能。它是构成这种商品使用价值的基本条件。

对于单一用途的商品,要求它在正常情况下,具有符合该种商品品级的最佳使用效果。例如,保温瓶必须具备保温的性能,钟表必须具备有准确计时的性能。然而,评价适应性往往不仅仅是一项指标,而是用几项指标去鉴定。如评价保温瓶的质量时,除鉴定其保温性能外,还要评定它的耐温急变性、耐水性、耐压性、外观装潢等。由此可以看出,商品的"适应性"和"有用性"在概念上是有区别的。而多种规格的同一商品品种,就更加体现出它的适应性的程度。

对于多种用途的商品,则要求多种性能的工作状态良好,而现代化的商品都在向着多功能的方向发展,其适应性也就更为优越。

2. 安全、卫生性

安全卫生性是指商品在使用时,有关保护人身安全和人体健康所需要的各种性质。对于安全性和卫生性,从现代观念来考虑,除要对商品在使用过程中保证不造成人体伤害外,还应要求不污染环境、不会造成公害等问题。例如,食用器皿、化妆品、玩具等,既要符合卫生要求,更不允许含有有害物质。各种电器、机械商品的安全性也是该类商品所必须具备的内在质量指标。

3. 耐用性

耐用性是指商品在使用时，抵抗各种外界因素对其破坏的性能。它反映了某一商品的使用寿命和次数。它可以说明商品的耐用程度。例如，对电灯泡规定了最低使用小时数为1000小时，对气压保温瓶规定了最少按压次数为8万次，对皮革橡胶等制品则用强度、磨耗等指标来评定其耐用性能。为了保证耐用工业品的使用寿命，各厂家都对自己生产的产品规定了保修期限，为保证商品的使用创造了良好的条件。

要求商品坚固耐用，是消费者的普遍愿望，属于共性问题。但对某些商品也存在其特殊性。如时兴商品和一次性使用的商品，对其耐用性的要求，就应以它们的不同用途和特点，着重从适应性加以考虑，合理设计，只要达到"物尽其用"即可，否则，越耐用反而会造成原材料的浪费。

4. 造型结构合理性

造型结构主要是指商品的形状、大小、部件装配及花纹色彩等，要求式样大方新颖、造型美观、色彩适宜、装潢适时，具有艺术感和时代风格。并且应无严重影响外观质量的疵点。如果商品造型结构不良，花纹图案不恰当，即使它们的适应性和耐用性都很好，也不会得到消费者的欢迎，结果造成滞销积压。对于那些起着美化装饰作用的日用工业品，它们的造型结构更具有特殊的意义。

应该指出，商品质量的各项基本要求，并不是孤立的、静止的、绝对的，而是相对变化的。当对某一种商品提出具体的质量要求时，不仅需要根据不同的用途对其所属的各种自然属性进行分析，而且还必须与社会生产力的发展水平、国民经济的发展水平以及人民的消费水平、不同的消费习惯相适应。

对于其他商品,如五金、化工、交电、土特杂品等,也应根据其不同的用途和性能特点,提出与其相适应的要求,以利提高商品质量。

二、生产资料商品质量的基本要求

(一)对工业生产资料商品质量的基本要求

生产资料是社会生产力中的物质要素,其中工业生产资料主要包括工业燃料、原料、材料、机械设备、生产工具等等。从初级产品的原煤、矿石等到复杂的机械产品、交通运输工具等制成品,无所不包,种类繁多,规格复杂,技术性能要求高。对于它们的质量要求,按照生产特点、基本用途和使用性能,大体上可分为两大类提出。

1. 对燃料、原料、材料的质量要求

燃料、原料、材料是用于工农业生产的最基本的原材料,其成分复杂,性能各异,用途广泛。它们的质量好坏直接关系到产品的稳定性,影响到整个国民经济各个行业的产品质量。因此,对这类产品质量的基本要求,主要是有效成分稳定性高、杂质含量低、实用性强、理化指标符合标准规定等四个方面。

(1)有效成分稳定性高。燃料、原料、材料的成分与其质量的关系十分密切,同一种产品因产地不同,其成分含量有着相当的差异;采掘方法、生产工艺的不同对其成分也有较大的影响。例如,煤炭的成分就很复杂:各种煤都是由无机质和有机质两大部分构成,无机质,包括水和矿物质,而有机质又是由碳、氧、氢、氮、硫五大元素组成。煤中的无机质是不可燃体,是煤中的有害物质;而有机质是煤的可燃体,是加工利用的对象,它在煤中越多越好。这些成分和组成直接影响煤的性质、加工利用效果及工业用途。因此,使用同一类型的原煤,如果成分不稳定会给利用和加工带来严重的不良后果。这就要求此类原材料在组成成分上应保持一个相对稳定的数值,使有效成分达到要求的水平以上。

(2)杂质含量低。杂质含量一般指有害成分的限量,这是对所有工业原材料质量要求的基本内容。在原材料中,凡是与使用对象无关的成分均称为杂质,杂质含量越高,其利用率就越低。其中,若有害成分甚至有毒成分超过规定限量,对生产工艺过程、人身安全和产品质量都会造成极严重的影响。

(3)实用性强。燃料、原料、材料的用途既广泛,又有其针对性。工业原材料的实用性表现在它对目标制品所需要的使用价值的满足程度。例如,化学工业所用煤炭,有相当一部分已超出作为燃料使用的范畴,因而用于化工原料的用煤必须符合使用的特殊要求。如气化用煤在品质要求上就有所不同,固定床气化法对煤的要求是,固定炭含量达到 $C_G^i>65\%$~68%,挥发分含量不于 $V^f<10\%$,灰分含量应不大于 $A^g<20\%$ 等,否则将严重影响气化工艺和产品质量。采用沸腾法制气时,对煤的要求就不同,煤炭应具有较强的反应性,其化学活性要求大于60%,粒度应小于10毫米,大于1毫米,含水量要低等。

(4)理化性能符合指标要求。理化性能指标是在应用原材料时的重要参数,在某些参数中如达不到标准要求,其制成品的质量将受到相应的影响。如金属材料之所以在国民经济各部门中获得广泛的应用,是由金属材料的优异性能决定的。各种机械零件、工程结构件在使用中,将承受各种外力、化学介质、温度、氧化等的作用,这些作用都可能导致金属材料变形或破坏。金属材料的使用性能就是金属材料在使用过程中所表现出来的特性,表示在一定条件下,材料所具有的抵抗外界作用而不产生破坏的能力。这些使用性能包括物理性能、化学性能和力学性能等,是人们合理选用材料的重要依据,它对材料在使用过程中的安全可靠性、使用寿命及应用范围等具有决定性意义。具有优良使用性能的材料制成的产品其质量高、性能好、使用寿命长。反之,如果所用材料不符合使用要求,其产品质量、性能和使用寿命都会降低,甚至造成报废。如很多机械零件是经切削加工制成的,而用于切削加工的材料应具有良好的硬度和切削性能,它反映金属材料被切削加工成合格零件的难易程度,如果材料的性能不稳定,硬度过高,则刀具磨损严重;塑性、韧性过高,则出现"粘刀"现象,切屑不易析落等,不仅影响加工速度和精度,其加工品质量也往往随之下降,以致于报废。

2. 对工业成品的质量要求

工业生产资料中工业成品品种多,规格杂,用途各异,对其具体的质量要求应视其品种和用途加以确定。但归纳起来看,从共同点来考察,对其质量的基本要求是,应符合先进的质量技术指标、结构合理及坚固耐久、安全卫生和外观等五个方面。

(1)技术质量参数符合指标。技术质量参数是反映工业成品满足其主要用途能否适用的重要指标,是说明某些产品是否有用的内在因素,也是构成工业成品使用价值的基本条件和产品设计的主要依据。当今,在技术不断进步,工艺走向现代化的高科技时代,对工业成品,特别是高科技产品要求其设计合理、造型新颖、技术先进、工艺精细,已成为工业成品市场的主流。因为工业成品是决定下一步产品质量的物质技术因素,是工农业生产的重要手段。如果一个企业有了好的设计、良好的工艺、高技术的工人,但是没有能正常运转、保持一定精度的机器设备,无论如何也是不能生产出质量优良的产品的。所以说,工业成品的技术质量参数符合指标的规定,是进行该类产品生产和在流通中进行检验的首要项目,它对于保证工业成品的使用起着重要作用。

(2)坚固耐久性。主要指在使用时抵抗各种外界因素对其破坏的性能,它反映工业成品的耐用程度,在正常使用条件下,工业成品的坚固耐久性越好,其使用期限越长。由于这类产品大部分用于生产建设、交通运输等,它直接关系到企业的生产安全、成本、设备利用率和资金占用,因此,提高坚固耐久性,延长其使用寿命,就显得比一般商品更加重要。

(3)安全卫生性。主要指这类商品在使用时有关保证安全、保护人体健康所必须的各种性质。如对电器设备、电工工具等应特别强调安全可靠性;对输水管道、食品加工机械等商品,就要严格控制其有害人体健康的成分,其材料必须具有无毒性。

(4)结构合理性。主要指商品的造型、大小和部件装配,特别是机械商品的结构是否合理正确,直接关系到使用性能和坚固耐久性,如工业用电动缝纫机械主要零部件的相互配合,只要相差0.1毫米,就无法进行缝纫。对精密仪器、器具的配合尺寸要求则更高。

(5)外观适宜性。主要是指商品的表面特征。包括式样、色泽、外表装饰等,要求式样大方,造型优美,色泽清新。

(二)对农业生产资料质量的基本要求

农业生产资料包括化学肥料、农药、农药器械、半机械化和机械化农具、农用薄膜等。由于它们的用途和使用情况不同,对其质量要求分别如下:

1. 化肥和农药

化肥和农药要高效低毒,其质量总的要求应着重于它们的效能,要求有效成分含量高,施用后见效快,对人畜及农作物要安全,不损害土壤,成分中有害物质少。同时,还要重视其包装质量,防止破包散漏,并要求适用性好。

2. 农药器械、半机械化、机械化农具和小农具

对这类商品要求轻便耐用,形状、尺寸、规格灵活多样,适应我国各地区、地形、农民的使用习惯。因此,除要求实用性能好、适用性强、坚固耐用、结构合理外,还要求成龙配套,在零部件方面要实行标准化、通用化、系列化,以利于使用维修。

第三节 决定和影响商品质量的因素

商品的质量是由多方面的因素决定的,而影响商品质量的因素也是多方面的。因此,对于具体商品要做具体分析,找出决定和影响商品质量的关键因素,这样才能有效地提高和保护商品质量。按照商品的形成过程到消费过程的顺序分析,在诸因素中,决定和影响来自工业加工的商品质量因素主要取决于原材料、生产工艺及包装、保管、运输、销售条件和使用方法等。

对直接来自农、林、牧、副、渔业生产的产品,其品种及饲养、栽培、收获方法和生长条件、收获季节等,是对该类商品的质量起决定作用的因素。

一、生产过程影响商品质量的因素

(一)原材料

原材料是构成商品的物质基础,在其他条件相同的情况下,它的好坏直接决定着商品质量的优劣。因此,在分析和鉴

别商品质量时,首先要对原材料和零配件的质量进行分析。原材料对质量的影响,主要表现在对它们的成分、性质、结构方面所引起的差别。例如,制造玻璃制品时,若硅砂中含有铁离子的成分过高,就会影响制品的色泽和透明度;用氯丁橡胶制造电线,就具有阻燃性;用牛、羊脂做的肥皂,去垢力就强,而且耐用;利用不同质量的原料制成的食品,其营养价值和色香味等风味特点就有很大的差别。

在分析原材料质量对商品质量影响的同时,还要考虑到合理利用原材料问题。在生产中节约原材料和使用代用原料的目的,是为了改善产品性能和更合理地利用原材料,决不能把节约原材料同保证和提高商品质量对立起来,应当是不断发掘新材料、开发新产品,并提高材料利用率。当然必须在确保商品质量的前提下厉行节约,否则,将会造成更大的浪费。

(二)生产工艺

商品的有用性及外形、宏观结构等,都是在生产过程中形成的。因此,生产工艺同样对商品质量起着决定性的作用。例如,采用相同的原材料可能生产出质量差距相当大的成品,其直接因素主要有设计、配方、操作规程、设备条件、技术水平等。如果这些条件都是良好的,要使生产顺利地进行,还必须使这些条件根据工艺、技术的要求相互结合起来,形成科学的生产组织。

科学地组织生产就是正确处理人、机器设备和原材料的关系。它们中间,人是决定性的因素。一个企业要保证产品的质量,首先要充分调动人的主观能动性,通过人认识生产的客观规律,熟练地掌握和运用其他条件,创造性地生产出人们所需要的产品。

我国是一个发展中国家,当然仍然存在着设计落后、装备较陈旧、工艺粗糙、管理松懈的状况,工业和其他部门的发展受到相当的影响。因而,不少产品水平低、质量差、消耗大、成本高,不仅糟踏资源,难以缓和我国社会经济生活中的矛盾,在国际市场竞争中也难以占据优势。所以,在研究商品质量问题时,必须重视对生产工艺的研究。商品学把生产工艺作为自己的研究课题,是有着重要意义的。

二、流通过程中影响商品质量的因素

流通过程是指商品离开生产过程进入消费过程前的整个区间。商品在流通过程中,都要经过时间和空间的转移,商品的储存和运输是不可避免的。在这期间,由于受到各种外界因素的影响,会发生商品质量不断降低的现象,商品在流通中停留的时间越长,质变的机会就越多。因此,商品周转快慢是流通中影响商品质量的主要因素。此外,商品的包装、运输、保管和销售条件及方法也是十分重要的因素。如果在流通中恰当地选择包装材料、保管场所、运输工具、销售地点、环境等,合理地进行包装、储存和运输,控制各种外界因素对商品质量的影响,就可以延缓商品质量向劣化的方向发展,并使其趋于稳定。所以研究分析这些因素,对于降低商品损耗、保护商品使用价值有着实际意义,它也是商业企业进行科学管理的重要内容。

三、使用过程中影响商品质量的因素

商品在使用过程中,除了合理应用、保养外,安装、使用方法和使用环境对质量也有重要影响。如各种机械商品、电器用品的安装;药品、农药、化肥、塑料制品的合理使用;液化气灶具的操作规程,设备的安装环境等等。如方法不当、环境条件不利,不仅损坏了商品,而且有些能直接危及人身安全。所以,对有些商品应认真细致地编制使用(食用)和养护说明书,并采取多种形式向消费者宣传、传授使用(食用)和养护知识,设立必要的咨询中心、维修网点等,这些都是在使用过程中保护商品质量的重要途径和措施。

第四节 商品质量管理与质量监督

商品质量是关系到千千万万人的生命财产安全的大问题,特别是在社会经济发展的基础上,人民的生活逐步得到了改善,消费层次逐渐提高,人们在选购商品和消费过程中,最关心的是商品质量。因此,加强质量管理和质量监督对于提高商品质量、保护使用价值、防止伪劣商品流入市场、维护消费者利益、增强企业在国内外市场的竞争能力都有十分积极的作用。

一、商品质量管理与监督的依据

(一)商品质量管理的技术依据

商品质量的高低、优劣是根据商品标准以及与其相适应的技术经济法规来确定的,而不是以人们的主观意愿来判断的,严格遵循商品质量标准来评价商品质量是质量管理工作的宗旨。凡是符合规定质量标准的产品就称为合格品,达不到标准的就称为不合格品。合格品还可以按照符合质量标准的程序分为一等品、二等品、三等品等。不合格品又可分为两类:一类属于不可修复的不合格品即废品;另一类是属于可修复的不合格品,包括返修品、回用品以及存在着轻微缺陷的各种不良品。对于可修复使用的不合格品也称之为"潜在废品",它们虽然没有直接造成原材料等方面的损失,但实际上却造成了工时、能源及设备等方面的损失浪费,而且对产品性能、内在质量可能造成隐患或产生外观及其他质量上的缺陷。因此,在生产中应采取有力的措施消除"潜在废品",这样才能真正地把质量搞上去。这类商品若进入流通领域,经过储存、运输会很快暴露出来,成为残次滞销品,占压资金,影响商品周转。销售后除给用户带来损失或不方便外,还易造成各种矛盾的发生,严重影响生产、经营企业的声誉。所以在生产、经营的各个环节上严把质量关,这是质量管理的重要方面。

(二)商品质量监督管理的法律依据

《中华人民共和国产品质量法》明确规定,销售的产品质量应当检验合格,生产者应当对其生产的产品质量负责。

1. 产品质量应当符合下列要求:

(1)不存在危及人身、财产安全的不合理的危险,有保障人体健康,人身、财产安全的国家标准、行业标准的,应当符合该标准;

(2)具备产品应当具备的使用性能,但是,对产品存在使用性能的瑕疵作出说明的除外;

(3)符合在产品或者其包装上注明采用的产品标准,符合以产品说明、实物样品等方式表明的质量状况。

2. 产品或者其包装上的标识应当符合下列要求:

(1)有产品质量检验合格证明;

(2)有中文标明的产品名称、生产厂厂名和厂址;

(3)根据产品的特点和使用要求,需要标明产品规格、等级、所含主要成分的名称和含量的,相应予以标明;

(4)限期使用的产品,标明生产日期和安全使用期或者失效日期;

(5)使用不当,容易造成产品本身损坏或者可能危及人身、财产安全的产品,有警示标志或者中文警示说明。

裸装的食品和其他根据产品的特点难以附加标识的裸装

产品,可以不附加产品标识。

3. 剧毒、危险、易碎、储运中不能倒置以及有其他特殊要求的产品,其包装必须符合相应要求,有警示标志或者中文警示说明标明储运注意事项。

4. 生产者不得生产国家明令淘汰的产品。

5. 生产者不得伪造产地、不得伪造或者冒用他人的厂名、厂址。

6. 生产者不得伪造或冒用认证标志、名优标志等质量标志。

7. 生产者生产产品不得掺杂、掺假,不得以假充真、以次充好,不得以不合格产品冒充合格产品。

二、生产企业质量管理的历史演变过程与相应的管理措施

生产企业对产品质量的管理大体经历了三个历史发展阶段,这三个阶段同时体现了其管理方法的变迁和深化。

(一)质量检验阶段

20世纪20年代至40年代的质量管理只局限于产品的质量检验。由于单纯依靠检验找出废品或返修品来保证产品质量,因此人们也称这种检验方法为"事后检验"。其缺点是不能事先预防,特别在破坏性检验的情况下,难以保证商品的可靠性、安全性等质量特性指标,而且大批量的生产单纯依靠事后检验,很难把好质量关。

(二)统计质量管理阶段

从20世纪40年代到50年代末,统计质量管理首先在美国的军事工业生产中应用。它运用数理统计方法,从产品质量波动中找出某些规律性,采取措施消除产生波动的异常原因,从而生产出符合标准要求的产品;另一方面应用数理统计技术,着重于生产过程的控制与管理,以预防为主,收到了显著效果。但是,这个阶段由于片面强调数理统计方法的作用,使人们误认为"质量管理就是数据统计,方法深奥,理论难懂,是数学家的事",感到统计质量管理"高不可攀",因而在推广上受到很大限制。另外,这种方法也忽视了组织管理工作和发挥广大职工的作用。

(三)全面质量管理阶段

全面质量管理(TQC)是从60年代开始至今不断发展和完善起来的,随着科学技术的进步和管理理论的发展,对产品质量的要求也越来越高。全面质量管理的理论和方法就是为适应现代化大生产对质量管理的整体性、综合性的客观要求而提出来的。因此,全面质量管理同以往的质量管理相比,其职能和工作范围都有很大扩展,在深度和广度上有了本质的提高。全面质量管理就是要发动企业各部门及全体职工综合运用管理技术、专业技术和科学方法,控制影响质量全过程的各个因素,建立从设计、制造及使用服务全过程的质量保证体系,用经济方法生产出满足消费者(或用户)要求的商品。

三、流通企业的商品质量管理要求和质量管理内容

(一)流通企业的商品质量管理要求

商品质量的好坏主要取决于生产企业。然而商品进入流通领域之后,其质量的好坏,流通企业也负有很大的责任。因此搞好商品质量管理,把好管理关,加强商品养护也是商品流通企业工作中的一项重要内容。其要求如下:

1. 流通企业应当切实执行进货检查验收制度,验明产品合格证明和其他标识。有条件的企业应设立专门商品质量检验机构,配备专职人员进行主要商品的检验工作。一般小商品应由采购人员负责检验。

2. 所有商品均应备有质量检验标准。对于国家统一规定质量标准的商品,按国家标准进行检验。对有专业标准的商品,按专业标准进行检验。没有国家标准和专业标准的商品,按企业标准或工商双方协商制订的质量标准进行检验。

3. 流通企业检验商品,以成品检验为准,并要严格把关,保证质量。这种检验应在厂方出厂检验的基础上进行。检验时,应核对产品名称、规格、数量,查看包装标志是否安全可靠,然后根据该商品质量标准的要求,并对照生产厂的测定结果,进行验收检验。

对某些主要商品,可由专职检验人员或委托有关部门进行内在质量测试。对某些一时不易鉴定内在质量的商品或贵重耐用消费品,流通企业应促使工业生产企业实行有一定使用期限的包退、包换、包修的制度。具体实施办法可以订入工商产销协议或合同之中。

4. 妥善进行商品运输、保管养护,保护商品使用价值的完好。进入流通领域的商品,流通企业应采取各种养护措施保护商品质量,确保商品不锈蚀、不霉变、不残损等。

5. 在销售过程中,应采取各种措施,保持销售商品的质量,不销售失效、变质的商品。

6. 收集、整理各种质量资料,建立各类商品质量档案。

(二)流通企业商品质量管理的内容

流通企业搞好商品质量管理,除了应该做好经常性的商品检验、商品养护外,还应做好以下几项工作。

1. 定期进行商品质量的综合分析。可根据商品质量检验记录、测定报告及市场信息等资料进行综合分析,利用统计方法研究商品质量的发展趋势及分析质量变动原因,从而向生产企业提出改进产品质量、增加新品种的建议。

2. 收集消费者和用户意见，及时向生产部门反映，以便使其不断提高商品质量。收集有关商品质量的意见有多种方式，如对一般商品可以采取召集营业员开座谈会的方式；对特殊商品可以直接访问用户或召开用户座谈会，直接听取他们对商品质量的意见。此外，还可以采用通讯调查或售前定点试用等方式。许多成功的产品都是根据用户的意见不断改进而日趋完善的。

3. 收集质量资料，参加工业企业组织的全国性、地区性或行业性的产品质量评比活动，促进质量交流活动，配合工业企业制订和修改质量标准，协助生产企业建立和健全产品的检验制度，促进生产部门不断改进工作和提高产品质量水平，使用户对产品达到最佳的满意程度。

4. 密切与生产企业的配合，搞好售后质量服务，实行包退、包换、包修活动，使产品持久有效地发挥应有的功能。这样做是因为产品在使用中不可避免地会发生故障或受损，其中有些是生产企业方面的原因造成的，有些是用户使用不当所致。产品发生故障后，不仅用户受到损失，产品生产者和经营者同样蒙受巨大的损失，不过后者所受的损失一般是无形的，只是不为某些产品生产者和经营者所觉察。因此，加强售后服务，提高售后服务的质量，指导和帮助用户正确使用商品，并在保证期内对商品实行"三包"，不仅能加强用户的信任感、安全感，提高产品和企业的信誉，而且能激发大批潜在用户成为忠实的现实用户，从而尽快实现商品使用价值的目的。

四、商品质量的监督管理

商品质量监督管理，一般是指在市场经济环境中，为维护消费者的合法权益，维护社会经济秩序，促进社会经济发展，国家通过制订有关法律法规和采取相适应的行政手段，并调动全社会的积极因素,以规范市场行为,保障消费者利益不受侵害的产品质量管理措施。

产品质量监督管理的主要内容有：

(一)国务院产品质量监督管理部门负责全国产品监督管理工作。国务院有关部门在各自的职责范围内负责产品质量监督管理工作。

县级以上地方人民政府管理产品质量监督工作的部门负责本行政区内的产品质量监督管理工作。县级以上地方人民政府有关部门在各自的职责范围内负责产品质量监督管理工作。

(二)国家对产品质量实行以抽查为主要方式的监督检查制度,对可能危及人体健康和人身、财产安全的产品,影响国计民生的重要工业品以及用户、消费者、有关组织反映有质量问题的产品进行抽查,产品质量抽查的结果进行公布,根据抽查的需要,可对产品进行检验。

(三)用户、消费者有权就产品质量问题,向产品的生产者、销售者查询；向产品质量监督部门、工商行政管理部门及有关部门申诉,有关部门应当负责处理。

(四)保护消费者权益的社会组织可以就消费者反映的产品质量问题建议有关部门负责处理,支持消费者对因产品质量造成的损害向人民法院起诉。

我国《产品质量法》和《消费者权益保护法》中,明文提出：国家鼓励推行科学的质量管理方法,采用先进的科学技术,鼓励企业产品质量达到并且超过行业标准、国家标准和国际标准。对产品质量管理先进和产品质量达到国际先进水平、成绩显著的单位和个人,给予奖励。国家鼓励、支持一切组织和个人对损害消费者合法权益的行为进行社会监督。

第三章 商品分类

第一节 商品分类及其作用

世界上的物质万千,形状、现象各异,但它们并不都是杂乱无章互无联系的个体,而是都可以根据不同的要求概括在一定的范围内形成集合体。例如电视机、电冰箱、洗衣机、电饭煲、收录音机……虽然用途不同,形状差异很大,但其使用范围是相同的,均为家庭使用电器,形成家用电器这一集合体,而任何集合总体都可以按照一定的标志(特征)逐次归纳成若干范围更小、特征更趋一致的部分(局部集合体),直至划分成最小的单元(集合体)。这种将集合总体科学地、系统地逐次划分的过程称为分类或归类。

一、商品分类的概念和原则

(一)商品分类的概念

为了一定的目的,满足某种需要,选择适当的分类标志(特征),将商品集合总体逐级划分为不同的门类、大类、中类、小类、组别、品目,及至品种、花色、规格等。这种科学地、系统地将商品逐次划分的过程称为商品分类。

例如:

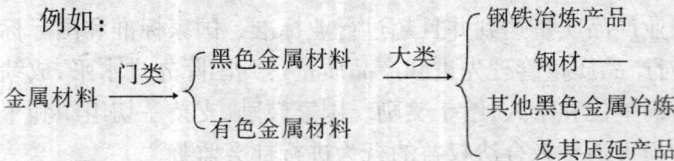

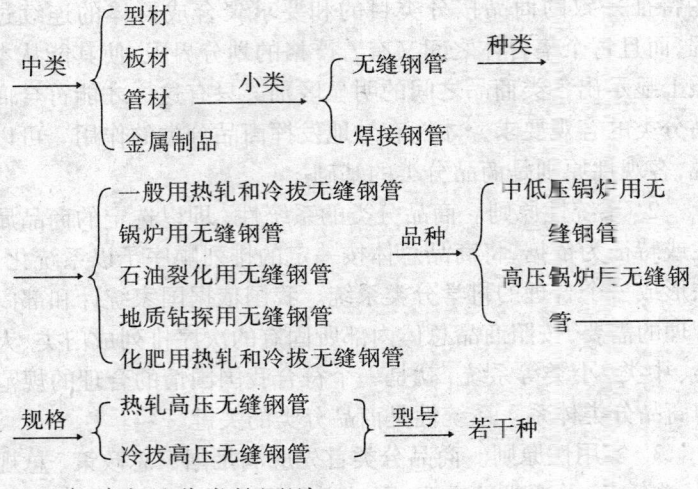

(二)商品分类的原则

由于各国国情和经济、技术发展的不均衡性,在不同的历史阶段,商品所概括的范围和分类的简繁层次都有所不同,同时由于各部门、各系统对商品分类的目的不同,商品的分类方法也是多种多样的。我国在流通领域中,根据国内贸易和对外贸易的需要进行各系统的分类;在生产领域中,根据各系统生产和建设的需要分别进行适应各系统的商品分类。但是,无论怎样分类,其基本原则是都要在国家分类标准的基础上进行。在对商品的具体分类时应掌握如下原则:

1. 客观性原则。商品之所以能够进行分类,是由于商品本身存在着差异性。这些客观的差别是由商品的自然属性、社会属性和在生产流通、消费环节中形成的诸多因素决定的。这些因素自然地也就成了商品分类的客观依据。所以,商品分类并不意味着把商品集合总体人为地加以分解。实际上,商品分类通常是一个按商品本质特征进行聚集的过程,也就是把某些特征一致的商品按分类目的和要求聚合成群体的连续过程,而且每个集合体之间又有着严格的划分界限,使其能从本质上显示出各类商品之间的明显区别。只有这样才能符合商品分类的客观要求,才能有效地发挥商品分类的作用。可以说,客观性原则是商品分类的基础。

2. 系统性原则。商品分类的系统性,即以选定的商品属性或特征为依据,将商品总体按一定的排列顺序予以系统化,并形成一个合理的科学分类系统。我国依据国家统计和部门管理的需要,按照商品总体内部所固有的次序排列成门类、大类、中类、小类等系统,就是一个符合我国国情的合理的规范的商品分类体系。系统性是商品分类的关键。

3. 实用性原则。商品分类首先应满足国家总政策、总规划、总任务、总要求的需要;同时应充分满足生产、流通及消费的需要。因此,商品分类应尽最大努力结合各部门、各系统、各行业、各企业及消费者等的实际,满足各方面的需要而使用。实用性是检验商品分类的实践标准。

(三)商品分类的基本要求

1. 必须明确商品分类的目的。任何商品的分类工作都应在明确其分类目的的基础上进行,这样商品分类才具有适用性。如为方便消费者购买,商店在经营过程中通常将服装分为男装、女装、童装三类;为确保生产、经营、运输及储存的安全,将危险化工商品按其危险性质分为爆炸品、压缩气体和液化气体、易燃液体、易燃固体、氧化剂和有机过氧化物、毒害品和感染性物品、放射性物品、腐蚀品及杂品等九类。

2. 必须明确商品分类对象所包括的范围。如化肥以肥效为目的,将化肥分为氮肥、磷肥、钾肥、钙肥、复合肥和微量元素化肥。其分类对象所包括的范围是化学肥料,不包括农家猪、牛、羊厩肥、绿肥、沤肥、堆肥、火烧肥及人粪尿等。金属材料按组成的元素不同，通常分为黑色金属材料和有色金属材料。黑色金属材料所包括的范围是由黑色金属（包括铁、铬、锰及其合金）制成的原材料；有色金属材料是由有色金属（即除铁、铬、锰及其合金以外的所有金属）制成的原材料。以消灭农作物害虫为目的的农药，它所包括的范围有直接消灭农作物害虫的灭虫剂、杀螨剂、杀鼠剂；也包括间接消灭农作物害虫的拒食剂、不育剂；还包括促进农作物生长的调节剂、除草剂和生物农药。

3. 必须选择适当的商品分类标志。选择恰当的商品分类标志是一项十分重要的工作。商品分类标志的选择首先应达到商品分类目的的要求，又能明显地按分类对象区别开。例如上述的家电商品是以家庭使用作为标志；化工危险品中的毒害品是以毒害性为标志等等。

科学的商品分类应能适应社会不断发展的需要，从而可使形成的商品分类具有一定的时效性和稳定性。当然随着社会经济和科学技术的不断发展，有些商品分类方法可能会逐渐失去作用，这将由新的分类方法所取代。因此，商品分类工作决不是一件一劳永逸的事，它要求人们不断发现、不断创造，使其更加具有实用性，真正成为进行科学管理的重要手段。

二、商品分类的作用

商品是现代人类生活不可缺少的基本物质，其品种之多样、结构之复杂、涉及门类之广泛是其他任何事物或现象少有的，商品分类就是将成千上万甚至几百万种商品在生产和交换中，应用科学的方法将其条理化、系统化，以实现商品使用的合理化和流通管理的现代化。因此，进行商品分类对发展生产、促进流通、满足消费、提高现代化管理水平和企业的效益等有着重要的作用。

（一）商品分类是研究商品使用价值，评价商品质量的基础。人们研究商品的用途，分析商品的使用价值，不仅仅要深入探讨各个商品的个体本质，以区别商品的个体特征，而且还应通过对商品的门类、大类、中类等系列商品的共性特征，从总体上来考核、分析、综合、比较，客观地认识商品的使用价值和评价商品的质量，从而为提高商品质量，开发新的商品提供可靠的依据。

（二）商品分类是国民经济核算、统计的需要。商品的生产与消费涉及到国民经济的各个部门，直接影响国民经济发展和国家基本建设与投资。只有将商品进行统一分类后，生产、计划、核算、统计才有统一的类别项目，才便于综合和统计。商品分类为此提供了全面的、系统的资料，为国家的总体规划提供了可靠依据，从而有利于生产力的合理布局和调度；有利于商品的流通；有利于新产品的开发与研究，有利于稳定物价，繁荣市场。

（三）商品分类有助于合理组织商品流通。商品在运输、储存、销售中应根据商品分类的标志（特征），采取相应的运输条件和储存设施，以保证商品在运输和储存中的质量。在经营销售中根据消费需要，按商品分类的原则和方法，指导商业网点布局，柜台设置，橱窗陈列；并可为编制进销计划、妥善安排经营品种结构创造条件，从而促进流通，加速周转，提高企业的经济效益。

（四）商品分类有利于消费者对商品的选购和使用。商品生产经营的最终目的是最大限度的满足消费者物质和精神的需求，消费者是商品的购买者和最终使用者，科学合理的商品分类便于消费者对不同类别商品的选购，对于同一类商品的质量进行比较，挑选出自己满意的商品。同时，消费者在掌握每类商品性能特点的基础上可以科学合理地使用、保管商品，从而实现商品的使用价值，延长商品的使用寿命。

（五）有助于提高商品学的教学和科研工作。商品品种繁多、性质各异，而商品学的教学时数有限，不可能对所有品种都进行讲述。在实际教学中，只能在教授商品共性的基础上，按照商品分类教学体系，结合专业特点，阐明具有代表性的内容，掌握应知应会的商品理论与实践知识。商品的科研工作，专业性强，更应在商品分类的基础上，统筹安排、分工协作、突出重点、集中力量、确保课题研究任务的完成。

（六）商品分类是实现现代化管理的前提。商品的现代化管理，离不开电子计算机在管理中的应用。有系统有层次的商品分类是编制计算机输入程序的基础之一，有了分类才能建立统一的商品分类目录和配套代码或条形码。特别是通过商品分类编码标准化和与国际编码标准接轨，将进一步扩大计算机处理的应用范围，提高我国国民经济管理水平，并为建立我国统一的经济信息自动化系统，提供了进行信息交流的共同语言，这对促进国内外经贸活动的发展有着重大意义。

第二节　商品分类标志

一、商品分类标志的概念

商品分类标志是指商品本身共有的并能用以区别某类（或某种）商品与其他类（或种）商品的本质特征。

商品分类标志是商品分类的基础，它是一项十分重要而细致的工作。由于可供选择的标志很多，因此，在选择分类标志时要坚持一定的原则，以达到商品标志的科学性、系统性、实用性和一致性。

二、选择商品分类标志的原则

（一）能满足分类的目的要求。标志的选择应根据分类的目的、要求和一定的范围进行选择，使选定的标志能反映上述内涵。如为了某些商品在保管中不致因成分不同而影响储存的安全，就应选择"成分"作为分类标志。

（二）要有鲜明的区分性。选择商品特征时应有鲜明的区别，使分类的界限清楚，易于综合归类。能突出商品最本质、最基本特征，而且能区别于其他的特征，使每一个品种据此标志只可能出现在某一个类别里。如按"产品声望"作为商品分类标志时，属于"一般商品"，在同一个时期就不能再编入"优质商品"类内。

（三）应具有科学的系统性。因为商品不仅属于某一小类，还隶属于某一中类或大类等等。因此在选择分类标志时，标志与标志之间要照顾到从属关系，层次分明，又能体现相互间的有机联系，即成一个系统。

（四）应具有适应性、简明性。即须使商品分类在实际应用中便于掌握应用。简便易行，以利于商品流通和使用数字代码，运用计算机处理。

（五）要有较好的稳定性。确定标志的范围要有一定的预见，使其具有相对稳定性和连续性，为不断补充新商品留有余地。

总之，可供商品进行分类的标志很多，但是如果按照惟一标志的原则而选择分类的标志是很困难的。所以其中必须要有一些灵活运用和兼容的原则，必要时，在分类目标中可以说明。在编制国家分类或较大分类中，可兼容相关的分类标志。

三、常用的商品分类标志

商品分类的标志很多,这里仅介绍几种常见的商品分类标志。

(一)按国家政策分类

国家按照经济规律和商品在国民经济中的地位和作用,将国内商品分为一类商品、二类商品和三类商品。一类商品的基本特征是在国民经济中起主导作用,直接影响经济建设和人民生活,例如钢材、煤炭等;二类商品的基本特征是专业性能较强,必须配套生产;三类商品的基本特征是基本能满足需要,自由购销。这种分类将随着国家政策及生产消费情况的变化,其分类标志及概括范围也将发生变化。这种分类方法有利于国家宏观调控和制订有关政策的决策。

(二)按商品的用途分类

商品的用途是体现商品使用价值的标志,也是探讨商品使用价值的依据。它既能真实体现商品的使用价值,又易被消费者所接受,同时还是探讨商品质量的重要依据,可广泛应用于商品的研究、开发和流通。很多商品以用途作为分类标志,不仅适合商品的大类划分,也适用对商品种类品和的进一步划分。例如,根据商品的基本用途,将全部商品分为生产资料和生活资料两大类;黑色金属冶炼及其压延产品又分为钢铁冶炼产品、钢材等。钢材按用途为标志又可分为结构钢、工具钢和特殊钢。家用电器按用途为标志可分成制冷电器、厨房电器具、清洁卫生器具、熨烫器具、取暖器具等。

按用途分类,有利于生产、销售和消费的有机衔接。但对多种用途的商品,一般不宜采用此种分类标志,例如一般原材料类商品就是一例。

(三)按商品原材料分类

原材料的种类和质量在很大程度上反映商品的性能和质量。原材料不同,商品性能差异很大,原材料的质量优劣,直接影响商品的质量。选择以原材料为标志的分类方法是商品的重要分类方法之一。此种分类方法适用于那些原材料来源较多、且对商品性能起决定作用的商品。

例如,纺织品以原料为标志可分为:棉织品、麻织品、丝织品、毛织品、化纤织品和各种混纺织品;皮鞋以原料为标志分为牛皮鞋、猪皮鞋、羊皮鞋、人造革鞋和其他原料皮鞋;油脂以原料为标志分为植物油、动物油和矿物油;材料以原料为标志可分为金属材料、非金属材料和其他材料。

以原材料为标志分类能反映商品本质性能,分类清楚明了,为确定销售、运输、储存条件提供了依据,有利于保证商品流通中的质量。但用多种原材料构成的商品如汽车、电视机、电冰箱等不宜用原材料作为分类标志。

(四)按商品的生产方法分类

生产商品的原料相同,但生产方法不同,工艺不同,生产的商品的特性、品种就有明显的差别。例如:乙烯,以生产方法为标志分为高压聚乙烯、低压聚乙烯;茶叶以生产方法、工艺为标志分为红茶(发酵茶)、绿茶(不发酵茶)和乌龙茶(半发酵茶);纸张分为机制纸和手工纸等。

按生产方法分类,特别适用于原料相同,但可选用多种工艺生产的商品。此种分类方法的优点是因为生产、工艺的不同,突出了商品的个性,有利于销售和工艺的革新。但生产方法对商品性能、特征影响不大的商品不宜应用此种分类方法。

(五)按商品的主要成分或特殊成分分类

商品的许多性能、质量、用途及储运条件往往由商品的成分决定,其中尤为主要的是组成商品的主要成分或特殊成分。因此,这种分类的标志可以通过商品的主要成分或特殊成分,说明其主要性能和用途。例如塑料商品分为乙塑、丙塑、氯塑、苯塑等,决定这些塑料商品基本性能是它的主要化学成分不同,即合成树脂不同,它们分别由聚乙烯、聚丙烯、聚氯乙烯、聚苯乙烯树脂构成。因此这些塑料商品的性能不同,用途也就各异。还有些商品,它们所含的基本成分相同,但因含有某种特殊成分,而使商品的质量、性能和用途完全不同。例如合金钢,它们的基本成分均含铁、碳及少量常量元素外,还含一定数量和不同种类的合金元素。这些元素的含量虽然很少,但对钢的性质影响很大,决定着它们的用途,故合金钢分锰钢、铬钢、铬镍钢、锰钒硼钢、硅锰钼钒钢等;牙膏或洗衣粉所含的主要成分相同,加入了某种特殊成分,即为不同品种的牙膏或洗衣粉,这些特殊成分有时也可被选择为商品分类的标志。

按成分分类是商品分类最常见的方法之一。此种分类方法能反映商品的本质特性,对于深入研究商品的特性、保管和使用方法以及开发新品种、满足不同消费者的需要具有重要的意义,但对化学组成复杂、成分较多的商品不宜应用此类分类方法。

(六)其他分类方法

选择商品分类的标志还很多,如商品的形状、结构、特性、颜色、花样、重量、产地乃至收获季节等,均可作为商品分类的标志。这些分类方法,比较受消费者欢迎,其特点是概念清楚、特征具体、通俗易懂、易于区别。它们多属于单一分类。

各种分类方法,均有不同的特征和优缺点,因此商品在进行分类时,应慎重选择分类的标志和使用范围,正确确定分类的方法。但无论选择哪种标志和方法,都不能与国家标准分类体系相悖。

第三节 商品分类体系

任何商品分类体系的构成,很大程度上取决于其用途和适用范围。按照适用范围,商品分类体系可分为国际贸易商品分类体系、国家标准商品分类体系、部门商品分类体系等。

一、国际贸易商品分类体系

随着世界一体化进程的加快,各国之间的贸易往来也越来越多,越来越频繁。但在国际贸易中,由于各国的海关税则及贸易统计的不同,商品分类在商品名称、商品编码、项目编排及分类原则等方面存在着差异,给国际贸易活动和经济对比带来了许多困难。因此,世界各国间的贸易活动以及各国在海关管理、征收关税及关税研究、贸易经济、贸易管理、商情研究、进出口业务、制定贸易政策等方面,都需要有一个统一的国际贸易商品分类。各国政府、有关国际组织和商品分类专家对国际贸易商品分类的研究已开展多年,并取得重大成果。目前,在国际上公认并广泛采用的国际贸易商品分类体系有三个:《海关合作理事会分类目录》(CCCN)、《联合国国际贸易标准分类》(STTC)和《商品分类和编码协调制度》(H·S)是一个新型的、系统的和多用途的国际贸易商品分类体系,可广泛用于国际贸易的海关计税、贸易管理、贸易统计、进出口业务、运输单据及数据传递等。当前世界各国正陆续采用。《商品分类和编码协调制度》把所有国际贸易商品分为21类、99章、1241节、5019目。其中第77章、98章和99章留空,用以增补新商品（第 77 章）和供各缔约国专用（第 98 章到第 99 章）其分类体系如下：

第 1 类　活动物；动物产品

第 2 类　植物产品

第 3 类　动、植物油脂及其分解产品；精制食用油脂；动、植物酯

第 4 类　食品、饮料、酒及醋；烟草及烟草代用品的制品

第 5 类　矿产品

第 6 类　化学工业及其相关产品

第 7 类　塑料及其制品；橡胶及其制品

第 8 类　生皮、皮革、毛皮及其制品；鞍具及挽具；旅行用品、手提包及类似品；动物肠线（蚕胶丝除外）制品

第 9 类　木材及木制品；木炭；软木及软木制品；稻草、秸秆、针茅或其他编结材料制品；篮筐及柳条编结品

第 10 类　木浆及其他纤维状纤维素浆；纸及纸板的废碎品；纸、纸板及其制品

第 11 类　纺织原料及纺织制品

第 12 类　鞋、帽、伞、杖、鞭及其零件；已加工的羽毛及其制品；人造花；人造发制品

第 13 类　石料、石膏、水泥、石棉、云母及类似材料的制品；陶瓷产品；玻璃及其制品

第 14 类　天然或养殖珍珠、宝石或半宝石、贵金属、包贵金属及其制品、仿首饰；硬币

第 15 类　贱金属及其制品

第 16 类　机器、机械器具、电气设备及其零件；录音机及放声机；电视图像的录制和重放设备及其零件、附件

第 17 类　车辆、航空器、船舶及其有关运输设备

第18类 光学、照相、电影、计量、检验、医疗外科用仪器及设备；精密仪器及设备；钟表；乐器；上述物品的零件、附件

第19类 武器、弹药及其零件、附件

第20类 杂项制品

第21类 艺术品、收藏品及古物

二、国家标准商品分类体系

为适应现代化经济管理的需要，为国家标准形式对商品、物资进行科学的、系统的分类编码，建立商品分类体系，称为国家标准商品分类体系，建立国家标准商品分类体系的目的是：便于进行国民经济计划、统计及各项业务活动，有利于实现商品分类编码标准化；有助于建立现代化、统一的商品信息系统，以实现经济管理现代化，提高经济管理水平。1987年，我国发布和实施了国家标准GB7635-87《全国工农业产品（商品、物资）分类与代码》，它为国民经济统一核算和国家经济信息提供了统一的商品分类体系。各部门、各地区在计划、统计、会计、业务等工作时，必须按标准及有关使用要求上报资料。各部门、各地区在使用本商品分类体系时允许做适当细化和补充，也可以在本商品分类体系的基础上制定本部门、本地区适用的商品分类体系，但必须与本商品分类体系兼容，以保证信息交流和资源共享。

《全国工农业产品（商品、物资）分类与代码》按照商品的基本情况、适当兼顾部门管理的需要，把我国生产的所有工农业产品、商品、物资划分为99个大类（其中12个大类留空，供新商品增补用），1000条个中类，7000条个小类，总计36000条个品种，其体系如下：

A、农、林、牧、渔业产品

01　农业产品
02　营林产品
03　人工饲养动物和捕猎的野生动物及其产品
04　渔业产品
05　观赏植物
06　其他农、林、牧、渔业产品
B、矿产品及竹、木采伐产品
07　煤、石油和天然气
08　黑色金属矿采选产品
09　有色金属矿采选产品
10　非金属矿采选产品
11　木、竹采伐产品
C、电力、蒸汽供热量、煤气(天然气除外)和水
12　电力、蒸汽供热量、煤气(天然气除外)和水
D、加工食品、饮料、烟草加工品和饲料
13　加工食品
14　饮料
15　烟草加工品
16　饲料
E、纺织品、针织品、服装及缝纫品、鞋帽、皮革、毛皮及其制品
18　纺织用纤维加工品
19　纺织品
20　针织品
21　服装及其缝纫制品
22　鞋帽
23　皮革、毛皮及其制品

F、木材、竹、藤、棕、草制品及家具

24　木材、竹、藤、棕、草制品

25　家具

G、纸浆、纸和纸制品、印刷品、文教体育用品

26　纸浆、纸和纸制品

27　印刷品

28　文教体育用品

H、石油制品、焦炭及煤制品

29　石油制品

30　焦炭及煤制品

J、化工产品

31　无机化学品

32　化学肥料

33　化学农药

34　有机化学品及涂料、颜料、染料、催化剂、助剂、添加剂和粘合剂

35　高分子聚合物

36　信息用化学品

37　化学试剂

38　日用化工品

39　其他化工产品

K、医药

40　化学原料药

41　化学药制剂

42　中药材

43　中成药

44　畜用药

45　生物制品

L、橡胶制品和塑料制品

46　橡胶制品

47　塑料制品

M、建筑材料及其他非金属矿物制品

48　建筑材料及其他非金属矿物制品

N、黑色金属冶炼及其压延产品

49　钢铁冶炼产品

50　钢材

51　其他黑色金属冶炼及其压延产品

P、有色金属冶炼及压延产品

52　有色金属冶炼产品

53　有色金属压延加工产品

Q、金属制品

55　金属结构及其构件

56　工具

57　金属丝及其制品

58　建筑用金属制品

59　搪瓷制品及日用金属制品

60　其他金属制品

R、普通机械

61　锅炉及原动机

62　金属加工机械

63　通用设备

64　铸锻件及通用零部件

65　工业专用设备

66　农、林、牧、渔业机械

67 建筑工程机械和钻探机械
68 医疗器械
69 其他机械产品
S、交通运输设备
72 铁路运输设备
73 公路运输设备及工矿车辆
74 船舶及其辅机、飞机器
T、电器机械及器材
75 电机
76 输变电设备
77 电工器材
78 家用电器
79 其他电器装置和设备
U、电子产品及其通信设备
80 雷达和无线电导航设备
81 通信设备
82 广播电视设备
83 电子计算机及其外部设备
84 电子元件
85 电子器件
V、仪器仪表、计量标准器具及量具、衡器
87 仪器仪表
88 计量标准器具及量具、衡器
W、工艺美术品、古玩及珍藏品
90 工艺美术品
91 古玩及珍藏品
X、废旧物资（再生资源——编者注）

92 废旧物资
Z、其他产品（商品、物资）
99 其他产品（商品、物资）

三、部门商品分类体系

中华人民共和国原商业部编制的商业行业商品分类与代码，将商业企业经营的商品分为61大类，类别排列主要按国民经济分类中的商业行业的顺序排列即吃、穿、用、燃料、农产原料、农业生产资料、废旧物资、物资等。

其分类体系如下：

1. 粮食
2. 植物油脂、油料
3. 食用家畜、畜肉及其制品
4. 食用禽肉、蛋及其制品
5. 水产品
6. 糖及糖果
7. 糕点、罐头
8. 烟
9. 饮料
10. 干鲜果品
11. 干鲜菜及调味品
12. 纺织品
13. 针织品
14. 服装
15. 鞋帽
16. 日用化工品
17. 保温瓶、杯及日用玻璃制品
18. 日用搪瓷制品及金属制品

19. 钟表及眼镜
20. 日用塑料及人造革制品
21. 儿童玩具
22. 日用百货、小商品
23. 日用杂品
24. 家具
25. 机制纸及纸制品
26. 文教办公用品
27. 照相器材
28. 体育及文娱用品
29. 印刷品
30. 建筑用金属制品及卫生器材
31. 五金工具
32. 机械配件
33. 五金杂品
34. 交通器材
35. 电工器材
36. 电讯器材及电子元件器材
37. 电子音像器材及家用电器
38. 化工原料
39. 染料、涂料、颜料
40. 煤炭及石油制品
41. 西药
42. 医疗器械
43. 化学试剂
44. 中药材
45. 中成药

46. 棉、麻、烟料
47. 土产品
48. 畜产品
49. 化学肥料
50. 化学农药
51. 饲料
52. 其他农业生产资料
53. 工艺美术及古玩珍藏品(一)
54. 工艺美术及古玩珍藏品(二)
55. 工艺美术及古玩珍藏品(三)
56. 工艺美术及古玩珍藏品(四)
57. 废旧物品
58. 机电产品
59. 原材料
60. 辅助材料
61. 其他商品

第四节 商品目录和商品代码

商品目录和商品代码是商品分类的具体体现，是提高我国经济管理水平，建设统一的、科学的国民经济核算制度和实行国民经济信息的自动化管理的基础。

一、商品目录

(一)商品目录的概念

商品目录是指国家或部门根据商品分类的要求，对所经营管理的商品编制的总明细分类集。商品目录是以商品分类为依据，因此亦称商品分类目录或商品分类集。商品目录是在商品逐级分类的基础上,用表格、符号和文字全面记录商品分类体系和排列顺序的书本式工具。

(二)商品目录的种类

商品目录按编制的目的和作用不同,种类很多。如按用途编制的目录:生产资料商品目录,消费商品目录;按管理权限编制的目录:一类商品目录,二类商品目录,三类商品目录;按产销地区编制的目录:地产品目录,进口商品目录,内销商品目录,出口商品目录;按适用范围编制的目录:国际商品目录,国家商品目录,部门商品目录,地区及企业商品目录等。这里,重点介绍按适用范围编制的目录。

1. 国际商品目录

国际商品目录是指各国际组织或集团制订的商品目录。例如联合国制订的《国际贸易标准分类目录》(SITC);欧洲共同体制订的《欧洲共同体对外贸易统计商品目录》;国际关税合作委员会制订的《商品、关税率分类目录》(《布鲁塞尔关税目录》),《经互会国家工业和农业产品通用分类目录》等。在我国改革开放的新形势下,进出口贸易十分活跃,为做好外贸工作,应熟悉了解国际商品目录。

2. 国家商品目录

国家商品目录是指 GB7635－87。经国务院批准,原国家标准局(国家技术监督局)颁布的国家商品目录:《国家工农业产品(商品、物资)分类与代码》。它将全国商品建立了统一的科学体系,是国民经济统一核算和进行计划、统计、会计和业务工作的重要基础,对提高我国经济管理水平和实现国家经济信息自动化管理创造了条件,并统一了全国产品、商品、物资分类。方便了生产、销售和消费。

3. 部门商品目录

部门商品目录是指由国务院直属各部委、各专业总公司，根据专业需要所编制颁布的商品目录，专业性很强，适用于各专业部门。例如国家统计局颁发的《综合统计商品目录》；机械工业部编制的《全国机械产品目录》；国内贸易部编制的商业、供销、粮食等商品目录；纺织总会编制的纺织商品目录等。部门商品目录由行业主管部门编制颁发，适用于全行业。部门商品目录的编制原则应与国家商品目录保持一致。

4. 地区及企业商品目录

地区及企业商品目录，由地区或企业在兼顾国家或部门商品目录的基础上，因地制宜，充分满足地区、企业的需要而编制的商品目录。这种商品目录适用范围小，一般仅限于本地区或本企业，由于这种商品目录类别小，品种划分更细。例如仓库保管商品目录，营业柜组经营商品目录、必备商品目录等，以利于经营和管理的需要。

二、商品代码

（一）商品代码的概念

商品代码又称商品货号或商品代号，是在商品分类的基础上，对各类、各种商品赋予具有一定规律的代表符号，通常用阿拉伯数字表示，如日用化工品中雪花膏的代码是38221001。

商品代码往往是商品目录的组成部分，也是商品分类的有机体。商品分类是商品编码的基础，而商品的代码又直接影响商品分类、分目的实用价值和效果。因此商品在进行编码时应做到每一个（组）商品代码只能代表一类（种）商品；商品代码体系应与商品分类体系相适应，并能满足商品流通需要；代码应有足够的容量，以适应新商品的需要；应简明、适用、规范等。商品代码不仅体现商品分类、分目的科学性、系统性、实用性,还为商品的计算机管理奠定了基础。商品代码的编制实际上已成为商品科学分类的一部分,商品代码与商品分类同时构成了商品目录的完整内容。

商品代码的编制是一项十分重要而有意义的工作。它直接为国家的经济管理,商品的生产、物资分配、经营销售、储运保管、情报交流、科技进步、对外贸易等提供服务,也是实现国家经济现代化管理的基础。

(二)商品代码编码方法

1987年经国务院批准,发布了全国工农业产品(商品、物资)分类代码标准,统一了全国商品的分类和代码。现将全国工农业产品(商品、物资)代码的编码方法介绍如下。

1. 代码为层次结构,共分四层(不包括门类),每层均以两位阿拉伯数字表示,每层代码一般从"01"开始,按升序排列,最多编至"99"。为便于检索,设置了门类,用英文字母表示其顺序。

2. 各层中数字为"99"的代码均表示收容类目。同一层内分成若干区间时,每个区间的收容类目一般用末位数字为"9"的代码表示。

3. 第一、二、三层的类目不再细分时,在它们的代码后面补"0",直至第八位。

4. 各层均留有适当空码,以备增加或调整类目用。

5. 第三层设有"开列区",其类目用"01"至"09"表示,不设开列类类目时,主分区第三层类目的代码一般从"10"开始编写。开列区类目在代码前均标"*"号。

注:"开列区"类目设置

为满足管理上的特殊需要,标准在第三层设有"开列

区"。该区类目有下列两种情况:

(1)对主分类区类目所含产品(商品、物资)按不同属性重新分类,例如对于特厚钢板,在主分类区已按特种钢分类,在开列区又按用途将其分为"锅炉用特厚钢板""玉力容器用特厚钢板"等;

(2)按各种不同要求设置类目,例如在主分类已按加工工艺对金属切削机床进行了分类,但在管理上尚需了解金属切削机床的技术水平,因此,在"开列区"又补充设置了"数控机床"、"高精度机床"等。

[例1]A门包括农、林、牧渔业产品(门类)
代码 A01010100

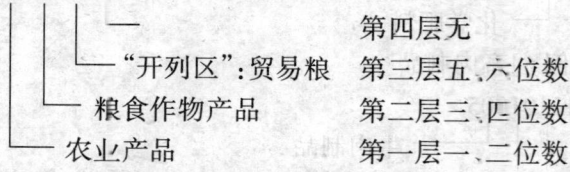

[例2]A门,农、林、牧、渔业产品(门类)
代码 A0101100

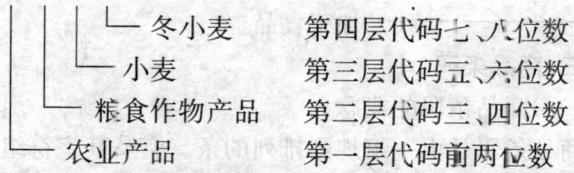

[例3]N门,黑色金属冶炼及其压延产品(门类)
代码 N50071199

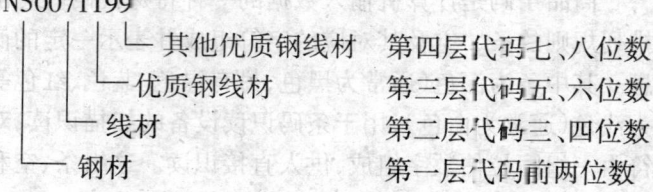

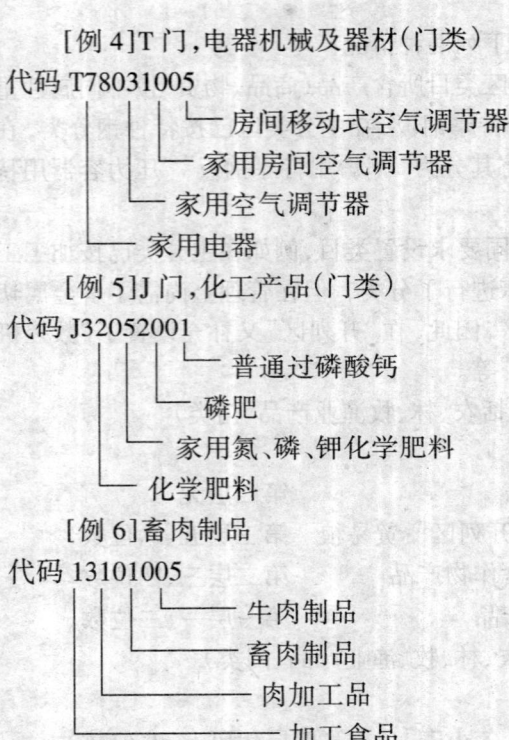

[例4]T门，电器机械及器材（门类）
代码 T78031005
　　　　　　房间移动式空气调节器
　　　　　家用房间空气调节器
　　　　家用空气调节器
　　　家用电器

[例5]J门，化工产品（门类）
代码 J32052001
　　　　　　普通过磷酸钙
　　　　　磷肥
　　　　家用氮、磷、钾化学肥料
　　　化学肥料

[例6]畜肉制品
代码 13101005
　　　　　牛肉制品
　　　　畜肉制品
　　　肉加工品
　　加工食品

三、商品条码

（一）商品条码的概念

商品条码是由一组规则排列的条、空及其字符组成的表示一定信息的商品标识。

商品条码是计算机输入数据的一种特殊代码。它由一组排列规则的条、空及其对应的字符组成并表示一定的商品信息。其中条为深色（通常为黑色，另有绿色、蓝色、红色等），空为浅色（通常为白色），用于条码识读设备的扫描识读；对应字符由一组阿拉伯数字组成，供人直接识读。这组条、空和相应的字符表示的商品信息是一致的。只要借助光电扫描阅读设备即可迅速将条码代表的诸如商品的生产国别、制造厂商、产地、名称、特性、价格、数量、生产日期等一系列商品信息,准确无误地输入电子计算机,并由计算机进行自动存储,分类排序、统计、打印或显示出来。这不仅实现售货、订货的自动化管理,而且通过产、供、销信息系统将销售信息及时提供给生产厂家,实现了产、供、销之间的现代化管理。

目前,世界上应用的商品条码主要有 UPC 条码(Uniform Product Code)、EAN 条码(International Article Number Bar-Code)两种。UPC 条码是 1973 年美国统一代码委员会(UCC)在北美、加拿大地区推广使用的商品条码(目前世界各国出口到美国和加拿大的商品必须印有 UPSC 条码)。EAN 条码是国际物品编码协会在世界范围内推广使用的国际通用商品代码,没有 EAN 条码的商品难以在国际市场上流通,也不能进入超级市场销售。EAN 条码的推广使用,为世界各国提供了一个惟一、清晰、简便、无什么特殊含义的编码体系和标识方法,为世界各国贸易交流建立了一个独特的联系网络和信息交换的统一形式,从而大大促进了各国之间的贸易往来,为电子订货(EOS)、电子数据(EDL)提供了标准化的、国际通用与统一标识。目前,EAN 会员已遍及六大洲的 50 多个国家和地区。

1991 年 4 月,中国物品编码中心代表我国加入国际物品编码协会 EAN,并根据物品编码协会的商品条码通用规则,制定了我国的国家标准《通用商品条码》(GB12904)。国家标准《通用商品条码》的制定,为统一我国商品的标识,准确、有效地采集、处理、传递商品的信息,满足我国出口商品的需要及实现商品在流通领域中的现代化管理提供了保障。

(二)通用商品条码的结构

通用商品条码的结构与 EAN 条码结构相同分为标准版条码结构和缩短版条码结构两种。

1. 标准版商品条码结构

标准版商品条码结构由 13 位数字码及其对应的条码符号组成。如图 3-1 所示。

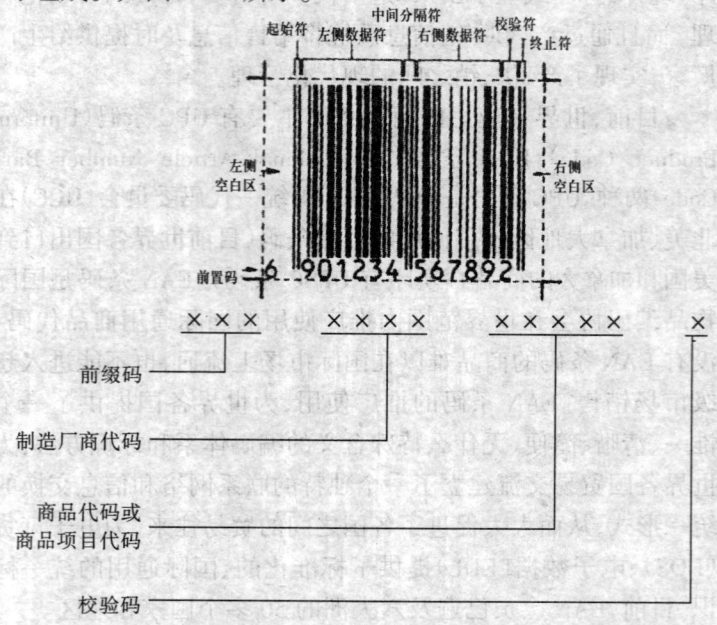

图 3-1 标准版商品条码结构

前置码:适用商品条码中的第一位数字码。

前缀码:由前三位数字组成(早期国际物品编码协会成员为二位数字),是用来标识国家或地区的代码。由国际物品编码协会统一分配。国际物品编码协会分配给我国的前缀码是 690.691.692。表 3-1 列出了国际物品编码协会成员国或地区的代码。

表 3-1　国际物品编码协会成员国或地区代码

国家或地区代码（前缀码）	国家或地区
00 – 09	美国和加拿大（北美）
20 – 29	当商品上没有 EAN 条码时，由超级市场自行编制 EAN 条码侣用时称为系统代码。
30 – 37	法国
40 – 43	前联邦德国
440	前民主德国
460 – 469	前苏联
471	中国台北
489	香港（中国）
49	日本
50	英国、爱尔兰
520	希腊
529	塞浦路斯
54	比利时、卢森堡
560	葡萄牙
569	冰岛
57	丹麦
599	匈牙利
600 – 601	南非
64	芬兰
690 – 692	中国
70	挪威
729	以色列
73	瑞典
750	墨西哥
759	委内瑞拉
76	瑞士
770	哥伦比亚
773	乌拉圭
775	秘鲁
779	阿根廷

续表

国家或地区代码（前缀码）	国家或地区
780	智利
789	巴西
80-83	意大利
84	西班牙
859	前捷克
860	前南斯拉夫
869	土耳其
87	荷兰
880	韩国

制造厂商代码是由四位或五位数字组成，用来标识商品的制造厂家。按照国家标准《通用商品条码》的规定，当前缀码为 690、691 时，制造厂商代码为四位数字；当前缀码 692 时，制造厂商代码为五位数字。制造厂商代码由中国物品编码中心统一分配、注册，确保制造厂商代码在我国内的惟一、不重复。

商品代码（或商品项目代码）是由五位或四位数字组成，用来标识商品特征及属性或具体的商品项目。当前缀码为 690、691 时，商品代码为 5 位数字；当前缀码为 692 时，商品代码为 4 位数字。商品代码是由厂商自行编制使用，且必须确保商品代码在厂内标识的惟一性。即同种规格同种商品应对应同一个商品代码，同种商品不同规格、不同颜色、不同形状、不同包装等应编制不同的商品代码。

校检码是最后一位数字，用以提高数据的可靠性和校验数据输入的正确性。

例如，颐中烟草（集团）有限公司青岛卷烟厂出品的"宏图牌"卷烟，其商品条码如图 3-2。

图3-2　商品条码实图

数码字的前三位"690"标识中国,"1028"标识颐中烟草(集团)有限公司青岛卷烟厂,"14911"标识84mm20支装软横包宏图卷烟,"2"为校验码。

2. 缩短版商品条码结构

缩短版商品条码结构由八位数字码及其对应的条码符号组成,如图3-3。

图3-3　缩短版商品条码结构

前缀码、商品代码、校验码的含义同标准版;但商品代码是由国家或地区编码机构统一分配、注册,在我国即由中国物品编码中心统一分配。

凡需使用缩短版的各企业需将自己使用缩短版的商品目录报到中国物品编码中心,由中心统一分配,只有当商品条码印刷面积超过商品包装表面面积或者标签可印刷面积四分之一(含四分之一)时,方可申请使用缩短版商品条码。

第四章 商品标准

第一节 商品标准和商品标准化

一、商品标准与商品标准化的概念

(一)商品标准

商品标准是对商品的质量以及与质量相关的各个方面所做的统一规定。它是从事工农业生产的一种共同技术依据,也是部门之间交接验收商品的共同准则。

商品标准以科学技术和实践经验的综合成果为基础,经有关方面充分协商一致,由主管机构批准,以特定的形式发布。商品标准一经发布,就是一种技术法规,具有法律的效力,在商品的生产和流通过程中必须共同遵守,任何单位不得擅自更改或降低标准。

商品标准的本质特征是统一。由于需要统一的范围不同、内容不同,便产生了不同级别和不同类型的商品标准。不同级别的商品标准在不同的使用范围内统一;不同类型的商品标准从不同的角度和不同的侧面进行统一。

对于正式生产的各类商品,都必须制定相应的商品标准。有了商品标准,生产者就有章可循,可以按规定的要求组织生产,质量监督者就有法可依,可以按规定的要求从事监督鉴定;而消费者则可以得到质量稳定可靠、符合规定要求的商品,满足购物需要。可见,商品标准统一表达了生产、流通企业和消费者对商品的要求,也是社会各方对商品质量有争议时执行仲裁的依据。

(二)商品标准化

商品标准化是指商品在生产、流通和消费环节中,通过制定、发布和实施标准达到统一和协调,以获得最佳秩序和社会效益的全部活动过程。

商品标准化不是一件孤立的事物,而是一个活动过程。这个过程包括商品标准的制定、发布、贯彻、实施以及修订等环节。这些环节也就是商品标准化的主要内容。

商品标准化也不是一个静止的活动过程。每一个环节并不是一次活动就完结,而是一个不断循环、螺旋式上升的活动过程。也就是说,商品标准化是一个不断发展提高的过程。

商品标准化不是绝对的,而是相对的。首先标准化的深度是相对的,表现在商品标准化的内容不可能是绝对全面的,而只能根据需要对某一方面或某几方面进行统一,以后逐步完善;其次标准化的广度也是相对的,因为商品标准化的对象和范围是不断发展的。随着标准化向着深度和广度方向的扩展,必然会使今天实现了标准化的商品经过一段时间后突破原先的规定而成为非标准的,标准和非标准会相互转化,没有永远不变的标准。所以,无论从空间和时间上说,标准化都是相对的。

商品标准化的基本要求是:商品质量标准化、品种规格系列化、零件部件通用化、名词术语规范化。这是实现商品现代化生产的需要,是流通部门实行科学管理的基础。没有标准化,就没有专业化,就没有高质量,也就没有高效益。

二、商品标准的形式

商品标准,根据其形式的不同有文件标准与实物标准两类：

(一)文件标准

文件标准是以文字的形式对商品质量所作的统一规定。这是商品标准的主要形式。

文件标准在其幅面大小及其出版印刷格式和字体、字号等方面都有明确的规定。如国家标准的幅面尺寸为210毫米×297毫米(允许偏差±1毫米)。在特殊情况下(图样、表格不能缩小时),幅面允许根据实际需要延长和加宽。国家标准、行业标准和封面及其他各页的格式、字体、字号应符合 GB/T.2-1996《标准化工作导则 标准出版印刷的规定》,地方标准和企业标准亦可参照使用。

(二)实物标准

实物标准是指以实物样品形式对商品质量所作的统一规定。

当一些用文字难以准确表述或对照文字难以掌握、执行的标准内容,通常用实物标准形式来规定。如粮油商品中大米、小麦粉的加工精度指标,由于文字规定的留皮率和粉色麸星很难准确掌握,所以国家每隔两年制发一次实物标准样品,供大米、小麦粉生产和流通中对照鉴定,以确定其加工精度等级。实物标准是文件标准的补充,它同样以一定的方式制作、颁布,同样具有法规的严肃性。实践中要注意妥善保管,保持原有质量。

第二节 商品标准的作用与分类

一、商品标准的作用

商品标准,总结了科学技术发展成果,结合了实践中积累的先进经验,反映了社会发展对商品的要求,是社会生产力发展的产物,也是社会生产力发展水平的标志;同时,商品标准又是推动和组织社会生产的重要手段,它在商品的生产、流通、市场资源配置和对外贸易中有着重要的作用。

(一)商品标准在生产过程中的作用

1. 商品标准是组织专业化生产的前提。商品有了标准,并在一定范围内得以实践,即实现了商品的标准化,可以促进商品生产的专业化,提高商品的生产效率。商品生产的专业化,要求商品有统一的技术标准。商品标准化后,有了统一的技术标准,就可以扩大零部件的使用范围,提高通用互换程度。生产部门就可以采用高效率的专用设备,生产结构相同的同类零部件,即实行生产专业化,从而大幅度地提高劳动生产率,促进生产力的发展。

2. 商品标准是提高商品质量的技术保证。商品标准,其核心内容是商品的质量要求,商品标准是生产过程中控制质量、评定质量好坏的技术依据。按《中华人民共和国标准化管理条例》规定,凡正式生产的商品都必须制定标准并贯彻实施。并且还规定,商品生产的原材料、半成品以及成品都必须按标准进行检验。符合标准的产品由检验部门填发合格证;不符合标准的产品,一律不列入计划完成数,不计产值,不准出厂。由于标准具有法规的严肃性和强制性,从而可以保证和促进商品质量的不断提高。

(二)商品标准在流通中的作用

1. 商品标准是商品按质论价的必要条件。作为商品,必然要进入流通领域,通过交换进入消费者手中。在商品的交换过程中,就要体现优质优价、劣质劣价的价格政策,而商品标准就是这样一种衡量商品质量优劣的技术法规,通过鉴定,对照商品标准规定,就可以确定商品品级,并按品级确定商品的价值和价格。

2. 商品标准是商品质量监督的技术依据。商品进入流通领域,必然受到国家和社会的质量监督,质量监督的技术依据就是商品标准。商品标准为维护国家和消费者利益,打击并消除假冒伪劣商品,促进市场的繁荣与发展提供了有力的法律武器。

(三)商品标准在市场资源配置中的作用

商品标准对商品使用价值的规范性确定,是社会资源配置的重要依据之一。自然界的物质是有限的,产品也是有限的,而人们的需求欲望是无限的,这些有限的物质资源和产品相对于需求的缺乏性,要求人们在求生存和生产活动中,合理地利用资源、支配资源和使用商品。因此在资源的配置上,就要为最有利地实现既定经济目标进行选择,把资源——产品——经济目标有机地结合起来,使物质资源得到充分的利用,使商品通过市场得到合理的分配。在生产和交换实践活动中,根据商品标准可以把资源或产品按照其性能、特征、品级,进行科学地分析,正确地标定应用范围,明确其最佳使用价值,从而有利于资源的合理配置。这样不仅为生产适宜的商品提供技术上的保证,也为以较少的投入生产更多更好的适应于不同层次需要的商品创造了条件。例如,国家标准(GB1103-72)对细绒棉作了具体而严格的规定,这对于纺织工业正确选用不同质量的细绒棉来织造不同用途、不同使用对象的织品提供了可靠的依据。

(四)商品标准在对外贸易中的作用

我国对外开放和国际贸易的发展,促进了国内商品流通企业参与国际贸易的活动逐步展开。在对外贸易中商品标准,可促进出口商品质量的提高,从而有利于提高我国商品的国际市场声誉和促进对外贸易的发展,并可供对外贸易业务在签订合同中有关品质条件等条款时有所参考。此外,如合同中有关条款不够明确时,则出口商品标准可作为鉴定的依据。因而在中华人民共和国标准化管理条例中对出口商品标准化有如下规定:"出口产品和对外承包工程,必要时可由生产建设主管部门会同外贸、外经部门制订适合外贸市场需要的标准。"

对外贸易工作者熟悉所经营商品的本国的和外国的商品标准,对顺利完成进出口任务也有重要作用。因为,每个国家由于自然资源、气候、使用条件、生产水平和人民生活水平、习惯的不同,对商品标准中品质条件的规定是不完全相同的。每个国家的商品标准,一方面反映其生产商品的品质,同时也表明其对商品品质的要求。在出口方面,对外贸易工作者熟悉本国的商品标准,才能向买方确切地介绍自己的产品,以争取买方按我国商品标准的品质条件订货,而有利于本国的生产。熟悉外国的商品标准,还对制订本国出口商品标准具有重要的参考作用。在进口方面,熟悉国内外各生产国家的商品标准,即可根据国内订货的要求,对各国的产品进行对照比较,正确选购订货,从而保证进口符合要求的商品。

二、商品标准的种类

(一)我国商品标准的分级

在我国,商品的标准依据其适用范围的不同分为国家标准、行业标准、地方标准和企业标准四个等级。

1. 国家标准

国家标准是指由国家标准化主管机构批准发布,在全国范围内统一的标准。我国《标准法》规定,对需要在全国范围内统一的技术要求,应当制定国家标准(含标准样品的制作)。

国家标准主要包括:互换配合、通用技术语言标准;保障人体健康和人身、财产安全的技术标准;通用基础件标准;通用的试验、检验方法标准;国家需要控制的其他重要产品标准。

我国国家标准由国务院标准化行政主管部门编制计划、组织草拟,统一审批、编号、发布。其中,药品、兽药国家标准,分别由国务院卫生主管部门、农业主管部门审批、编号、发布;食品卫生、环境保护国家标准,分别由国务院卫生主管部门、环境保护主管部门审批,国务院标准化行政主管部门编号、发布。目前,国家标准分为强制性国家标准和推荐性国家标准。

按照《国家标准管理办法》的规定,国家标准的代号由大写汉语拼音字母构成。强制性国家标准的代号为"GB";推荐性国家标准的代号为"GB/T"。国家标准的编号由国家标准的代号、国家标准发布的顺序号和国家标准发布的年号(即发布年份的后两位数字)构成。

如 GB4927-91 表示于1991年颁布的第4927号强制性国家标准;GB/T6583-97 表示于1997年颁布的第6583号推荐性国家标准。

2. 行业标准

是在没有国家标准的情况下,由专业标准化主管机构或专业标准化组织批准发布的在某个行业范围内统一使用的标准。在没有国家标准,而又需要在全国某个行业范围内统一技术要求的情况下,可以制定行业标准。

我国行业标准由国务院有关行政主管部门编制计划、组织草拟,统一审批、编号、发布,并报国务院标准化行政主管部门备案。行业标准不得与有关国家标准相抵触。有关行业标准之间应保持协调、统一、不得重复。行业标准在相应的国家标准实行后,即行废止。行业标准也分为强制性标准和推荐性标准。

行业标准的编号由行业标准代号、标准顺序号及年号组成。

(1)强制性行业标准编号

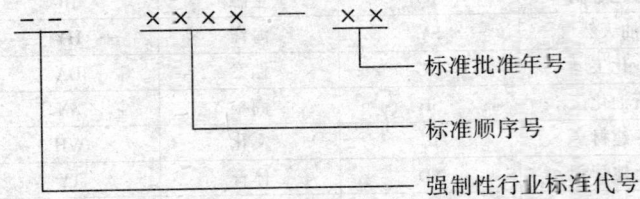

(2)推荐性行业标准编号

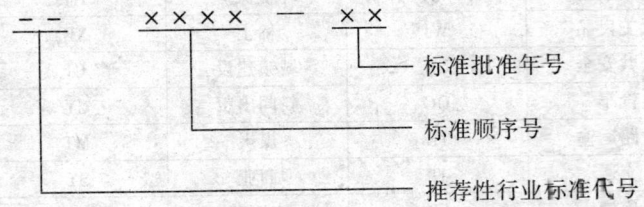

我国行业标准代号见表4-1。

表4-1 中华人民共和国行业标准代号表

行业标准 名 称	行业标准 代 号	行业标准 名 称	行业标准 代 号
农业	NY	船舶	CB
水产	SC	航空	HB
水利	SL	航天	QJ
轻工	QB	劳动和劳动安全	LD
纺织	FZ	电子	SJ
医药	YY	广播电影电视	GY

续表

行业标准名称	行业标准代号	行业标准名称	行业标准代号
民政	MZ	通信	YD
教育	JY	电力	DL
烟草	YC	核工业	EJ
黑色金属	YB	测绘	CH
有色金属	YS	金融	JR
石油天然气	SY	海洋	HY
化工	HG	档案	DA
石油化工	SH	商检	SN
建材	JC	文化	WH
土地管理	TD	体育	TY
机械	JB	物资管理	WB
地质矿产	DZ	建筑工业	JG
民用航空	MH	环境保护	HJ
兵工民品	WJ	稀土	XB
公共安全	GA	城镇建设	CJ
汽车	QC	新闻出版	CY
铁路运输	TB	煤炭	MT
交通	JT	商业	SY
旅游	LB	中医药	ZY

例如：中华人民共和国纺织行业标准

FZ620001-91《涤棉床单》

FZ/T33001-91《亚棉坯布》

3. 地方标准

是指在没有国家标准和行业标准的情况下，由地方制定批准发布，在本行政区域范围内统一使用的标准。我国《标准化法》规定对没有国家标准和行业标准而又需要在省、自治区、直辖市范围内统一的工业产品的安全、卫生要求，可以制定地方标准。

地方标准由省、自治区、直辖市人民政府标准化行政主管部门编制计划,组织草拟,统一审批、编号、发布,并报国务院有关行政主管部门备案。法律对地方标准的制定另有规定的,依照法律的规定执行。地方标准在相应的国家标准或行业标准实施后,自行废止。工业产品的卫生、安全要求的标准是强制性标准。地方标准可以补充国家标准和行业标准的不足,使同一地区、多家生产的无国标和行标的产品有统一的技术要求,这有利于地方经济的发展。

地方标准的代号是"DB",加上省、自治区、直辖市行政区域代码前两位数字和斜线组成强制性地方标准代号;再加"T",组成推荐性地方标准代号。地方标准的编号,由地方标准代号、顺序号和年号三部分组成。

例如:DB37/×××-××(山东省强制性地方标准)
　　　DB37/T×××-××(山东省推荐性地方标准)

表4-2　　　　　全国各省、自治区、直辖市代码表

名称	代号	名称	代号
北京	110000	河南	410000
天津	120000	湖北	420000
河北	130000	湖南	430000
山西	140000	广东	440000
内蒙古	150000	广西壮族自治区	450000
辽宁	210000	海南	460000
吉林	220000	四川	510000
黑龙江	230000	贵州	520000
上海	310000	云南	530000
江苏	320000	西藏自治区	540000
浙江	330000	陕西	610000

续表

名　称	代　号	名　称	代　号
安徽	340000	甘肃	620000
福建	350000	青海	630000
江西	360000	宁夏回族自治区	640000
山东	370000		
台湾	710000	新疆维吾尔自治区	650000

4. 企业标准

是指由企业制定发布，在该企业范围统一使用的标准。企业生产的产品没有国家标准、行业标准和地方标准的，应当制定相应的企业标准，作为组织生产的依据。企业标准由企业组织制定（农业企业标准制定办法另定），并按省、自治区、直辖市人民政府的规定备案。对已有国家标准、行业标准或地方标准的，鼓励企业制定严于国家标准、行业标准或地方标准要求的企业标准，在企业内部适用。

企业标准的制定必须贯彻上级有关的标准规定，不准违背，并须接受上级标准化管理部门的监督与检查。企业标准作为对外贸易交货依据的商品标准或超出本企业范围使用时，需要由企业的上级主管单位审批，发布。

企业标准的代号为"Q"，其编号方法如下：

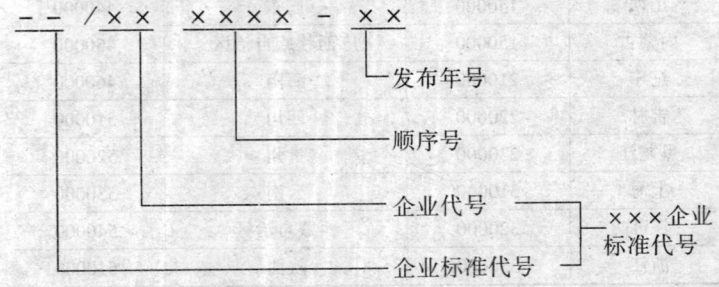

如:Q/STJW001-91 表示汕头金味食品工业有限公司的企业标准,总第 1 号,1991 年发布。

企业代号可用汉语拼音或阿拉伯数字或两者兼用组成,并按中央所属企业和地方企业分别由国务院有关行政主管部门和省、自治区、直辖市政府标准化行政主管部门会同同级有关行政主管部门审定。

国家标准、行业标准、地方标准和企业标准四者共同构成了我国的标准体系,在上下级标准之间,不允许下级标准与上级标准相抵触。

(二)国际区域性标准与国际标准

除了国家标准、行业标准、地方标准和企业标准外,就世界范围内来说,根据标准使用范围的扩大、延伸,还有国际区域性标准和国际标准。

1. 国际区域性标准,也称国际地区性标准,它是由国际地区性(或国家集团性)标准化组织制定和发布的标准。这种国际地区性(或国家集团性)组织,有的是由于地理原因,有的是由于政治经济原因而形成的,这些标准仅在这些地区(或国家集团)内发生作用。如欧洲标准化委员会(CEN)制定、发布的标准(EN),主要在西欧国家通行。

2. 国际标准,是指由国际上权威组织制定,并为国际上承认和通用的标准。主要是指由国际标准化组织(ISO)和国际电工委员会(IEC)制定和发布的标准。此外,如食品法典委员会(CAC)、国际铁路联盟(UIC)、国际劳动组织(ILO)、国际计量局(BIPM)、世界卫生组织(WHO)、国际羊毛局(IWS)、国际棉花咨询委员会(ICAC)、联合国粮农组织(UNFAO)等专业组织制定的,经国际标准化组织认可的标准,也可视为国际标准。国际标准对于促进国际贸易往来和科学文化、技术的交流具有重大意义,因而越来越被世界各国所尊重。

国际标准采用标准代号、编号(顺序号加发布年号)、标准名称来表示,其表现形式如下:

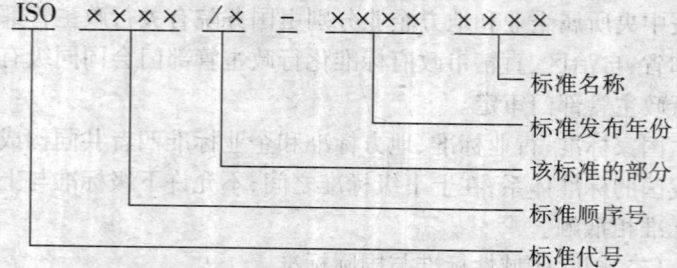

3. 我国采用国际标准和国外先进标准的状况。

随着经济和国际贸易的发展,采用国际标准是世界各国技术经济发展的普遍趋势,引进国际先进技术与国际技术标准接轨,是我国的一项重要技术经济政策,它对促进我国技术进步、提高商品品质、扩大对外贸易等方面都有着重要意义。

采用国际标准和国外先进标准是指把国际和国外先进标准的内容,通过分析研究,不同程度地订入我国标准,并贯彻实施。在采用国际标准中,根据我国标准与被采用的国际标准之间,所用国际标准的技术内容和编写方法差异的大小,采用程度分为等同采用、等效采用和非等效采用三种。

等同采用是指技术内容与国际标准完全相同,没有或仅有编辑性修改,编写方法完全相对应。

等效采用是指技术内容与国际标准只有小的差异,编写上也不完全相同。

非等效采用是指技术内容与国际标准有重大差异的采用形式。

根据 GB/T1.2－1996《标准化工作导则　标准出版印刷

的规定》，采用国际标准的我国标准其采用程度在我国标准的封面和首页上，采用分上下两行用双重标准编号的表示方法，如：

等同采用：GB××××－××××
　　　　　　idtISO××××：××××
等效采用：GB××××－××××
　　　　　　eqvISO××××：××××
非等效采用：GB××××－××××
　　　　　　neqISO××××：××××

采用国际标准的程度仅表示我国标准与国际标准之间的异同情况，而不表示技术水平的高低。

在采用国际标准和国外先进标准时，要从我国经济发展和对外贸易的需要出发，充分考虑我国的资源情况和自然条件，要求技术先进，经济合理，安全可靠，符合我国有关法规和政策，正确地确定采用程度，以有利于完成我国的标准体系和适应当前经济发展的需要。

第三节　商品标准的制定

一、制定商品标准的原则

商品标准的制定是一项技术性工作，也是一项具有高度政策性的工作。商品标准水平的高低和质量的好坏，将直接影响到标准贯彻后的技术经济效果。因此，制定标准，必须要有明确的制定原则。

（一）应当从国家经济建设的全局出发，以现有的生产技术水平为基础，充分考虑使用要求，密切结合自然条件，合理利用国家资源。

（二）应当符合经济、实用、安全的要求。对标准中的各项指标,既要适合当前工农业生产的现实情况,又要考虑到工农业生产的发展和科学技术水平的提高。做到技术先进,经济合理,安全可靠,宽严适度,繁简相宜。

（三）凡应当而又能够在全国范围内统一的标准,要尽可能统一,以利全国通用;同时,又要考虑地区性特点和生产条件的不同,而加以区别。

（四）各项指标要分清主次,抓住重点;工农业产品的质量指标,按使用要求,可在同一标准中作出合理的分等规定;各项指标的检验方法,应力求科学、合理。

（五）要注意保证和提高产品的质量,发挥产品的特有优点。

（六）在制定产品标准的同时,还应制定好包装标准。包装标准必须符合保证质量、保证安全的要求,并考虑装卸、运输、保管等条件、注意节约用材。

二、制定标准的方法

商品标准,必须经过周密的调查,认真总结商品在生产、使用、科研、质检等方面的实践经验,充分掌握可靠的资料,并广泛征求有关部门和社会各界的意见,集思广益,反复修改协调后才能形成,是生产部门、商业部门、科研部门、消费者代表、工人、工程技术人员以及其他有关人员集体创造的成果。商品标准的制定过程十分复杂,其大致程序为：

标准化计划下达→组织标准制定工作组→调查研究与试验验证→起草标准草案（征求意见稿）→广泛征求意见→协调、修改标准草案→编写标准草案送审稿→审查标准草案→编写标准草案报批稿→审批、发布→出版发行

要制定好一个高质量的商品标准,进行调查研究,掌握可

靠的第一手材料是一个重要的前提。要调查与标准有关的设计、生产、使用、科研、质检等各方面的意见和要求,摸清各方面现有生产技术水平,了解与该标准上下左右相关联的配套标准情况,以便做到相互协调、配合。另外,还要掌握国内及国外同类标准的情况,以便分析对比。例如粮油商品收购标准中等标准的确定,就必须选择有代表性的若干产粮区对以下当前或历史资料进行调查:

1. 当前粮油质量调查;
2. 历年入库后粮油质量普查资料;
3. 丰年、平年、歉年的粮油质量历史资料;
4. 农业生产技术改革和特殊灾害对粮油质量的影响情况。

将上述资料综合、分析以后,确定粮油的中等质量标准。这样制定出来的标准就比较客观合理。

制定标准,除了要认真调查研究外,还应认真进行科学研究、试验验证,广泛听取各方面的意见,并充分考虑各方面的要求,特别是使用部门的要求,使各有关技术标准能够配合一致,便于共同执行,互相促进、共同提高。

商品标准从无到有,从低到高,有一个逐步完善提高的过程。随着生产的发展,及时制定标准,有利于商品质量的稳定和提高。但是,由于经济和技术的发展、社会的进步、新材料和新工艺的不断出现,应当及时修订原有标准,不然,商品标准落后于社会生产力发展水平,不仅起不到促进生产的作用,反而会阻碍生产力的发展。所以,《中华人民共和国标准化管理条例》规定,标准每隔三至五年复审一次,分别予以确认、修订或废止。因此,自标准实施时起,就必须着手积累资料,调查研究,试验验证,为将来的修订作准备。

三、商品标准的构成与基本内容

根据 GB/T1.1-1993《标准化工作导则 标准编写的基本规定》,商品的文件标准由概述要素、标准要素和补充要素三部分组成。

(一)概述要素

包括识别标准、介绍标准的内容、说明标准背景、标准的制定以及与其他标准的关系等内容。概述要素具体包括:

1. 封面 封面的格式按 GB1.2 规定。封面所包含的信息有:标准名称、标准级别与代号、批准机构、发布与实施时间等。采用国际标准时,在标准封面上应表示其采用程度。其表示方法在本章第二节已介绍。

2. 目次 目次是可酌情取舍的概述要素,但是如果它能使人获得对标准有一个总体概念,而且便于查阅是必要的。目次通常只列出章和附录。列出的所有要素均应引用完整的标题。

3. 前言 每个标准都应有前言。它由专用部分和基本部分(即附加说明)组成。

专用部分适当地给出下列信息:

——指明采用国际标准的程度;

——该标准废除和代替其他文件的全部或其中一部分的说明;

——对所制定标准前版的重要技术改变情况的说明;

——该标准与其他标准或其他文件的关系;

——实施标准过渡期的要求;

——哪些附录是标准的附录,哪些是提示附录的说明。

附加说明包括以下内容:

——本标准由×××部门(由本部门审批的标准除外)、

技术委员会提出；

——本标准由×××单位归口；

——本标准起草单位，当需要时可指明负责起草单位和参加起草单位；

——本标准主要起草人，一般不超过5人，重大综合性基础标准不超过7人；

——本标准首次发布、历次修订和复审确认年、月；

——本标准委托×××单位负责解释(此项也可不列)。

当等同采用、等效采用国际标准或国外先进标准时，应在被采用标准的前言文前，增设本国前言。增设的我国标准的前言其标题为"本国前言"，以区别被采用的标准的前言。

当在技术内容上等同或等效采用国际导则或其他类似的标准、规范等文件制定为我国标准时，应保留上述导则或其他类似标准文件等前言，同时应增加"本国前言"。

4. 引言　引言是可酌情取舍的概述要素，如果需要，则可用来给出关于标准技术内容以及关于促使制定该标准的原因的特殊信息或说明。引言不包括要求。

5. 首页　首页的格式按GB1.2规定。采用国际标准时，在标准首页上应表示其采用程度。其表示方法略。

(二)标准要素

标准要素规定了标准的要求和必须遵守的条文。标准要素又可分为一般要素和技术要素。

1. 一般要素

包括：

(1)标准名称　标准名称的措词应特别审慎，力求简练、明确地突出标准的主题，使之与其他标准区别开来，而不涉及不必要的细节。任何必需的附加信息应在范围中给出。

标准名称应由几个尽可能短的独立要素组成,其顺序从一般到具体。通常不多于下列的三个要素:

a)引导要素,指出该标准所属的总领域;

b)主体要素,指出在该总领域中处理的主要问题;

c)补充要素,指出主要问题的某一具体方面,或给出细节,将该标准区别于其他标准或同一标准的其他部分。

国家标准应在封面和首页列出标准的汉语名称和对应的英语名称。

(2)范围 这一要素应列于每个标准的开始,以明确规定标准的主题及其所包括的方面,从而指明该标准或其某些部分的使用限制。它不应包含要求。

(3)引用标准 这一要素应列出正文中引用的标准文件(主要是标准)的一览表,包括它们的标准编号(代号、顺序号、年号)和名称。年号用四位数表示,如:1993。具体引用方法见GB/T1.22。

该一览表不应包括:

——不是公开得到的文件;

——仅作为信息参考的文件;

——标准制定中仅作为参考的文件。

这些文件可列在一个提示的附录中,标题为"参考资料"。

2. 标准的技术要素

包括:

(1)定义 这是可酌情取舍的要素,给出理解标准中使用的某些术语所必要的定义。

(2)符号和缩略语 这是可酌情取舍的要素,给出理解标准所必要的符号和缩略语的一览表。

(3)要求 这一要素包括下列内容:

①该标准所包括的产品、加工或服务各方面有关的全部特性；

②对可定量表示的特性所要求的极限值：

③对每一项要求，或者引用测定或检验特性值的实验方法，或者试验方法本身。

应该把标准要求和仅用于参考或指导的叙述明确区分开来。

不应包括有关索赔、费用结算之类的契约、要求。

在某些产品标准中，可能需要规定该产品应附有注意事项或用户须知或安装指南，并规定其特性。另一方面，这类有关使用和安装的要求应包括在一个独立的标准中，因为它们不适用于产品本身的要求。

对标准所列特性而标准本身未规定的特性值，供方应说明如何测量和如何表示。

(4)抽样　这一要素规定抽样的条件和方法，以及样品的保存方法。

(5)试验方法　这一要素给出测定特性值，或检查是否符合规定要求，以及保证结果再现性的所有有关程序规定。适当时，试验应明确区分它们是型式(定型或鉴定)试验、常规试验还是抽样试验。

有关试验方法可按下列顺序细分：

①原理；

②试剂或材料；

③装置；

④试样和试料的制备与保存；

⑤程序；

⑥结果的说明，包括计算方法和试验方法的精确性；

⑦试验报告。

化学分析方法应按 GB1.4 规定起草。该规定中有很多方面也适用于化学产品以外的其他产品的试验方法。

(6)分类与命名　这一要素可以为符合规定要求特性的产品、加工或服务建立一个分类、命名或编号规则。

(7)标志、标签、包装　这一要素可以规定产品的标志(例如:制造商或销售商的商标;牌号或型号)。它可以包括对产品标签和包装的要求(例如搬运说明,危险警告,制造日期)。

对标志规定的符号应符合有关国家标准的要求。

要素(6)、(7)可由提示的附录加以补充。在该附录中给出信息排列和示例。

(8)标准的附录　标准的附录是标准不可分割的部分。为方便起见,该附录放在所有标准条文的后面。一个附录是标准的附录(相对于提示的附录而言)这一事实,应在前言中说明、在正文中提到并在附录编号后加括号注明。

(三)补充要素

补充要素是指提供有助于理解或使用标准补充信息。包括:

1. 提示的附录　提示的附录给出附加信息,并且放在标准的技术要素之后,它们不应包含要求。一个附录是提示的附录(相对于标准的附录而言)这一事实,应在前言中说明,在正文中提到并在附录编号后加括号说明。

2. 脚注　脚注给出附加信息,但是对它们的使用应控制在最低限度。它们不应包含要求。

脚注应位于该页的下方,并在页面的左边用一短细水平线与正文分开,其细线的长度为版面宽度的四分之一。

脚注通常应当用一个半圆括号的连续阿拉伯数字:1)、

2)、3)等正式区分开,每一页上都从 1)重新开始。或在整个文件中形成连续的数字顺序。应在正文中提到脚注,其方法是在有关的词或句子后插入相同的数字作为上标,注上 1)、2)、3)等数字。

在某些情况下,例如,为了避免同上标数字混淆,可以用带一个半圆括号和一个或一个以上的星号:＊)、＊＊)、＊＊＊)等代替。

3. 条文中的注释　条文中的注释只可用来给出为理解文件所需的信息。它们不应包含要求。

注释通常应放在它们所涉及的章、条或段的后面。

4. 表注和图注　表注和图注应区别于脚注和条文中的注释并与文字分开单独处理。它们应放在有关表格的框架内或直接放在有关图形标题的上方。对每个表格和每个图形的"注"应使用单独的编号顺序。这样的注可以包括要求。

5. 采用说明的注　在等效采用国际标准或国外先进标准时,对技术内容的小差异,应在有差异条文处的右上角用1]、2]、]……顺序编号,并在该页面的左下方,划一条细实线,其长度约为版面宽度的四分之一。在细实线下,左起空两个字的位置,以"采用说明"为标题,按顺序相立说明差异的内容。

若同一页同时有脚注和采用说明的注时,先排脚注,再排采用说明的注。

以上三大部分二十一个方面,形成了商品标准的基本框架。但是必须指出,商品标准的构成既不是详尽无遗的,也不是任何一个标准都需要全部包括的。一个标准究竟应包括哪些内容,要根据标准化对象,即商品的特点和制定标准的目的及标准特性而定。

商品标准的条文叙述,按章、条、段顺序进行。其编号方法采用阿拉伯数字加圆点制。圆点加在阿拉伯数字下的右下角。如：

```
   章        条       段
            ┌ 2.1 ┐ ┌ 2.2.1
   2 ──────┤ 2.2 ├─┤ 2.2.2
            │ 2.3 │ │ 2.2.3
            └     ┘ └ 2.2.4
```

段，是章或条中一个不编号的层次。

第四节　产品质量监督与认证

一、产品质量监督

所谓产品质量监督，是由国家及省、市、自治区产品质量监督机构，依据产品标准，对产品质量所进行的测试、检查与评定。其目的是防止不合格产品流入市场，维护国家和消费者利益。

产品质量监督是国家产品管理体系和标准化工作的重要组成部分，是保证各项、各级标准得以实施的有效措施，它对促使企业贯彻执行产品技术标准、提高产品质量和经济效益、适应社会主义现代化建设和人民生活需要以及发展对外贸易都有着十分重要的意义。因此，必须高度重视产品质量监督工作，努力提高全民族的质量意识。

实施产品质量监督，全国由国家技术监督局主管，各省、市、自治区由本地区人民政府标准化管理部门负责管理。

国家技术监督局根据工作需要，按产品类别设置国家级产品质量监督检验测试中心，承担指定产品的质量监督检验任务。国家级产品质量监督检验测试中心，由国家技术监督局会同有关部门从现有的检验力量较强的检验测试机构或科研单位中审定。他们的职责是对全国同类产品的质量进行重点抽检；承担产品质量认证检验和产品质量争议仲裁检验；对报审和获奖产品进行检验；对各地承担同类产品质量监督检验任务的机构进行技术指导，统一检验方法；承担或参与国家标准的制定、修订和标准的验证工作。

在工业比较集中的城市，标准化管理部门应当根据工作需要，建立健全专职的产品质量监督检验所。

地方各级标准化部门，也应根据工作需要，按产品类别设产品质量监督检验站，承担产品质量监督检验和产品质量争议仲裁检验，对市场商品进行抽验，新产品投产前的质量鉴定检验和产品质量认证检验以及其他有关监督检验任务。

标准化管理部门，要根据工作需要设产品质量监督员。产品质量监督员应当是熟悉产品技术标准，具有产品质量检验实践经验，责任心强，办事公正的工程技术人员。产品质量监督员应该深入企业，利用企业的检测手段，组织企业的检验人员一起进行监督检验工作。

对有关人身安全和健康的产品，关系到国计民生的重要产品，获得优秀荣誉的产品和与群众关系密切的市场商品，在实施质量监督时要作为重点，准确测试各种特性。对人民负责、对企业负责、对国家负责。

对于不按产品技术标准生产的产品，标准化管理部门有权制止产品出厂销售，责令企业停发质量检验合格证，追回已售出的可能危及人身安全和健康的不合格品。对于不执行产品技术标准或以次充好、弄虚作假、粗制滥造，严重违反产品技术标准，不具备基本生产技术条件，产品质量低劣的产品，标准化管理部门有权给予批评、警告、通报，并责令限期改进，情节严重的可以处以罚款,追究主要责任者的行政或经济责任,提请有关部门责令企业停产整顿或吊销其产品生产许可证、营业执照。对于获得国家质量奖或优质产品标志的产品,如果质量下降,不符合优质条件,标准化管理部门有权责令该产品生产企业停止使用国家质量奖或优质产品标志,并要求限期达到原有质量水平;逾期未达到的,提请有关主管部门取消优质荣誉称号,收回国家优质奖或优质产品证书、标志,并予通报。

产品质量监督除了以上国家法定监督之外,还有企业自我监督、商品流通部门监督和消费者监督。企业自我监督,是指生产检验,为生产工序之一,通过生产监督检验,起到指导工艺、指导生产的作用,从而保证产品质量符合标准要求。流通部门作为产品流通中的一个中间环节,应当强化质量意识,建立质量监控体系,健全质量监督检验制度,配备一支业务熟练、秉公办事的监督检验队伍,从根本上杜绝假冒伪劣产品的侵入,维护国家、消费者和自身的利益,从而促进产品质量的提高。作为消费者,也应当学习国家法律和质量法规,提高产品质量的识别能力,不使假冒伪劣产品有可乘之机,一旦上当受骗,应及时向质量监督机构或消费者协会投诉,维护自己的合法权益。

二、产品质量认证

产品质量认证是指依据产品标准和相应技术要求,经认证机构确认并通过颁发认证证书和认证标志来证明某一产品符合相应标准和相应技术要求的活动。

实行产品质量认证制度,由于一般都要求对工厂和生产线进行审查认可,因而可以促使工厂实行全面质量管理和可靠性保证,使产品质量稳定、均衡,满足用户和消费者需要。同时，这也使标准得以切实认真的贯彻、执行，并为修订标准提供可靠的数据。

产品质量认证，根据认证作用范围的不同，有国家、地区和国际三种认证制度之分。认证的方式有多种，如，一次性型式试验；型式试验与事后监督相结合，事后监督或者在市场上购买样品进行监督检验，或者在工厂取样进行监督检验，或者既在市场又到工厂取样进行监督检验；型式试验与工厂质量管理评定和事后监督三结合，即既要做型式试验，又要审查工厂的质量管理情况，还要从市场或工厂取样进行监督检验。这种方式的认证尽管较复杂，但却较为完善与全面，所以用得较多。其他还有型式试验与工厂质量管理评定相结合，只对工厂质量管理进行评定、对产品百分之百进行监督检验等。总之要根据具体情况采用合适的方式进行认证。

产品质量认证，首先要由工厂向认证机构提出质量认证申请，同时递交反映工厂质量管理水平和质量保证措施等方面情况的附件。认证机构在收到申请和附件后先进行书面审查，认可后进行工厂实地审查，并提出审查报告。合格后，由认证机构认可或由指定的试验单位对产品进行抽样检验鉴定，并提出产品试验报告。在工厂审查报告与产品试验报告审定合格后，颁发产品合格证书或合格标志使用许可证。经认证合格的产品生产厂家，还要定期进行质量保证复查和抽样监督检验。复查不符合要求的，要采取措施，直至撤销证书。

三、产品质量标志

产品质量标志是证明产品符合某一标准或达到某一水平的一种符号或标记，是对经过认证的产品的一种表示形式。带有优质、合格等标志的产品，必须是经过认证并被认证机构许可和生产单位鉴定，符合质量标准的产品。实行产品质量标志,是产品质量管理的一个组成部分,也是推行产品标准化的一种有效形式。有了产品质量标志,对消费者来说,可以方便选购;对生产者来说,既是一种荣誉和信任,同时也是一种经济效益。

根据《中华人民共和国质量法条文释义》,我国产品质量标志包括产品质量认证标志、优质产品标志等。

(一)产品质量认证标志

产品质量认证标志是指由产品质量认证机构设计,按照法定程序批准、发布的一种专用标志。用以证明某项产品符合规定标准或者技术规范,经认证机构允许,可以在获准认证的产品上使用。

目前,经国家技术监督局批准的产品质量认证标志有三种:方圆认证标志、长城认证标志和 PRC 认证标志,认证标志样式如图 4-1。

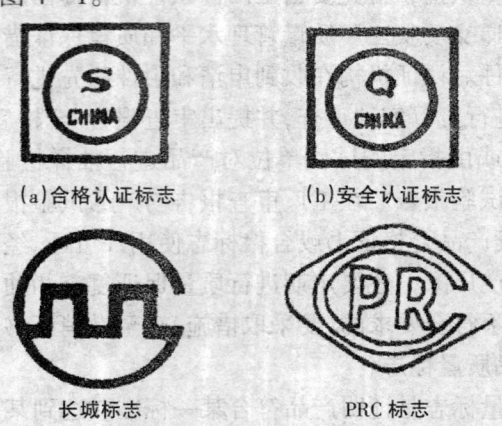

(a)合格认证标志　　(b)安全认证标志

长城标志　　PRC 标志

图 4-1　中国商品质量认证标志

方圆认证标志分为合格认证标志 [见图 4-1(a) 和安全认证标志(见图 4-1(b)]。获准合格认证的产品,使用合格认证标志；获准安全认证的产品，使用安全认证标志。长城认证标志为电工产品专用认证标志；PRC 认证标志为电子元器件可用认证标志。

(二)优质产品标志

为了鼓励企业不断提高产品质量，努力生产优质产品，适应人民生活水平不断提高和扩大出口的需要，我国自 1979 年起实施《优质产品奖励条例》，开展评选优质商品活动。对适用可靠、用户满意、畅销国内外市场、享有较好声誉的产品；各项指标用于现行各级技术标准的规定，达到或接近国际同类产品的先进水平，或具有独特风格、优美的传统特色的产品；在国内外同类产品质量评比中，取得最佳成绩的产品；在国内外同类产品质量评比中，取得最佳成绩的产品；已定型批量生产、质量持续稳定上升的产品。经申请、推荐、评选、审定，可以获得国家质量奖而成为优质产品。

根据优质产品质量水平的不同，优质产品质量标志分为两级：一级是获得国家优质奖的产品，根据《中华人民共和国优质产品奖励条件》规定，授予金质奖章、银质奖章的荣誉质量标志（见图 4-2a）；二级是符合优质产品评选条件，但没有评上国家优质奖的，授予"优"字质量标志（见图 4-2b）。获得"优"字质量标志的产品，一般是部、省（直辖市、自治区）选报，推荐给国家评审的优质产品。

(a)国家优质产品奖标志(金质奖章和银质奖章)　(b)行业、省、市优质产品奖标志

图 4-2　中国优质产品标志

(三)国外产品标志简介

1. 英国

英国实行的产品质量认证制度采用"风筝"标志,在英国标准学会(BSI)的管理、监督下实施。BSI对申请认证的工厂进行产品型号检查,并派审查员审查该厂的质量管理情况,对确实符合英国标准(BSI)的,予以承认,发给英国标准学会质量标志(见图4-3)。

图4-3 英国BS标志

2. 法国

法国从1938年开始实行NF标志,是世界上实行质量标志较早的国家之一,其标志图案(见图4-4)。

图4-4 法国NF标志

3. 日本

日本是1949年实行产品质量标志的。日本的国家标准,对企业来说一般是非强制的,产品质量标志的认证制度也是非强制性的,即工业企业自愿申请,不受法律约束。企业可以根据其产品质量达到的程度,主动向国家申请标志,工业技术院将派出有关人员,按规定的审查事项,进行严格的审查,审查时不仅要审查现在的产品或加工品是否符合日本工业标准的(JIS),而且还要确认该厂将来也有能力保证生产符合 JIS 的产品或加工品。符合条件的就批准使用 JIS 标志（见图 4-5）。

图 4-5 日本 JIS 标志

4. 德国

德国标准化委员会于 1971 年 12 月成立了德国（原联邦德国）商品标志协会（DGWK），授权该协会专门负责产品质量鉴定和标志工作，其标志为 DIN（见图 4-6）。

图 4-6 德国 DIN 标志

5. 美国

美国没有实行统一的产品质量监督检验制度，也没有统一的质量标志制度。但是美国某些团体规定有标志制度，如美国石油学会（API）规定有标志制度，符合标准的产品许可使用 API 图形标志；美国机械工程师协会（ASME）用于锅炉和压力容器方面的安全标志；保险商试验室（UL）的 UL 注册标志等。

6. 世界部分国家标准代号及认证制度

（1）欧洲

瑞士。瑞士标准学会标准代号 SNV。

奥地利。奥地利标准化学会标准代号 ONORM,其质量标志为 ON 标志。

荷兰。荷兰标准化学会标准代号 NEN。

瑞典。瑞典标准化委员会标准代号 SIS,其质量标志为 SIS 标志。

意大利。意大利全国标准化协会标准代号 UNI,其质量标志为 UNI 标志。

丹麦。丹麦标准化委员会标准代号 DS,其质量标志为 DS 标志。

芬兰。芬兰标准协会标准代号 SFS,其质量标志为 SFS 标志。

(2)南北美洲

加拿大。加拿大标准委员会标准代号 CSA,其质量标志为 CSA 标志。

阿根廷。阿根廷材料合理化学会标准代号 IRAM,其质量标志为 IRAM 标志。

巴西。巴西技术标准协会标准代号 NB,其质量标志为 ABNT 标志。

墨西哥。墨西哥标准总局标准代号 DGN,其质量标志为 DGN 标志。

(3)亚洲

印度。印度标准学会标准代号为 IS,其质量标志为 ISI 标志。

韩国。韩国标准局标准代号 KS,其质量标志为 KS 标志。

菲律宾。菲律宾标准局标准代号 PS,其质量标志为 PS 标志。

马来西亚。马来西亚标准与工业研究会标准代号 MS,其质量标志为 MS 标志。

泰国。泰国工业标准学会标准代号 TIS，其质量标志为 TIS 标志。

新加坡。新加坡标准与工业研究会标准代号 SS，其质量标志为 SISIR 标志。

(4)大洋洲

澳大利亚。澳大利亚标准协会标准代号 AS，其质量标志为 AS 标志。

新西兰。新西兰标准协会标准代号 NZS，其质量标志为 SANZ 标志。

第五章 商品鉴定

第一节 商品鉴定的概念与作用

一、商品鉴定的概念

商品鉴定是鉴别和评定商品质量的综合性工作。具体是指通过对商品的鉴别评定,分析商品的成分、结构和性质及其对质量的影响,确定商品检验方法和质量要求,评价其真伪或质量优劣的过程。

商品鉴定是一个广义的概念,它包含了商品质量评价的全部工作,即不仅要确定商品质量是否符合标准要求,同时要对商品进行综合性的评价。广泛应用于商品的设计、试制、生产,以及储运、销售等环节。

商品鉴定涉及到的主要内容包括:

(一)从商品的用途和使用条件出发,分析、鉴别商品的成分、结构、性质及其对商品质量的影响,确定商品的使用价值。

(二)拟定商品的质量标准,确定商品的质量要求和检验方法。

(三)按照商品标准的规定,运用各种鉴定方法科学地评定商品质量的高低和确定商品的品级。

(四)探讨提高商品质量的途径和方向,促进商品质量的提高,并为选择适宜的包装、保管和运输方法提供依据。

(五)研究商品鉴定的方法,提高商品鉴定的科学性、准确性。

商品鉴定是一种科学的工作程序，鉴定本身也在应用中受到检验和不断完善。

需要说明的是，通常所称"商品检验"与"商品鉴定"是不尽相同的。商品检验属于商品鉴定的一部分，一般是指对商品是否符合标准规定所进行的检查验看，以确定商品质量优劣的工作。

二、商品鉴定的作用

商品鉴定是工农业生产和流通中不可缺少的重要工作环节，是保证和提高商品质量、更新和扩大品种、降低成本的重要手段，也是维护生产、流通、消费三者利益，维护我国的国际信誉，提高企业管理水平的有力措施。所以，商品鉴定在实践工作中有着重要的意义和作用。

（一）商品鉴定为商品标准化提供科学的依据

商品标准与商品鉴定互相联系，互为条件，密不可分。如果说商品标准是全面衡量商品质量的"尺子"，那么，商品鉴定则是利用这把"尺子"对商品质量进行具体量度的全部操作活动。进行商品鉴定，就是对商品标准的具体实施，其本身就是标准化工作的重要环节。商品鉴定，同时又是制定、修订商品标准的基础，没有商品鉴定，就没有商品标准。任何一个商品标准的制定，都是建立在大量的商品鉴定数据、资料与实践经验基础之上的，通过商品鉴定，为制定、修订标准、实行商品标准化提供了科学的依据。

（二）商品鉴定为商品生产中的质量管理提供科学的手段

商品质量是企业的生命，是企业各项工作的综合反映。要使企业的产品质量持续稳定，就必须进行全面质量管理，从原料到成品，对整个生产过程，按照要求进行严格的质量鉴定，强化内部质量监督。根据鉴定结果评价生产工艺,找出问题的原因所在,从而起到指导产品生产、保证产品质量的作用。

(三)商品鉴定为商品流通环节中的质量监督提供可靠的保证

流通企业在从事商品经营的整个活动中,都必须进行认真的商品质量鉴定。在签订进货合同前,对商品进行抽样鉴定,可以切实掌握商品规格、性能、品质、特点,使签订的合同有可靠的依据,从而可以保证合同的顺利执行;在进货时进行商品鉴定,可以防止假冒劣质商品的进入。如果鉴定后发现有不符合合同规定的质量要求的商品进入,就可以根据合同向对方提出索赔或退货、换货。这样,既可以保护流通企业原有的良好声誉,又不使流通企业蒙受经济上的损失;在商品储存和销售期间进行商品鉴定,可以及时了解商品品质变化情况,以便采取适宜的保管条件和合理的保管措施,防止品质的继续劣变,或者及时销毁变质严重已失去使用价值的商品,尤其是超过保质期的食品、药品和某些日用消费品,以保证消费者能够得到符合质量要求的耐用、适用、卫生、安全的商品。

(四)商品鉴定为新材料的采用和新产品的开发提供科学的指南

新材料的应用和新产品的开发工作是衡量一个国家、一个企业管理水平的科学技术水平的重要标志之一。通过产品的开发、更新,可以不断向市场提供人们所喜欢的商品并提高企业的经济效益。商品鉴定的结果和数据,可以为新材料、新工艺、新技术的应用提供可靠的保证,如新产品的开发,以及改进商品包装、储运和养护方法提供科学的依据,是加速产品更新换代、优化商品包装、强化储运管理的重要途径。

(五)商品鉴定为贯彻"按质论价"、"评优活动"提供技术

条件

商品价格是商品价值的货币表现形式，商品价格的高低在一定程度上反映了商品质量的水平。我国实行的"按质论价"原则，充分地体现了商品质量与价格的关系。一种商品在定价之前，必须将本企业产品的质量、规格、花色等方面与竞争者类似产品作审慎比较，其中最能说明问题的是商品鉴定的结果，这是最科学、最客观的结论，是实行"按质论价"的重要依据。在产品质量评比中，更是一种严谨而有科学说服力的工作，没有商品鉴定就没有比较，评比工作就无法进行，只有商品鉴定才能为其提供材料。可以说，商品鉴定对促进企业提高与改善产品质量、加快和调节商品流通，为市场提供质优价廉的商品以及完善优质产品的评比活动都有着巨大作用。

（六）商品鉴定在对外贸易中，是实行质量管理，保证进出口商品质量符合要求的重要手段

商品鉴定在出口货源的收购中，可以防止质量不符合出口要求的商品进入对外贸易领域，从而保证以质量符合要求的商品供应出口，并可发现、解决生产中的问题，从而有利于鼓舞生产热情、促进货源质量的提高。对进口商品进行鉴定，可保证质量符合要求的商品进口。对品质不符合合同规定或卖方保证条件时，可根据商品鉴定的结论，在索赔有效期内，向对方提出索赔或退货、换货，避免由于进口商品品质不符合要求而遭受损失，并可根据到货的实际情况，适当投入生产或使用，保证物尽其用，量材取用。

第二节　商品鉴定的基本层次

商品鉴定由于其鉴定的目的不同、内容不同、技术要求不

同等,可分为不同的鉴定层次。通常情况下,商品鉴定按由低到高、由简单到复杂的顺序,分为商品识别、商品检验、商品分析及商品鉴定四个层次。

一、商品识别

识指认识,别指区分。商品识别指的是通过对商品自然属性的认识而对商品种类、品种、规格、性能等方面进行区分的过程。也就是说,通过对商品的识别,要对商品进行分门别类。这是商品鉴定最基础的工作,也是商品鉴定的第一个环节。

商品的识别,一般利用感官鉴定法进行。当感官接触被鉴定商品后,根据各类商品固有的性质、特点进行识别。例如稻谷类型的识别,就要根据被鉴定稻谷的粒形、粒质来区分。凡稻粒呈长椭圆形或细长形的为籼稻谷,稻粒呈椭圆形或短圆形的为粳稻谷;凡米粒腹白较大,硬质颗粒较少的为早稻谷,米粒腹白较小,硬质颗粒较多的为晚稻谷,如果米粒呈乳白色不透明(也有米透明),米饭粘性大的为糯稻谷。又如新茶与陈茶、真茶与假茶的识别,同样要根据它们之间的性状、特点不同进行区分。一般新茶色香味均感新鲜爽口,饮后心情舒畅,茶叶含水分较低,轻揉能成粉末;而陈茶则反之,色泽枯暗,香气低沉甚至有陈宿味,水分较大,揉后不成粉末。真茶叶子边缘呈锯齿状,齿上有腺毛,背面有绒毛,组织有星状草酸钙结晶体,条索细紧,身骨重实,闻时有茶香,开水冲泡则茶叶显露,饮之爽口;假茶则没有这些特征,且有青草味、异味或杂味。

二、商品检验

商品检验是指利用工具或仪器,按照规定的方法,对照商品的标准检查、评价商品是否合乎规格、要求的过程。

商品检验是在商品识别的基础上进行的，它是商品鉴定的重要组成部分。商品检验一般包括宏观检验和微观检验两大部分。宏观检验主要是指对商品的形状、形态结构、颜色、光泽、气味、声响及包装等外观质量的检验；微观检验主要是指对商品成分、组成、内部结构、理化性能及安全性等内在质量的检验。

商品检验的项目，根据具体商品标准而定，采用感官鉴定、理化鉴定、生物鉴定的方法进行检验。例如纸张的质量检验，根据标准规定，必须对其组成成分、外观、物理机械性能进行检验。组成成分是决定纸张性能和质量的重要因素，其中包括白度、平滑度、尘埃、纸病等项目；物理性能包括尺寸、偏斜度、厚度、紧度、定量、透气度、施胶度和伸缩率等；机械性能是指纸张抗外力作用的能力，包括抗张力和裂断长、伸长率、耐折度、耐破度、撕裂度等。通过对这些项目的检验、综合评价，决定纸张是否符合质量要求或符合哪个等级。

商品检验，由于是对照标准进行检验，因而都是对已知成分、组成、结构和性质的检验，只不过通过检验来评价这些成分、组成、结构和性质是否符合质量标准规定要求。尽管检验操作多种多样，但却有现成的方法可循，所以在某种意义上讲也是比较方便的。

三、商品分析

商品鉴定，事实上并不是所有成分、组成、结构、性质都是已知的，因为商品在储存、运输和销售过程中会发生质和量的变化，尤其是农产品和食品等生物性商品，因而就需要借助一定的方法进行分析，确定商品的成分、组成、结构、性质及其对商品质量的影响。商品分析，一般来说较为复杂，要求也比较高，包括化学分析和仪器分析两大类，化学分析又有定性分析和定量分析两种。定性分析是鉴定商品中含有哪些成分（元素、离子、官能团等）和这些成分的性质，因为同一类商品，成分不同、性质不一，决定着商品的性能和用途。通过定性分析，确定某些独特成分的存在与否，就可以判断商品质量的优劣，并可决定商品的作用要求。例如，花生、玉米及其制品，很容易在储藏中感染黄曲霉毒素 B1，而黄曲霉毒素 B1 是目前已知的强致癌物质之一，是一种超剧毒物质，因而花生、玉米及其制品在销售作为人类或禽畜食用时必须先对黄曲霉毒素 B1 进行分析鉴定。如果含有则说明储存条件不当、储存方法不当，应当采取措施进行改进，同时应进行确证试验和定量分析。定量分析是测定商品中各种成分的含量，它是在定性基础上的进一步分析，以准确掌握各种成分的百分含量(%)、百万分含量(ppm)、十亿分含量(ppb)，甚至亿万分含量(ppt)。通过定量分析，用数据说明商品的质量优劣，决定商品用途更为科学，更令人信服。如上例中的黄曲霉毒素 B1，如果含量超出标准规定的限量，则说明对人畜已失去食用价值，不得作为食物或饲料，而只能作为工业用。仪器分析也是确定商品化学组成、含量以及化学结构的一类分析方法，包括光学分析法、电化学分析法、色谱分析法、质谱分析法、放射化学分析法和热量分析法等六大类。仪器分析法尤其适用于商品中痕量或超痕量物质的分析。

四、商品鉴定

商品鉴定具有鉴别和评定商品质量的综合性工作。涉及的内容比较广泛，技术要求比较全面。通过商品鉴定，不仅要确定商品质量是否符合标准的要求，而且还要综合评价影响商品质量的因素，阐明商品成分、组成、结构和性质等方面的特点，拟定商品的质量指标和鉴定方法，提供有关使用价值方面的材料等。

商品鉴定的一般程序包括设计鉴定方案、取样、鉴定、数据处理、鉴定结果的分析与讨论、商品鉴定报告等。设计鉴定方案是鉴定工作的第一步，要根据鉴定对象的基本情况和鉴定的目的要求，在调查的基础上制定具体、切实可行的鉴定方案，并使其具有科学性、严密性。取样是实施鉴定方案的首要环节，根据被鉴定商品的性状、形态选用合适的取样工具，随机取样，取样后立即进行鉴定。保证所取样品具有代表性或典型性、适时性，这是保证鉴定结果准确的前提。鉴定是鉴定方案的主体，根据鉴定内容，按照设计要求或标准中的操作规程逐一检验、分析、鉴定。为保证鉴定结果的准确可靠，每一项目都要求做重复试验。根据每一项目鉴定取得数据，经过统计处理后，对鉴定结果进行分析与讨论，评价商品质量高低，分析影响商品质量的因素，决定商品的作用，同时为制定、修订标准积累数据，为改进鉴定方法积累经验。鉴定结果的分析与讨论，是鉴定的实质性内容，是鉴定目的的具体实现。最后是编写商品鉴定报告，对整个鉴定的过程作总结并得出结论，结论要尽可能明确。

第三节　商品鉴定的基本方法

由于商品种类繁多，鉴定项目各异，因而就有商品的各种鉴定方法。但是不管哪类商品，其鉴定的基本方法却是一致的，不外乎感官鉴定法、理化鉴定法和生物鉴定法三大类。本节就这些鉴定方法作简要阐述。

一、感官鉴定法

感官鉴定法是借助人体正常的感觉器官，结合平时积累的实践经验对商品进行鉴定的方法。感官鉴定具有简便、快速、经济、实用的优点,是其他鉴定方法不可替代的,因而感官鉴定法在商品鉴定中有着广泛的应用,并且任何商品对消费者来说总是先用感觉器官来进行评价质量的,所以感官鉴定十分重要。但是,感官鉴定法也有其局限性,主要用于鉴定色泽、气味、滋味、形状、音响、硬度、弹性等商品的外部特征,并且鉴定结构容易受鉴定者生理、心理、受教育水平、习惯爱好以及鉴定的时间、空间等因素的影响,因而也被认为科学性不强。因此,从事感官鉴定者应多加实践、总结经验,经常将感官鉴定结果与其他鉴定方法的鉴定结果相对照,使感官鉴定结果更为客观、科学。

感官鉴定主要包括以下五种方法:

(一)视觉鉴定法

视觉鉴定法是利用人的视觉器官(眼)来鉴定商品质量的方法。通过眼睛观察,评价商品的色泽、形状、结构、整齐度、光洁度、新鲜度、表面疵点、包装、标签等是否符合标准要求。

在实际应用中,对商品进入感观鉴定时,首先要进行视觉鉴定,看其表面特征是否正常。如果视觉鉴定通不过,其他指标都无考虑的必要。如对某些食品(蔬菜、水果),只要先看它的外形和色泽,就能确定它的成熟度和新鲜度;对一般日用品(玻璃、搪瓷),看它的外观疵点是确定其质量的先决条件。

视觉鉴定法鉴定商品质量时,一般将视力先集中某点、某一部位或某一个体看,形成印象,然后再推广开去看样品总体,与原先形成的印象对照,并修正原先形成的印象,再作客观评价。

(二)嗅觉鉴定法

嗅觉鉴定法是利用人的嗅觉器官(鼻)来鉴定商品质量的

方法。通过鼻子闻嗅评价商品是否具有其固有的气味，从而评价商品质量是否正常。

凡是有气味的商品，都可以用嗅觉鉴定法来评价其质量的优劣。如食品中的水果、糕点、烟、酒、糖、茶；工业品中的洗涤剂、化妆品等，都有一定的气味，特别适宜用嗅觉进行其质量的鉴定。凡品质优良的，均具有特定的纯正气味或优美的香气；凡品质低劣的，均会产生异常的气味或难闻的臭气。

另外，嗅觉鉴定法对霉腐变质的商品也特别有效，一闻则知其品质的变化。如所有动植物性商品的腐烂霉变，都会散发出各种霉臭气味：动物性商品的蛋白质腐败分解，产生的氨气；脂肪氧化酸败，产生的哈喇味；植物性商品的糖类霉变发酵，产生的霉变酸味等。如果闻到鱼肉的臭味，烟草、茶叶、粮食及棉织品的霉味，乳制品、糖果等的酸味，均表明质量下降变劣。

在用嗅觉鉴定法鉴定商品质量时，对于气味较浓的商品，可以直接闻嗅，对于气味较淡的商品或低温季节鉴定时，液态商品可滴一滴在左手掌上，用右手食指快速摩擦后闻嗅，需要鉴别食品等商品深处气味时，可用新削竹签刺入，拔出后立即闻嗅。根据气味的程度和种类判断商品的新鲜度或劣变程度。

(三)味觉鉴定法

味觉鉴定法是利用人的味觉器官(舌)来鉴定商品质量的方法。通过品尝商品(仅限于食品)的滋味、风味来评价食品质量的优劣。

食品的滋味和风味是决定食品质量的重要因素。凡正常的食品均具有特定的滋味和风味。同一类别的天然食品，因品种不同、滋味和风味有明显的差异；经过加工调制的食品由于调制方法和使用调料的不同，滋味和风味也不相同；腐败变质的食品,其滋味和风味必然会变劣;某些食品虽未腐败变质,但因新鲜程度的差异或陈化时间的长短,其滋味和风味也有所不同,故味觉鉴定是食品质量鉴定的重要方法。

(四)触觉鉴定法

触觉鉴定法是利用人的触觉器官(手)来鉴定商品质量的质量,通常简称手感。

手是人体触及商品最方便而又敏感的部位。手指皮肤表面布有密集的神经末梢和各种感应点。能对商品的温湿度、硬度、弹性、韧性、柔软性、平滑度、粘度等特征,产生一定的感觉。故手感在商品鉴定中,应用十分广泛。如棉花、粮食入库时的含水量,以及入库后的温湿度变化的测定;纺织品弹性、厚度、柔韧性等的测定,手感均是行之有效的方法。

用触觉鉴定法鉴定商品时,应根据鉴定对象采用手按、拉、捏、揉、摸、折、弯等不同手段进行。有的商品如地毯、缝纫机、钢琴等还需结合脚踏来评定其质量的优劣。

(五)听觉鉴定法

听觉鉴定法是利用人的听觉器官(耳)来鉴定商品质量的方法。即通过耳朵对商品在外力触动下产生的声音以及声音的清脆与沉闷程度来评价商品的质量。如各类收音机、录音机、组合音响、乐器的音量、音质,各类钟表的机件等都靠听觉鉴定,还有各种陶瓷、搪瓷、玻璃、金属器皿等也可通过轻轻敲击来鉴定是否完好无裂纹,通过凝神静听于细微处鉴别评价质量好坏。

以上五类鉴定方法,各有特点,但决不是相互孤立的,鉴定时应当综合运用,相互补充。

由于感官鉴定的独特优点,决定了感官鉴定的广泛使用。但是,做好感官鉴定工作,决不是一件轻而易举的事情,除了要求操作者有较好的生理、心理素质和较高的受教育水平，有较为熟悉的商品知识和较丰富的实践经验以外，还必须在鉴定时注意以下问题：

1. 感官鉴定的场所必须空气清新，无烟味、臭味、霉味、陈宿味和香味；

2. 感官鉴定宜在散射光下进行，一般不宜在直射阳光或灯光下进行。必须在灯光下鉴定时应使用日光灯；

3. 鉴定场所必须安静、不喧闹，以免分散鉴定者的注意力；

4. 鉴定场所不得有耀眼的颜色存在；

5. 口味、滋味鉴定，宜在饭前1小时或饭后2小时进行，鉴定前不得抽烟、吃糖，鉴定时宜用温开水漱口；

6. 一个样品的气味、口味、滋味鉴定完后要稍事休息并漱口。几个样品的鉴定，按气味、口味、滋味强度从轻到重的顺序进行，以防造成错觉；

7. 鉴定时间不宜过长，以防感觉器官疲劳。

二、理化鉴定法

理化鉴定法是采用各种试剂、仪器和器械来鉴定商品质量的方法。

理化鉴定法比较感观鉴定法有如下优点：(1)能精确、客观、准确地反映商品的质量；(2)鉴定结果能用数据表示，对商品的内在质量和商品的成分、结构、性质能进行深入分析；(3)不易受外界因素的影响，并能采取必要措施克服。但理化鉴定法也存在一些缺点，如：需要一定的鉴定设备和操作技术，且鉴定所需时间一般较长，有时要破坏一定数量的商品才能测出结果，对某些色、香、味的鉴定，尚无能为力。

理化鉴定法虽有以上不足，但由于它对商品鉴定具有高度的科学性,并且随着科技的进步与发展,会不断提高其准确、快速、方便、少损的程度,所以理化鉴定法的应用将越来越普及。

理化鉴定法包括的范围较广,可以概括为物理鉴定法、化学分析法、仪器分析法等。

(一)物理鉴定法

物理鉴定法是根据物理学原理,利用各种仪器或机械,通过对商品的物理性质及机械性质的鉴定,来确定商品的质量的方法。

物理鉴定法可以分为以下几类:

1. 物理量鉴定法

物理量鉴定法,也称度量衡鉴定法,它是运用各种度量衡器具对商品的长度、宽度、厚度、体积、重量、比重、密度、容量、比容、粒度、粗细度等所进行的测量。商品的物理量是商品质量优劣的重要标志,如棉纤维的长度可以决定纺出纱的支数;小麦容量可以反映小麦质地和出粉率;液态食品的密度可以判断其纯度;水果体积与重量大小也是评价其质量高低的重要指标。并且,很多商品的规格也用物理量表示,如各式挂面,用长×宽×厚表示规格;各类纸张用单位面积的重量(克/米^2,即定量)表示规格。

2. 机械性能鉴定法

机械性能鉴定法是用机械设备测定商品机械性能的鉴定方法。包括强度、硬度、弹性、脆性、伸长率、耐磨性、透气性、透水性等项目的鉴定,多用于工业品和材料的品质评价。例如纺织纤维、纱、纺织品、纸张、橡胶、金属的抗拉强度;钢材、水泥、橡胶、矿物的硬度;橡胶、皮革的耐磨性;热水瓶胆的耐压性等都是机械性能鉴定。

3. 光学鉴定法

光学鉴定法是利用各种光学仪器来鉴定商品色泽、成分、结构和性质的一类方法。例如利用折光计可以测定植物油脂的折光指数,并据此判断植物油脂的纯度(参伪鉴定)以及品质劣变情况,还可以用折光计测定各类水果的含糖量;利用旋光计可以测定白糖、砂糖等食糖的旋光度,并据此计算蔗糖含量(纯度鉴定);利用罗维朋比色计可以判断植物油脂、啤酒等液态食品的色泽,并判断其品质是否正常;利用光学显微镜观察食品中的微生物含量,利用金相显微镜分析金属的金相结构;利用原子吸收分光光度计测定食品、饲料、矿物中的微量元素等等。

4. 热学鉴定法

热学鉴定法是指通过对商品的加热或降温处理来鉴定商品是否发生破损、性能是否发生变化以及物态变化时的温度等,并以此来判断商品质量的方法。以商品熔点、沸点、凝固点、闪点、保温性、耐热性、耐寒性等测定,都属于热学鉴定法范围。

5. 电性能鉴定法

电性能鉴定法是指利用各种仪器、仪表设备对商品电性能指标如绝缘电阻,耐电压性能等进行测试,从而确定商品质量的方法。商品电性能的好坏不仅直接反映着商品的功能,而且与消费者的人身安全有着极为密切的关系。例如,橡胶、塑料作为绝缘材料使用时,它的电阻系数、介电常数、击穿电压等项指标的高低,就是它们功能的直接量度;一些家电商品如电风扇、电冰箱、电褥子、电推子等,除了测定与使用性能密切相关的启动电压、功率偏差之外,还要测定其绝缘电阻、耐电压性能、防潮性能等多项与人身安全有关的指标。

物理鉴定的方法及所用的仪器、仪表中机械设备的种类较多,因此,要根据鉴定过程中的实验条件及环境条件,正确地调试和使用各种仪器,尽可能地减少误差,提高鉴定的准确性。

(二)化学分析法

化学分析法是根据商品试样,对加入的某种化学试剂所产生的化学反应结果,确定商品化学成分的种类、含量的一种方法。

由于商品的化学成分及其含量对商品的质量起着决定性的作用,故化学分析是商品标准规定的鉴定项目中非常重要的一项。

化学分析法按分析的目的要求,可分为定性分析法和定量分析法两类。

1. 定性分析法:是测定商品化学成分种类的一种方法。它是根据化学反应结果所呈现的特殊颜色或生成的沉淀、气体,来确定商品化学成分的种类。例如,保温瓶的耐水性和搪瓷制品的无毒性(含铅、锑)试验。前者是颜色反应,后者是有无生成铅或锑的沉淀物。

在定性分析中,为使鉴定反应明显,以便得出确切的结论,必须严格控制反应条件。例如,溶液的酸碱度、反应的温度、反应物的浓度、溶剂种类及干扰物质的影响等。

2. 定量分析法:是测定商品化学成分含量的一种方法。它是在定性分析的基础上对组成成分作出量度的分析。定量分析的方法很多,主要有:

(1)按商品试样类别分,有无机分析和有机分析两种。无机分析即分析无机物,测定各种离子含量;有机分析即检测官能团或测定某些物理常数,得知有机物的组成和含量。

(2)按商品试样的重量分,有常量分析(试样重 100 毫克以上)、半微量分析(试样重在 10~100 毫克之间)、微量分析(试样重在 1~10 毫克之间)和超微量分析(试样重少于 1 毫克)等类型。

(3)按测定方法不同分,有重量分析和容量(或滴定)分析。重量分析,是根据一定量的试样,利用相应的化学反应,使被测的成分析出或转化为难溶的沉淀物,再将沉淀物经过滤出、洗涤、干燥或灼烧后,准确地称其重量,即计算出试样中某成分的含量。在重量分析法中,有时测定试样经烘干、灼烧处理后所灼失的重量,如用干燥法测定食品中的水分,用灼烧法测定商品原料中的灰分等。重量分析法是最直接的定量方法,测定的准确度较高。容量(或滴定)分析是将已知准确浓度的标准溶液通过滴定管加到被测溶液中,直到两物质的化学计量点,根据标准溶液的浓度和消耗的体积计算被测成分含量的方法。如各类食品中的蛋白质含量、酸度、碱度等都用容量(滴定)分析法鉴定。

在定量分析过程中,无论哪种方法都必须严格控制反应条件,按照一定的操作技术要求进行分析,才有可能获得分析的准确结果。

(三)仪器分析法

仪器分析法是以物质的物理或物理化学性质为基础,采用比较复杂的或特殊的仪器设备来确定商品的化学组成及含量的一类分析方法。

仪器分析的方法很多,最为常用的有以下几种。

1. 比色分析法

许多物质都是有颜色的,如高锰酸钾($KMnO_4$)在水溶液中呈现出深紫色,当这种有色物质溶液的浓度改变时,溶液颜色的深浅也随之改变,溶液浓度越大,颜色越深。通过比较溶液颜色的深浅来测定溶液中有色物质的浓度(即物质的某种成分的含量),这种分析方法称为比色分析法。

比色分析法包括目视比色法、光电比色法、分光光度法。

(1)目视比色法 指用人的肉眼观察比较被测溶液与标准溶液颜色深浅的方法。常用的目视比色法是标准系列法。它是将一系列已知浓度的标准溶液置于若干比色管中,加入显色剂稀释到刻度,配成标准色系列。同时将被测溶液放置在一只比色管中,加入同样数量的显色剂稀释到刻度,然后与标准色列进行比较,被测溶液和标准色列中哪一个溶液颜色的深浅相等,即表示它们的浓度相等,根据标准溶液的浓度就可以知道被测液的浓度。标准系列法的优点是仪器简单,使用方便,标准系列配好后,可以分析许多个类似的样品;比色管较长,观察很浅的颜色比较合适。缺点在于准确度不太高,配制标准色列很费时间,而且有些有色物质通常是不稳定的,标准色列不易长久保存,需要在测定时重新配制,所以十分麻烦。为了克服这种缺点,可以应用稳定的有色物质来配制永久性的标准色列。如用硝酸钴(红色)、硫酸铜(蓝色)和重铬酸钾(橙黄色)溶液按不同比例混和,可配成各种颜色的标准色列。永久性的标准色列有时也可以用固体的,如有色玻璃、颜色纸等。用固体标准色列测定时,准确度不高,所以只适于准确度要求较低的分析。

(2)光电比色法 即利用光电效应、测量光线通过有色溶液后的透光强度,从而求出被测物质的含量的方法。光电比色法所用的仪器为光电比色计。

一般光电比色计是由光源、滤光片、比色皿、光电池和检流计等部件组成。如图5-1所示。

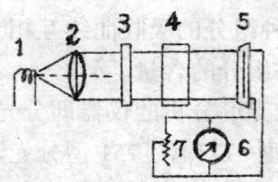

图 5-1 光电比色计结构原理

1-光源 2-凸透镜 3-滤光片 4-比色皿 5-光电池 6-检流计 7-电阻

光电比色法的基本原理是比较有色溶液对某一波长光的吸收情况。由电源发出的白光经过滤光片或棱镜后,得到一定波长宽度的近似单色光,单色光进入比色皿,通过有色溶液,透过光投射到光电池上,产生电流,光电池所产生的电流与透过光的强度成正比。光电流的大小用检流计测量,在检流计的读数标尺上,可以读出相应的透光率或吸光度。

在进行光电比色时,通常是配制一系列标准有色溶液,在一定波长下分别测其吸光度,并绘制浓度——吸光度的标准曲线。然后在相同条件下,测量被检验试液的吸光度,从标准曲线上查出对应的浓度或含量。

光电比色法与目视比色法比较有如下优点:光电比色法用光电池测量透过光的强度,可消除肉眼观察所带来的误差,提高分析结果的准确度,同时由于使用了工作曲线,有利于分析大批试样。当有其他物质共存时,可选用适当的参比溶液和适当的滤光片来消除干扰,从而提高了选择性。

(3)分光光度分析法 是指用棱镜或光栅作为分光器,并用狭缝分出波长范围很窄的一束单色光(一般在 5nm 左右)将单色光分别透过标准溶液与待测溶液而比较其吸收强度,从而测定被测物质含量的方法。分光光度法具有更高的灵敏度、准确度和选择性,可以测定两种或两种以上的组分。如果两种组分的吸收曲线彼此不相干扰,可以选择适当波长分别进行测定；如果两种组分的吸收曲线互相干扰,则可用解联立方程的方法求出各组分的含量。

用来进行分光光度分析的仪器即分光光度计,其种类很多,国产的有:72型、721型、751型分光光度计；WFD-8型紫外可见和近红外分光光度计；WFD-3型、WFD-7型红外分光光度计等。

2. 原子吸收分光光度法

也称原子吸收光谱法是指根据元素所产生的原子蒸气对同种元素所发射的特征谱线的吸收作用,而进行定量分析的一种方法。利用原子吸收光谱法测定某组分的含量时,先将试液喷射成雾状进入燃烧火焰中,雾滴在火焰温度下挥发成蒸气,再用待测组分的空心阴极灯作光源,发出特征谱线的光,当其通过蒸气时,部分光被待测组分基态原子吸收而减弱,通过分析单色器和检测器测得特征谱线光被减弱的程度,即可求得试样中某组分含量。

原子吸收分光光度法具有测定元素多、灵敏度高、选择性强、速度快等特点,广泛用于矿物、金属、陶瓷、食品、冶金、石油和化工产品等试样中的元素分析。

3. 发射光谱分析法

属光谱分析法的一种。在一般情况下,物质的原子或离子处于稳定状态,即处于能量最低状态,称为基态,以 E_o 表示其能量的大小。当原子或离子受到外界热能、电能或辐射能作用时,核外电子就吸收能量跃迁到离核较远的高能级上去。此时的原子或离子处于激发状态,称为激发态,其能量以 E_j 表示。被激发后的原子或离子很不稳定,约经 10^{-8} 秒时间后,便恢复到基态。电子从高能级回到低能级时,以光的形式辐射出一部分能量。因为电子的能级是不连续的,电子的跃迁也是不连续的,所以就得到线状光谱。谱线的波长取决于两个能级之间的能量差,可由下式表示：

$$\triangle E = E_j - E_o = c \cdot h / \lambda$$

$$\lambda = c \cdot h / \triangle E$$

式中,h——普朗克常数(6.62×10^{-27} 尔格·秒)

c——光速(3×10^{10} 厘米/秒)

λ——谱线的波长

因为原子核外电子能级很多,所以原子或离子被激发后,其电子就有不同的跃迁,结果形成各种不同波长的辐射。经过分光器使不同波长的光色散成按波长排列的光谱。各种物质的原子都具有一定的原子结构,当被激发后,就会产生相应的特征光谱。根据谱线的波长可以进行定性分析;根据谱线的强度进行定量分析。

发射光谱分析法的优点是:灵敏度高:对大部分元素可以测到 $10^{-3} \sim 10^{-4}\%$ 的含量,若采用激光激发,灵敏度可达 $10^{-8} \sim 10^{-9}\%$;快速简便:一般不需要化学处理或分离,一次摄谱可同时分析许多元素,是一种较好的无机物定性或半定量分析的手段;可靠性高:当元素的含量在 $0.0001\% \sim 0.1\%$ 时,分析结果的可靠性超过一般化学分析,所用试样的量也少。

玻璃制品中某些微量杂质(如铅、钙、镁、钛、铜等)含量的测定可用发射光谱分析法。

4. 电位分析法

指以测定电池两极间电位差或电位差的变化为基础的分析方法。它包括直接电位法和电位滴定法两种。

直接电位法是根据测得电位的数值来确定被测离子的活度。通常,溶液的 PH 值就是应用直接电位法测定的。科学研究和生产实践中广泛使用的酸度计就是应用直接电位法的一种仪器,它使用对 H^+ 离子敏感的玻璃电极来测定溶液的 PH 值。

电位滴定法是通过观察电位的突跃来确定滴定终点的。电位滴定法主要用于:浑浊或有色溶液的滴定;缺乏合适的指示剂的滴定反应;非水溶液的滴定;连续滴定和自动滴定。

5. 极谱分析法

是一种特殊的电解分析方法,是将试液置于一个具有滴汞电极的电解池中电解,再根据电解过程中所得的电流——电压曲线进行定性和定量分析。

极谱分析法的特点是:灵敏、准确、快速;在合适的情况下,可同时测定 4~5 种物质(如 Cu^{2+}、Zn^{2+}、Ca^{2+}、Mn^{2+} 等可在一次实验中连续出波),不必事先分离。凡在滴汞电极上可起氧化还原反应的物质,很多都可用极谱法测定。这些物质主要包括金属离子、金属络合物和有机物质等,因而极谱法的测定范围较广,且主要用于微量物质的测定。

6. 色谱分析法

又称色层法、层析法,是物质定性分析及定量分析的重要手段。其基本原理是:使被测试样中各组分在两相间进行分配,其中一相是不动的,称为固定相(通常为固体或涂渍在固体表面的高沸点液体);另一相是携带试样流过此固定相的流体,称为流动相(通常是气体或液体)。当流动相中所含试样各组分经过固定相时,就会与固定相发生作用。由于各组分在性质和结构上的差异,因此,在不同推动力作用下,不同组分在固定相的停留时间有长有短,从而按先后不同的次序从固定相中流出,从而达到分离目的。

色谱分析法的具体方法很多,归纳起来可分为柱色谱法、纸色谱法、薄层色谱法三类,其中柱色谱法又可分为气相色谱法和液相色谱法。气相色谱法是使用最为广泛的一种分析法。采用的气相色谱仪主要由色谱柱(即为色谱固定相)、检测器、记录仪载气(即流动相)构成。工作时,载气(用来载送试样的惰性气体如氮气、氦气等)载着欲分离的试样通过色谱柱中的固定相,试样中各组分被分离,然后分别检测。最后通过记录仪记录便可得到色谱图。由于该法具有高效能(即高分离能力)、高选择性、高灵敏度、分析速度快、可制备高纯物质等特点。近年来,气相色谱在石油、有机化学、生物化学、高分子化学、环境保护、食品工业及其他工农业生产部门均得到广泛的应用,已成为一种重要的分析检测手段。

三、生物鉴定法

生物鉴定法在商品鉴定中也是一种常用的方法,特别在食品商品的鉴定中,应用更为普遍。生物鉴定法主要指微生物鉴定法。

微生物鉴定法是用于鉴定食品、动植物及其制品以及包装容器中是否存在微生物,并确定微生物的种类和数量的一种方法。

所谓微生物是指用肉眼难以看到,通常必须用显微镜放大后才能观察到的微小生物。微生物体积微小(只有 $2\sim 5\mu m$,有的甚至更小),结构简单,繁殖迅速,分布极广。微生物一般可分为细菌、酵母菌、霉菌。微生物的存在既有有益的一面,又有着不容忽视的危害性。例如酒、酱、酱油、酸奶、豆豉、豆腐乳等都是在微生物的作用下生产的,这是有利的一面;另一方面微生物也是造成有机商品尤其是食品霉腐变质的主要因素,使食品失去原有的或应有的营养价值、组织性状及色、香、味,不能为人类食用。还有少数微生物能引起人类和动、植物的病害,这些具有致病性的微生物被称为病原微生物。所以在各类食品的卫生指标中,都明确规定了微生物如细菌菌落总数、大肠菌群以及致病菌等指标,有些食品还规定了霉菌、酵母菌等指标。食品细菌总数是以每克或每毫升或每平方厘米食品上的细菌数目表示(并不考虑细菌的种类),用以评定食品被细菌污染的程度,并用来预测食品的保质期限。某些菌类对人体的危害极大,且易传播,如大肠菌群都是直接或间接地来自人和动物的粪便,大肠菌群作为食品被粪便污染的指标可清楚的反映出食品的卫生状况。被致病菌(如金黄色葡萄球菌、溶血性链球菌、沙门氏菌、志贺氏菌等)污染的食品是严禁销售和食用的,所以食品卫生标准规定食品中不得检出致病菌。表 5-1 是食品卫生标准对微生物标准的规定(部分)。

表 5-1　　食品卫生标准对微生物指标的规定(部分)

食品名称	细菌总数	大肠菌群	致病菌	霉菌计数(%视野)	其他要求
耗油	$\leq 10^4$ 个/ml	≤ 30 个/100ml	不得检出		
含乳饮料	$\leq 10^4$ 个/ml	≤ 40 个/100ml	不得检出		
番茄酱罐头				≤ 50	商业无菌
肉类罐头食品					商业无菌
烟熏火腿	$\leq 10^4$ 个/g(出厂) $\leq 3\times 10^4$ 个/g(零售)	≤ 40 个/100g(出厂) ≤ 30 个/100g(零售)	不得检出		××××
白糖	≤ 350 个/g	≤ 30 个/100g	不得检出		
汽酒	≤ 100 个/ml	≤ 3 个/100ml	不得检出		
方便面	10^3 个/g	30 个/100g	不得检出		
月饼	1.5×10^3 个/g(出厂) 2×10^3 个/g(销售)	40 个/100g	不得检出	≤ 50 个/g ≤ 100 个/g	
饰花蛋糕	3×10^3 个/g(出厂) 5×10^3 个/g(销售)	90 个/100g(出厂) 150 个/100g(销售)	不得检出		
酸牛乳		90 个/100ml	不得检出		
牛乳	3×10^3 个/g	90 个/100g	不得检出		
全脂乳粉	3×10^4 个/g	90 个/100g	不得检出		

微生物鉴定法不同于感官鉴定法和理化鉴定法直接对商品进行鉴定,它包括培养基的制备、灭菌、接种、培养和鉴定等基本环节。

培养基的制备是用人工的方法将多种营养物质(如蛋白胨或肉浸汁和牛肉膏、糖类、无机盐,生长因素如维生素、嘌呤等)按微生物生长的需要而调制营养基质的过程。培养其供微生物生长利用。微生物培养基按来源可分为天然培养基和合成培养基两大类;按状态分为液体培养基、半固体培养基和固体培养基三类。常用培养基的配制方法见GB4789·28-94《食品卫生微生物学检验》染色法、培养基和试剂。

灭菌是指完全杀死鉴定所用器具和鉴定场所所有微生物的过程。主要有热力灭菌法、电磁波射线(紫外线、红外线、X线、γ线等)灭菌法及滤过除菌法等。

接种是将食品等商品样品经破碎或稀释等处理后移植到培养基上的过程。不同培养基接种的方法也不同,常见方法有平板画线接种法、斜面接种法、倾注培养法、穿刺接种法、液体接种法等,接种是微生物鉴定工作中的重要环节,整个过程要求在无菌条件下进行。

培养是接好种的培养基在一定温度、湿度、有氧或无氧条件下放置一定的时间,使其生长繁殖,以便识别、鉴定。常用的培养方法有需氧培养法(又称一般培养法)、二氧化碳培养法及厌氧培养法。

鉴定是微生物鉴定法的最后环节,它将培养后的微生物经涂片或染色后借助显微镜进行形态观察、鉴定。确定微生物的种类、数量。

生物鉴定法除微生物鉴定法以外,还有组织学分析法、生物试验法等。组织学分析法主要是对动物性食品采用解剖方法,测定细胞的结构、形状、特点等。而生物试验法主要用于毒害品的毒性测定。各种毒害品的毒性大小是不同的。毒害品的毒性,通常可分为急性毒性和慢性毒性两种。急性毒性是指一定量的毒物一次对动物产生的毒害作用。常用"致死中量"表示毒害品急毒性的大小。致死中量,又叫半致死量,用符号"LD_{50}"表示。意思是:能使一群试验动物(如家兔、小白鼠等)死亡50%时,每千克体重的毒物用量(毫克／千克体重)。可以看出毒害品的毒性大小与致死中量成倒数关系,即 LD_{50} 大,毒性小,反之毒性大。值得注意的是,尽管某些毒害品其"致死中量"的数值较大,但小剂量长期摄入,受蓄积作用等因素的影响,常表现毒性较高。生物试验法除用于鉴定毒害品的毒性外,还用来测定食品的发热量、可消化率、维生素的种类和含量。

第四节 商品鉴定的抽样方法

一、抽样的概念

抽样是指从被鉴定商品中按照一定的方法采集样品的过程,又称取样、采样、扦样、拣样等。

抽样是商品鉴定工作的重要环节,除批量太少的商品或绝对不允许有不合格品存在而必须百分之百鉴定的商品外,其他商品都采用抽样鉴定。例如酒类,批量在5吨以下时任选4箱,每箱抽样1瓶,批量在5吨以上时任选6箱,每箱抽样1瓶;瓶装啤酒,每批在不同部位任意抽样10瓶,散装啤酒,每批抽样10升;对于小包装、罐装、桶装、箱装、盒装或瓶装的商品,在没有具体明确抽样鉴定商品的数量时,常可按下式决定抽样量：

$$抽样数量(件) = \sqrt{\frac{商品总数量(件)}{2}}$$

抽样鉴定除了要求有一定的样品数量要求和一定的方法外，还必须要求抽样者了解被抽样商品的生产、加工工艺过程以及运输、储存期间的质量变化规律。只有这样，才能正确抽样，才能保证所抽样品符合鉴定要求。

二、抽样的原则

（一）代表性原则。绝大多数商品的鉴定，由于鉴定方法的破坏性以及考虑到经济、效率等因素，不可能取全部商品进行鉴定，而只能从被鉴定商品中抽取一部分进行鉴定，这些从被鉴定商品中抽取的样品，是鉴定工作的对象，也是决定商品质量的主要依据，因而要求抽取的样品必须具有代表性。不然，即使鉴定所用的仪器设备再精密，鉴定方法再科学，鉴定结果再准确，也是毫无意义的，甚至还会给生产、消费带来不应有的损失。

（二）典型性原则。针对所要达到目的而抽取的能充分说明这一目的的样品称为典型样品。典型样品一般在当发现或怀疑商品的腐败、污染、掺杂、伪造以及含有某些毒物等情况时采集抽取，此时，所采集抽取的样品应当是可疑的商品，而不能用均匀的样品，以保证所抽样品具有典型性。当一批商品中只有局部或部分由于运输、储存不当而造成品质劣变时，必须好次开分，分别抽样鉴定，以免相互影响或掩盖真相而造成鉴定结果的失真。典型样品的抽取，在食物中毒鉴定和掺伪鉴定中尤为重要。

（三）适时性原则。由于很多商品的组成、成分、含量等会随着时间的推移而发生迅速的变化,因而要求鉴定者及时抽样并及时进行鉴定。例如水果、蔬菜中各类维生素含量的鉴定,粮油等农副产品熏蒸杀虫剂残留量的鉴定等,都必须注意适时性。

三、抽样的要求

(一)抽样应当依据抽样对象的形态、性状,合理选用抽样工具与样品容量。抽样工具与样品容器必须清洁,不含被鉴定成分,供微生物鉴定的样品应无菌操作。

(二)外地调入的商品,抽样前应检查有关证件,如商标、货运单、质量鉴定证明等,然后检查外表,包括检查包装以及起运日期、整批数量、产地厂家等情况。

(三)按各类商品的抽样要求抽样,注意抽样部位分布均匀,每个抽样部位的抽样数量(件)保持一致。

(四)抽样的同时应做好抽样记录。内容包括:抽样单位、地址、仓位、车间号、日期、样品名称、样品批号、样品数量、抽样者姓名等。

(五)抽取的样品应妥善保存,保持样品原有的品质特点。抽样后应及时鉴定。

四、抽样方法

商品鉴定的抽样方法很多,应用最为普遍的是随机抽样法。所谓随机抽样,即群体中的每一个体,都有同样被抽取的机会(概率),抽样都完全用偶然的方法抽取,事先并不考虑或选择应抽取哪一个样品。具体方法主要有以下几种。

(一)简单随机抽样

简单随机抽样是在同一批同类商品中不加挑选地抽取若干作为样品,做到对批中全部商品完全随机化、任何商品都有被抽出的机会。这种方法适用于批量不大商品的抽样,对发现商品共同缺陷行之有效。具体执行时又有直接扣样法、抽签法和随机数表法等形式。

1. 直接抽样法。由鉴定人员在现场不加选择地抽取。

2. 抽签法。先将商品编号,然后将号码写在纸上,做成纸签,折叠好并混匀后随机抽取。

3. 随机数表法。随机数表是将数字随机组合编写而成的系列数字表格,可以根据应用数字范围多少自制。扣样前,先将待抽样商品逐一编号,编号的次序与方法不受任何限制,然后用铅笔尖在随机数表中任意指定一点,从所指数开始向任意方向数去,依次选取与待抽商品个(件)数相等的号码个数,按选取的号码,对码抽样。

(二)分层随机抽样

分层随机抽样是先将一批同类商品划分成若干部分,然后从每部分中随机抽取若干样品。因为商品生产过程中质量事故的出现往往是间隔地产生,所以此法可以克服简单随机抽样法可能会漏掉集中性缺陷的不足,此法适用于较大批量的商品抽样。

(三)分段随机抽样

分段随机抽样是先随机抽取几个小部分(大包装),然后再从所抽取的每个小部分(大包装)中进一步随机抽取若干商品(小包装),最后将抽出的商品合并作为样品。此法运用于一个大包装内有几个独立小包装商品的抽样。

(四)规律性随机抽样

规律性随机抽样是按一定规律,从整批待抽商品⁼抽样,即先对整批商品按顺序编号,并随机决定某一号码作为抽样的基础号码,然后将逢该号码的商品抽出作为样品。如随机选取 8 号,即将 18、28、38……的商品作为样品。对于在生产流水线上运动的产品,其抽样方法是固定一个间隔时间,每隔这个时间取一个样品。规律性随机抽样,由于分布均匀,因而代表性较好。

第五节 商品的品级

一、商品品级的概念

商品品级是表示商品质量优劣的等级,它是商品适于某种用途的主要标志,是商品鉴定的重要内容之一。

商品品级通常用等或级的顺序来表示,如一等、二等、三等,或一级、二级、三级,有时也用甲等、乙等、丙等,或甲级、乙级、丙级等方式表示。商品品级的设置,不同的商品其数目多少不同,少则两个等级,多则六、七个等级,特殊情况下还可以有更多的等级。

商品的品级及其划分,有利于商品生产中的质量管理,有利于商品在流通中的质量监督,也有利于消费者按己所需选购商品。

二、商品品级的划分方法

商品的品级,必须按照各类商品自身的特点,以商品质量标准为依据,通过对外在质量和内在质量的鉴定来确定。这个商品品级的确定过程称为商品品级的划分。凡商品符合哪一级的质量要求就划分为哪一级,由不符合最低一级质量要求的商品为等外商品。商品品级的划分方法主要有两类。

(一)记分法

记分法通常有两种方式,一种为百分记分法,另一种为限定记分法。

百分记分法是将各项指标的状况规定为一定的分数，重要的指标分数权最大，次要的指标分数权小。在每个指标下再分若干细目或等级，并确定相应分值。如果各项指标均完全合乎标准要求，则分数为100分；如果某一项质量指标或该指标下的某一分项合乎标准要求，就按该项或分项的分值酌情扣分或打相应的等级，最后根据总分高低按分数段来分等分级。

1. 百分记分法

百分记分法多用于食品品级的划分和评比。例如乳粉采用百分记分法，其感观质量依据气味和滋味、组织状态、色泽及冲调性四项指标评定。其中气味和滋味是乳粉感观质量最重要的指标，最高分为65分；组织状态最高分为25分；色泽最高分5分；冲调性最高分为5分。特级、一级乳粉总评分不应低于91分，其中气味和滋味分数不应低于60分；二级乳粉总评分不应低于80分，其中气味和滋味不应低于50分。酒类的评定也采用百分记分法，按色、香、味、风格四项指标记分，分别为10分、25分、50分、15分为最高分数，根据总分数标定的层次确定等级。

2. 限定记分法

限定记分法是将商品的各种疵点规定为一定的分数，以疵点分数的总和来确定商品的品级。商品的疵点越多，则分数总和越高，其品级也就越低。

限定记分法通常用于日用工业品和纺织品的品级划分，如对本色棉布的布面疵点，就是采用限定记分法评定等级的。评分以布的正面为准，以40米(1匹)为约定长度，110厘米及以下为约定幅宽，视其每米出现的疵点数打分，平分限度如表5-2所示。

表 5-2　　　　　本色棉布布面疵点评分限度表

品　级	1米长(分)	40米长(分)
优等品	不大于 0.20	不大于 8
一等品	不大于 0.40	不大于 16
二等品	不大于 0.80	不大于 32
三等品	不大于 1.60	不大于 64

记分法划分商品品级方便、直观，因而有较为广泛的运用。其评定结果的准确程度，主要取决于各项质量指标及其分值设置的科学程度。

(二)限定法

限定法是在商品可能产生疵点的范围内规定各类商品每个品级限定疵点的种类和数量，不能出现的疵点和决定成品为废品的疵点限度等。此法不记分，只规定每个品级允许出现或不允许出现的疵点种类和数量，对照质量标准规定进行综合鉴定。此法多用于玻璃、搪瓷、陶瓷、日用金属制品和纸张等文化用品的品级划分。例如，不锈钢压力锅的表面质量指标，具体规定了其限制条件，如表 5-3。

表 5-3　　　　　不锈钢压力锅表面质量指标

序号	项目名称	优等品	一等品	合格品
1	抛光表面粗糙度 μm	Ra≤0.2		Ra≤0.8
2	砂光表面粗糙度 μm	Ra≤3.2		Ra≤6.3
3	清洗	不许有碱渍、油污、水渍	不许有碱渍、油污	5~10mm² 的碱渍、油污，锅身、锅盖各不超过一块
4	拉伸痕迹	不允许	距锅口 10mm 范围内允许有目测可见手感不出的拉伸痕迹	宽度在 0.3~0.5mm，锅的外表面不得超过 5 条，内表面不得超过 10 条
5	坑	不允许	Φ1~3mm 的坑，锅身、锅盖各不超过二点，在 20mm 内不得出现二点	Φ1~3mm 的坑，锅身、锅盖各不超过六点，在 20mm 内不得出现三点

续表

序号	项目名称	优等品	一等品	合格品
6	划伤	不允许	宽 0.2~0.5mm 的划伤累计长,锅身、锅盖各不超过锅口直径 1/2	宽 0.5~0.8mm 的划伤累计长,锅身、锅盖各不超过锅口直径 1/2
7	瘪	不允许	身:不大于 4mm 一处,尖形不允许 盖:不允许	身:不大于 4mm 二处,尖形不允许 盖:不大于 4mm 一处,尖形不允许
8	毛刺	不允许	外露部位不许有	边口部位不允许有明显毛刺
9	复合底	周边光滑、圆正、整洁、无毛刺、无气孔、无夹渣	周边光滑、圆正、无毛刺,Φ1.5mm 深 1mm 的气孔,夹渣不超过二点	周边圆正,Φ1.5mm 深 1mm 的气孔,夹渣不超过四点
10	连接	端正、伏贴、无黑斑、无毛刺	端正、伏贴、不刺手	伏贴、不刺手
11	标志	端正、清楚	端正、清楚	清楚

对于粮食、油料等农产品的品级划分,则既不是记分法,也不是限定法,而是按照标准的规定,对决定其使用价值的项目,如稻谷出糙率、小麦容重、谷类杂粮纯粮率、油料含油量、大米和小麦粉的加工精度等进行鉴定,根据鉴定结果,对照标准中的质量指标来确定等级。

第六章　商品成分、结构和性质

第一节　研究商品成分、结构和性质的意义

商品实体是由物质组成。物质的成分不同,组成的商品不同;同种成分的商品,因组成结构不同,商品也不同,其性质亦存在很大的差异。因此,研究商品的成分、结构和性质,对于研究商品的使用价值及其质量,研究商品在运输、储存和使用中质量的保证,研究新品种开发和消费需求,都具有重要意义。

一、商品成分、结构和性质是决定商品使用价值的基础

商品是为了满足人们的某种需要。其满足程度取决于使用价值的大小和质量的高低,而商品的使用价值和质量又是由成品的各种使用性质决定的,这些性质除了取决于商品的成分、结构和性质外,还取决于商品的组织结构和外形。因此,研究商品的使用价值和质量必须以商品的成分、结构和性质为基础。因为各种不同的商品所具有的成分是不一样的,有的成分比较单纯,有的则相当复杂。对于含有多种化学成分的商品,其中所含主要成分是使该商品具有某种性能和使用价值的基本因素,其他成分是辅助因素。例如,改变玻璃中金属氧化物的成分,就可以得到不同特性的玻璃。氧化钾可以提高玻璃的耐热性;氧化铝不但能改变玻璃的热稳定性和化学稳定性,而且还能提高其强度;但玻璃成分中如有氧化铁

则使玻璃变成绿色,透明度下降。在研究纺织纤维和塑料类商品时,还要研究物质分子中含官能团与商品性质及质量的关系,如物质分子中含羟基多,则该商品的吸湿性强;塑料中含有 C—Cl 键,则具有一定的阻燃性。聚丙烯由于分子结构不同,在常温下具有三种不同的性能,分别可用于纺织纤维材料、塑料和一种液体剂。可见,商品的成分、结构、性质不同,其应用范围和使用价值也不同。

二、商品的成分、结构和性质是合理组织商品购销的重要依据

商品的成分、结构和性质,在很大程度上决定了商品的种类、品级、使用范围,并由此决定了商品的用途。如聚乙烯塑料中的高压聚乙烯其结构密度低,有较好的透气性和透明度,适于吹塑薄膜制造软包装和农用薄膜,利于植物进行光合作用,促进农作物生长;而低压聚乙烯密度大、硬度高、耐化学腐蚀性强、机械性能好,适用于制造日用塑料制品和工业薄膜。化肥中的氯化铵具有弱酸性,不利于酸性土壤使用,但适用于碱性土壤,宜与草木灰混合使用等。因此,生产经营者掌握了商品的成分、结构和性质,就能更好地组织商品或原材料的购进,指导消费,以适销对路的商品满足生产和消费者的需要,从而减少积压、加速商品流转,提高企业的经济效益和社会效益。

三、研究商品的成分、结构和性质,有利于商品的运输和储存

化学成分和结构还是决定商品受外界各种因素影响是否发生理化性质变化的重要因素。因为化学成分变化和结构变化是导致商品在运输、储存和使用中发生变质、锈蚀、老化、霉变及形变的根本原因。不同成分、结构的商品性质不同,经受

外界影响的能力不同,商品在运输、储存时的要求条件也就不同。如鱼、肉、果品、蔬菜等因含有蛋白质、糖类和大量水分而易霉腐变质,运输与储存过程需要冷冻或冷藏。棉、麻商品耐碱不耐酸,丝毛织品耐酸不耐碱,这就要求在储运和使用中引起注意,化妆品易散发香气,而茶叶易吸收异味,两者不能同车运输、同库存放。这些储运的要求条件,均决定于商品的成分、结构和性质,所以了解和掌握它们,对于采取相应的保护措施有着重要作用。

四、研究商品的成分、结构和性质,是开发新商品的需要

新商品日新月异,这些新商品的开发都是在研究老商品的结构、成分的基础上不断试制、创新的结果。例如家用电风扇,根据不同的需要,改进了产品结构,提高了电风扇的效能,开发了多种新品种,如台扇、壁扇、吊扇、箱式扇、排气扇、换气扇、冷风扇等等。聚苯乙烯具有很好的尺寸稳定性、透明度和刚性,但易碎、机械性能差,加入耐磨性能好的丙烯腈和韧性好的丁二烯,从而改变了商品的成分,生产出具有一定的硬度、刚性、韧性及低温下抗冲击性能良好的工程塑料——ABS塑料,称其为改性聚苯乙烯。棉花、水稻等的新品种也都是经过若干年的培植改变其基因而获得成功的。可以说,研究商品的成分、结构和性质是开发新商品的前提,只有将商品的自然属性认真地进行分析研究,才有可能开发出质量完好、使用价值高的新商品,为人类提供更加丰富的物质资料。

总之,只有深入研究商品的成分、结构和性质,才能从本质上认识商品的自然属性,才能从本质上认识商品的使用价值及其质量和质变规律,才能更加自觉地按照客观规律去研究和解决商品生产、流通和使用过程中的各种问题。因此,重视和切实加强对商品成分、结构和性质的研究,具有十分重要的意义。

第二节　商品的基本化学成分

商品的化学成分是指商品体所含各种物质的总称,由于商品的种类繁多,化学成分各异,本节按工业产品和农业产品分别介绍其基本成分。

一、工业产品的基本成分

工业产品很多,组成的原材料不尽相同或由多种原材料组合而成,这些原材料的化学成分归纳起来可分为两大类:无机物和有机物。

(一)无机物

在化学界一般把单质及不含碳的化合物称为无机物(碳的氧化物、金属碳化物、碳酸盐等除外),这也是无机物的标志和特征。无机物根据其组成成分分类如下:

无机物 { 单质 { 金属——铁、铜、铝、锌
　　　　　　　非金属——氧气、氢气、硫、磷
　　　　化合物 { 氧化物——氧化锌、二氧化硅
　　　　　　　　酸——硫酸、硝酸、盐酸
　　　　　　　　碱——烧碱、氢氧化钡
　　　　　　　　盐——氯化钠、纯碱

由无机物制成的原材料称无机原材料。工业产品中的黑色金属材料、有色金属材料、玻璃、水泥、陶瓷、金属加工制品等,它们的主要化学成分是无机物,因此均有无机物的特征。

(二)有机物

组成有机物的一个共同特征是化合物中都含有碳元素,在化学界把含碳化合物称为有机化合物(但不包括碳的氧化

物、金属碳化物、碳酸盐等)。有机物按其分子量的大小分为两大类。通常把分子量在一万以上的称为高分子有机物;分子量低于一万的称为低分子有机物。按有机物的组成、结构不同分类如下:

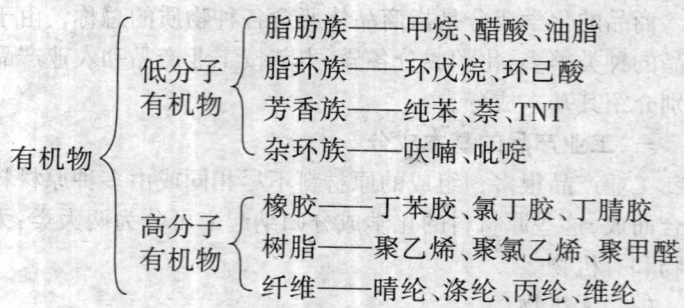

由有机物组成的原材料亦称有机原材料。商品中有纺织品、肥皂、合成橡胶、合成树脂、合成纤维、木材加工品、汽油等等。

很多商品既含无机成分,也含有机成分,而且十分复杂。因为组成的成分决定商品的性质,对于具体商品来说,需要通过定性和定量的分析,来判定其组成的成分和含量,以确定其性质。

二、农业产品的基本成分

农业产品在这里所指的是农、林、牧、渔业及其加工产品,是广义的农业产品。如粮食(原粮)、家畜、可捕猎的野生动物、蛋、奶、鱼、米、面、糕点、糖果、各种天然纤维、棉、麻、丝及加工成品等,种类很多。尽管种类不同,成分和性质也不相同,但其基本成分却是相似的,主要含有碳水化合物、蛋白质、脂肪、维生素、矿物质、水分等成分。

(一)碳水化合物

碳水化合物是一个俗用名称。这类化合物都是由C、H、O三种元素所组成。其中大多数H和O的比例恰好是2∶1,相当于H_2O中H和O的比例,因此,称它们为碳水化合物。但H与O在化合物分子中并不以水的形式存在,而且已发现的许多碳水化合物中,它们的H与O的比例并不等于2∶1。因此,碳水化合物是指一般α—碳原子上带有羟基的多羟基醛或多羟基酮,以及能水解生成这样化合物的物质。多羟基醛称或醛糖,多羟基酮称为酮糖。

各种糖、淀粉和纤维素等都属于碳水化合物。碳水化合物分布极广,特别是在植物中,碳水化合物是植物组织构造的基础。碳水化合物是人类和动物最主要的食物之一。它们在整个生命活动过程中进行着一连串的化学变化(碳水化合物的代谢作用),并不断供给生物所需要的能量。除蛋白质外,在生命过程中最重要的就是碳水化合物了。

(二)蛋白质

蛋白质是自然界结构最复杂的有机化合物,它们因来源不同组成各异,所以蛋白质的种类很多。但其基本组成元素并不很多,而且组成它们的元素百分比含量变化范围也不大。主要元素和含量百分比范围如下:

C:50~55　　　　　　N:15~19

H:6.5~7.3　　　　　S:0.23~0.24

O:19~24

某些蛋白质还含有磷或铁等元素。天然蛋白质往往是好几种蛋白质的混合物。但各种蛋白质均容易水解,最后的产物都是各种α—氨基酸的混合物。这些α—氨基酸,可以透过动物的肠壁到血液中,然后再由血液输送到各部分组织,在酶的催化下,这些氨基酸又可以重新合成蛋白质。蛋白质的合成需要氨基酸,因此,食品中缺乏这些氨基酸,就会影响人的正常生长和健康,现已知组成蛋白质的氨基酸有 20 多种,其中,有 8 种是人体不能自行合成的,必须从食物中摄取,称为必须氨基酸,它们是色氨酸、缬氨酸、蛋氨酸、苯丙氨酸、亮氨酸、异亮氨酸、赖氨酸、酥氨酸等 8 种。

蛋白质是组成各种细胞的基础物质。人体除去水分,几乎近一半由蛋白质组成。肌肉中,蛋白质占干物质的 80%;血液中蛋白质占干物质的 90% 以上。因此,蛋白质的存在及其复杂的变化,直接影响人的健康和生命。

(三)脂肪

脂肪俗称油脂,广泛存在于自然界中。它们是动物和很多植物的重要组成成分之一。油脂的主要成分是高级脂肪酸的甘油酯。油脂中的甘油酯绝大多数是混合脂肪酸的甘油酯,它们的结构可表示如下:

$$\begin{array}{l} CH_2-O-\overset{\displaystyle O}{\underset{\|}{C}}-R \\ CH-O-\overset{\displaystyle O}{\underset{\|}{C}}-R' \\ CH_2-O-\overset{\displaystyle O}{\underset{\|}{C}}-R'' \end{array}$$

其中的脂肪酸有饱和的,也有不饱和的。从动物如猪油、牛油、羊油等所得油脂,大部分是饱和脂肪酸的甘油酯,在常温下呈固体或半固体状态,通常称为脂肪。从植物如花生油、芝麻油、菜籽油、豆油、棉籽油等所得的油脂,熔点较低而呈液体状态,称为油。

油脂是人类三大食品之一。它具有很高的营养价值。它在机体内进行氧化时，单位重量所放出的热量比等量的蛋白质和碳水化合物所放出热量的总和还要多，它是人体最适宜的营养贮备物。贮存在皮下的脂肪具有保持体温的作用；贮存在人体内脏器官表面的脂肪，具有抗振和抗摩擦保护内脏器官的作用；在肠胃中的脂肪，具有较好的耐饥性等。不仅如此，油脂在国民经济中占有很重要的地位。可用于制皂工业、涂料工业、稀释剂、医药、化妆品等等。

(四)维生素

维生素旧称维他命，它是生物生长和机体代谢所必需的一类微量有机成分。存在于许多天然产物中。已知重要的维生素有20多种。一般可分为脂溶性维生素和水溶性维生素两大类。脂溶性维生素主要包括：维生素A、维生素D、维生素E、维生素K等。水溶性维生素主要包括：维生素B_1、维生素B_2、维生素B_6、维生素C、烟酸、叶酸、泛酸、生物素、胆碱等。维生素也可从天然原料中提取或合成，但其中大多数维生素人体不能自行合成，必须从外界食物中获取。

维生素是人体重要的营养成分之一，它虽不能为人体提供热量，但它在人体内可以促进营养成分的消化、能量的转化和人的正常生理活动。如果人体缺乏维生素，人体就不能正常生长，并发生特异性病变即维生素缺乏症，严重者可危及生命。例如人体缺乏维生素B_2(核黄素)，就会引起口角炎、舌炎、唇炎、脂溢性皮炎、结膜炎和角膜炎等疾病。维生素C是人体氧化——还原反应的重要递氢体，促进细胞质胶原的形成。同时能提高人体对传染病的抵抗力，对铅、砷、苯等毒物有解毒作用。缺乏时，血管脆性增加，易出血，严重时出现坏血症。因此，人们应注意食物的多样化，并注意烹调加工方法，减少食物中维生素的损失。

（五）矿物质

矿物质是调节人体生理功能和体内酸碱平衡的成分之一。人体所需要的矿物质由食品提供，食品中的矿物质很少，通常以化合态存在，经高温（500℃~600℃）煅烧，煅烧后残留灰分（又称灰分元素），即为矿物质。主要是钙、磷、铁、碘等。

矿物质是人体重要的营养成分，在人体内，主要存在于骨骼中。骨骼中的钙质占人体所需钙质的99%。血液中含有钠，可以保持体内的渗透压和PH值，并保持体内的生理和生化条件恒定。如维持体内渗透压的NaCl，当天气过度炎热或剧烈劳动以致大量出汗，NaCl随之流失，如果再饮入大量淡水，常会引起腹部及腿部抽筋、虚脱、神智不清。在此情况下如饮用淡食盐水就可缓解。维持体内各物质生机状态需要的矿物质离子，如血红蛋白和细胞色素中必需的铁、甲状腺中必需的碘、胰岛素中必需的锌等。有些矿物质具有促进人体的新陈代谢作用，如过氧化酶中含有铁，酚氧化酶中含有铜，唾液淀粉酶中含有氯，脱羧酶中含有锰等。

（六）水与其他成分

水在动、植物组成中是很重要的成分，一般以两种形式存在：自由水（即游离水）和束缚水（即胶体水）。自由水依靠动、植物体内的毛细管力结合，其性质同于普通水，干燥时通过毛细管作用散发，潮湿时吸水而增加；束缚水是靠氢键与体内胶体物质如蛋白质、淀粉而结合为一体，因受胶体物质的束缚不易蒸发，不易结冰，不能作溶剂，比重大于普通水。干货食品内一般只存在束缚水。

水对人是十分重要的物质。人体重量约三分之二是水。水在人体中是食物营养的溶剂，食物营养溶解在水中才易被人体吸收发生一系列的生化反应；水在人体内作载体，运载组织细胞所需的养分,同时代谢体内废弃物;水是人体体温的载温体,当体温升高或下降时,水可以保持体温不会有太大的波动,通过血液流动调节平衡人体的体温;水又是体内的润滑剂,可减少体内关节、韧带、肌肉、膜等处的摩擦。水对人体的作用还很多。它虽然没被称为营养素,但它关系到机体的生命。例如人体中贮存糖元和脂肪可以全部被消耗,蛋白质消耗一半,均可勉强维持生命,如果水在体内损失20%,生命就难以维持。

其他成分如各种有机酸,如醋酸、乙二酸、乳酸、柠檬酸、苹果酸、酒石酸等和各种酯。这些成分有助于食物消化吸收,有的还具有药用价值等作用。

第三节　商品结构

商品结构是指构成商品的不同层次组合单元,当它们处于平衡状态时所具有的空间排列特征。包括构成商品的原材料及其组合、商品外部形态的组合及构成商品体内部的原子、分子组合等等。不同种类的工业品、加工食品由于原材料的成分不同,生产工艺不同,因而具有不同的结构和形态;农副产品一般具有天然的外观结构和内部结构。商品结构与商品性能和商品质量关系很大,因此对商品结构进行研究,可以进一步弄清商品质量特征及其在运输、储存、销售和使用过程中的质量变化规律,为合理利用物质资源,开发新产品和在流通领域中确保商品质量安全提供科学依据。

工业品商品中,除少数商品为液体和软膏状外,绝大多数均为固体,这里着重分析固体工业品商品结构及其与使用性质的关系。

一、固体商品的微观结构和内部结构

固体商品的微观结构也称固体商品的显微结构，是指用光学显微镜可以观察到的结构单元的组合。借助显微结构的研究，可以测定晶粒、纤维等的性质，如研究金属晶体结构，可以弄清它们的物理机械性质与热加工的关系。用显微镜观察研究棉纤维的断面结构，可以测定棉纤维的成熟度等。

固体商品的内部结构是指由原子、分子以及一些较大的结构单元(但用光学显微镜观察不到)的组合。如"同分异构"现象，高分子化合物的链节结构、形式、构型及大分子的取向、晶态等都属于内部结构。其主要结构形式如下：

(一)晶体结构。晶体结构是指构成物体的结构单元，按一定规律呈周期的空间排列状态。晶体是由空间排列得很有规律的微粒(原子、离子、分子)组成的。晶体结构的主要特征是具有整齐的、有规则的几何外形和固定的熔点，具有均匀性，各部分密度相同；某些晶体具有取向性。如石墨的电导率在平行于石墨层的方向上的数值要比垂直于石墨层方向上的数值大得多，这种现象也称为晶体的各向异性。晶体还具有外形的对称性和能使 X 射线发生衍射等。这些特征均与晶体内部微粒排列的规律性有关。

根据晶格结点上质点的种类，以及化学键的性质不同，可以把晶体分为四类。

1. 离子晶体。晶格结点上交替排列着电荷不同的离子，阴离子和阳离子交替而有规律地排列。离子晶格是以阴、阳离子间的静电引力联系着，这种引力很大，所以离子晶体结构物质的硬度很大，熔点很高，熔融后能导电。在极性溶剂中容易溶解。几乎所有的碱性氧化物、盐类均属这类晶态结构，如食盐等。

2. 原子晶体。晶格结点上排列的是中性原子。原子间的结合力特别强,整个晶体是一个大分子,所以原子晶体的硬度最大,熔点很高,熔融后不能导电。因此,原子晶体结构物质的特征是具有很高的熔点、沸点和硬度。如金刚石、碳化硅、石英、硅和锗等晶体。

3. 分子晶体。晶格结点上排列着非极性或极性分子,大多数非金属单质和由分子组成的化合物都具有这种晶格。晶格是以分子与分子之间的吸引力结合的。分子与分子之间(分子键)的吸引力很薄弱,因此,分子晶体的硬度很小,熔点很低,只有分子量较大的分子所构成的分子晶体才具有较高的熔点。分子晶体不能导电,容易挥发成单独的分子。如固体二氧化碳、石蜡等。

4. 金属晶体。晶格结点上排列着金属的中性原子和失去电子的阳离子,在这些原子和离子的空隙间存在着从原子脱落下来的电子。在晶格上的原子都一样,它们变成离子的机会均等,电子不断地在原子和离子间进行交换,总有一些电子在某一瞬间不受一定的原子和离子束缚,而在晶体中成为自由移动电子,这些电子称为"自由电子"。由于自由电子的不断交流,就形成了金属键。金属晶体是以金属键将晶体的微粒联系在一起,形成金属大分子。因此,金属晶体结构物质具有下列性质:

(1)金属光泽。自由电子能吸收各种波长的可见光。随即又放射出来。也就是由于自由电子的存在,金属对光的反射能力特别强,大部分光都被反射出来,所以金属有光泽。大多数金属在粉状时,呈黑色或暗灰色,这是因为粉状金属堆集在一起形成的表面太多,角度复杂,光线经过多次反射而被吸引之故。

(2)金属的导电性。金属晶体结构物质中存在着自由电子,因此在有很小的电位差时,这些自由电子就开始定向移动,形成电流。所以金属具有导电性。但当温度升高时,因晶格点上金属离子振动加强,自由电子移动比较困难,所以金属的导电性随温度的升高而下降;金属中含有杂质时,金属晶格变为不规则,自由电子运动受阻,导电性也降低。

(3)金属的导热性。金属具有很好的导热性。当金属受热时,自由电子和金属离子的能量增加,自由电子的运动加快,迅速将能量传递给附近的金属离子,最后传递到整个金属,使其很快具有同样的温度。

(4)金属的延展性。金属的延展性又称金属的可塑性,即金属的机械变形性。由于晶格由自由电子联系,金属键不具有方向性与饱和性。当金属受到机械作用时,离子层发生相对位移,金属离子与自由电子互相吸引;当发生相同位移时,自由电子也就随着金属离子而滑动,整个晶体仍为金属键所联系。当金属中含有杂质时,金属晶体结构内部的均匀性被打乱,当受机械作用时,离子的相对位移受阻,自由电子的移动也比较困难,金属的延展性降低;金属加工后,由于离子层的多次移动,离子的排列变得极不规则,此时金属的延展性降低,硬度增大,但可以用退火的方法将金属加热到一定温度时,金属离子重新变成有规则的排列,使其恢复延展性。

各种不同的金属,它们的物理性质存在着较大的差异,这主要是由于金属的原子结构不同、自由电子的多少、金属结晶的条件和结晶形体结构不同所致。

(二)非晶体结构

非晶体结构也称无定形结构,是指不具有明显晶体结构的状态。属于这种结构的有玻璃、沥青、松香、天然树脂、合成树脂等。非晶体结构单元的分布只具有近程有序性,即只有近邻的一些结构单元形成有规则的结构,远程则是无秩序的排列。所以,非晶体结构的特征是不具有规则的几何多面体外形,也没有明确的熔点,很多性质与方向性和形状无关。一般说,无定形体化学稳定性较差,具有各向同性。如玻璃是典型的非晶体结构,当玻璃被击碎时,碎片是零乱不一的几何体。受到高温时,会随温度的升高逐渐软化熔融,而无固定熔点。

同一种成分的物体,由于形成条件不同,既可成为晶体结构,也可成为非晶体结构的物质。如石英砂是二氧化硅的晶态结构体,燧石是二氧化硅的非晶态结构体。玻璃是典型的非晶态结构体,但也可以改变其结晶条件,把它加工成良好的晶体结构。

(三)高分子材料的内部结构

商品中的另一大类是高分子化合物,一般是指有机高分子化合物,简称高聚物。高聚物是以晶体和非晶体同时并存为特征,因此高聚物的微观结构是完全结晶体结构和完全非结晶结构的中介状态。通常说结晶性高分子化合物或非结晶高分子化合物,是指那些结晶结构占优势或非结晶结构占优势的高聚物。一般,多数高聚物的结晶度在 20% ~ 80% 之间,与非结晶高聚物相比,结晶性高聚物的密度、强度较高,但塑性较差。

工业品商品中,种类繁多的高分子化合物商品的内部结构虽然复杂,但具有很多共同特点。下面简要说明高聚物的链节结构、主链结构、大分子的几何构体和聚集态等几种基本结构形式及其特点。

1. 链节结构。链节结构是高聚物最基本的结构特点之一,链节中所含的原子和基团,直接决定和影响高聚物的主要性能。如链节中仅由 C、H 两种元素组成,这类高聚物的绝缘性能一定好;如果在链节中含有极性较强的——CN 基团,则高聚物的绝缘性极低,弹性亦差,但耐油性、耐热性能优异;若链节中含有 –OH、–COOH、–NH 等基团,则吸湿性强;如果链节中含有芳香烃结构,则高聚物的弹性差,而耐热性能、耐老化性能及耐磨性能较好。所以说链节结构组成是决定高聚物性能的基础。

2. 主链结构。高聚物的大分子是由许多链节重复连接的链状结构。由于这些链节在连接成大分子时受着化学反应条件、催化剂诸因素的影响,而产生各种连接方式,呈现主链结构的多种异构体,主要有以下几种:

(1) 头尾连接。如聚氯乙烯单体中,若把有取代基(–Cl)的碳原子规定为头,则不带取代基的碳原子规定为尾,其连接形式为:

$$\cdots\cdots\mathop{-CH}\limits_{Cl}^{头}-CH_2-\mathop{CH}\limits_{Cl}^{尾头}-CH_2-\mathop{CH}\limits_{Cl}^{尾}-CH_2-\cdots\cdots$$

(2) 头头(或尾尾)连接。其连接形式为:

$$\cdots\cdots\mathop{CH}\limits_{Cl}^{尾}-CH_2-CH_2-\mathop{CH}\limits_{Cl}^{头}-\mathop{CH}\limits_{Cl}^{头}-CH_2-\cdots\cdots$$

(3) 均聚连接。头尾相同的单体进行均匀连接。如聚乙烯

$$n\ CH_2=CH_2\xrightarrow{聚合}$$

$$\cdots\cdots-CH_2-CH_2-CH_2-CH_2-CH_2-CH_2-\cdots\cdots$$

（4）有规共聚连接（或交替连接）。两种或两种以上的单体有规则地交替连接。如丁腈橡胶（NBR）。由单体丁二烯（以 M 为代号）和丙烯腈（以 N 为代号），构成有规共聚结构：

$$nM + nN \xrightarrow{\text{共聚}} \cdots\cdots \text{——M—N—M—N—M——} \cdots\cdots$$

（5）无规共聚连接。两种或两种以上单体呈无规则、无次序地连接。构成无规共聚结构，仍以丁腈橡胶为例：

$$nM + nN \xrightarrow{\text{共聚}}$$

$$\cdots\cdots \text{——M—M—N—M—N—N—M——} \cdots\cdots$$

（6）支链连接。在主链上挂有支链的连接方式。其支链结构形式如下：

$$nM + nN \xrightarrow{\text{共聚}} \cdots\cdots \text{——M—M—N—N—N——} \cdots\cdots$$

```
                    |   |   |   |
                    M   N   M   M
                    |       |   |
                    M       N   N
                    |
                    N
                    |
                    N
```

（7）顺式或反式连接。在单体中存在两个或两个以上双链的单体，在连接成大分子时就会有顺式或反式结构。如顺式 1.4—聚丁二烯橡胶结构：

$$n\ CH_2=CH-CH=CH_2 \xrightarrow{\text{聚合}}$$

```
          H     H           H     H
          |     |           |     |
          C  =  C           C  =  C
         /       \         /       \
  ……—CH₂         CH₂—CH₂         CH₂—……
```

反式 1.4——聚丁二烯橡胶结构：

$$n\ CH_2=CH-CH=CH_2 \xrightarrow{聚合}$$

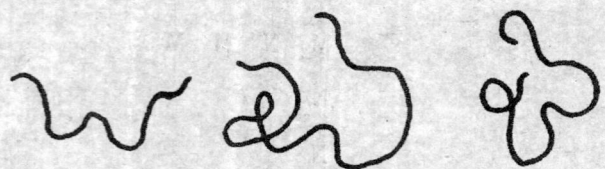

链节由于连接方式不同,有以上若干种结构异构体,其性能就有一定的差异。如有规共聚结构具有良好的机械性能:坚硬耐磨;支链结构具有良好的抗冲击性和透气性;顺式结构具有良好的弹性,而反式结构弹性差等等。

3. 大分子的几何构体。根据大分子链的聚合形式不同可分为线型结构、支型结构和体型结构。

(1)线型结构。线型结构是由许多基本链节联成一个长链的大分子,这些长链柔顺、卷曲,彼此缠绕在一起,呈现不规则的线团。如图6-1。

图6-1 线型结构

(2)枝型结构。

线型结构中,有的在线型主链的两侧带有许多侧链,称为支链型结构。如图6-2。

图6-2 枝型结构

线型和枝型结构高聚物的主要性能：具有良好的弹性和可塑性；在适宜的溶剂中能溶胀并溶解；当温度升高时，能软化，甚至流动。如聚氯乙烯、聚丙烯、ABS树脂等。

(3) 体型结构。大分子相互以三维空间交联构型，形成不规则的体型结构（或称网状结构）如图6-3。

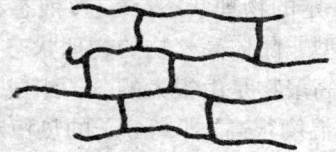

图6-3 体型结构

体型结构高聚物的性能主要是脆性大、无可塑性、弹性小，不溶解任何溶剂，最多只能溶胀而不溶解；当温度升高时不能软化、流动，温度再升高则碳化分解。

4. 高聚物聚集态。高聚物是由许多大分子通过分子间的作用力或交联而形成聚集体。按分子排列整齐与否，亦分为结晶态和无定形态。

高聚物的结晶态与低分子化合物的结晶态不同，高聚物组成的大分子是细而长、卷曲的，局部结晶。结晶态高聚物多为柔性好、分子量小、结构简单、分子间的作用力大的分子。所以线型分子，小支链型的大分子多为结晶态。如低压聚乙烯、聚四氟乙烯等等。无定形态，一般带有较大取代基团而无规则排列或带有较大支链排列呈无定形结构。如聚苯乙烯、有机玻璃等等。高聚物的结晶程度越高，则高聚物的强度、硬度、密度、耐热性、抗溶剂性都有所提高。

高分子化合物的结构与组成高聚物的链节结构、主链结构、大分子的空间排列结构及大分子的聚凝结构，形成高分子化合物的结构基础，并使各高聚物呈现出各种不同的性能。

5. 高聚物的物理特性。

(1)高聚物的物理状态。高聚物由于结构不同,因此物理状态也不相同。这里仅介绍线型非晶体高聚物和体型高聚物的物理状态。

线型非晶体高聚物的物理状态。自然界中的一切物体在一定条件下都有一定的物理状态:气态、液态和固态,并可以互相转化。然而线型非晶体高聚物的物理状态比较特殊,它没有气态,这是因为高聚物是由很大的分子组成,分子间作用力很大,气化所需的温度很高,即高分子的热稳定性都较差,致使高聚物在没有变成气体前,高分子本身早就分解了。因此,高聚物线型非晶体结构只有液态和固态。高聚物的液态和固态与低分子物质也不同。线型非晶体的液态通常呈粘度较大的流体,因而常称高聚物的液体为粘液体;固态,又不限于一种力学状态,可硬似玻璃一样的状态,亦称玻璃态,也可称似橡胶的状态,富于弹性,亦称高弹态,即线型非晶体高聚物的物理状态表现为玻璃态、高弹态、粘液态三种物理状态。

体型高聚物的物理状态。体型高聚物的分子量很大,链与链之间彼此交联成网状结构,其分子难以流动,只会有玻璃态和高弹态;若体型高聚物分子中的链和链交联程度较高,链节间均不能运动,整个分子呈僵硬状态,像玻璃一样,这样的高聚物只有玻璃态。

(2)高聚物的弹性。线型高聚物的分子是又长又细(长、径之比约是 1:5 万),不难想像这样长而细的分子链,不可能保持直线形状,是一个卷曲的线团,分子内的各链节(成千上万个 C—C 单链)在不断自由旋转,所以高分子链非常柔顺,当受到外力作用时,分子链被拉直或发生变形,当外力取消后又卷曲收回到原来状态,这就是高聚物表现出的弹性;体现高聚物如果交联不多,也有一定的弹性,但分子间的交联超过一定的量,分子链无法自由旋转,而失去弹性,变硬。

(3)高聚物具有良好的机械性能。高聚物与低分子化合物相比,高聚物具有良好的机械性能。这是因为高聚物分子间作用力大而形成的。主要表现在抗拉强度、抗弯曲、抗压强度、抗冲击性等性能优良,影响其机械性能优劣的主要因素是平均聚合度,分子排列的整齐程度(结晶度),分子间作用力大小三方面。平均聚合度愈大,分子链就愈长,分子间作用力越大,机械性能就越强,但聚合度达到一定程度后,此种关系就不显著了;分子的排列整齐程度,形成结晶,结晶度越大,机构性能越好;分子间吸引力越大,即分子含有极性基团时,分子间的吸引力增强,机械性能就越强,但聚合度达到一定程度后,此种关系就不显著了;分子的排列整齐程度,形成结晶,结晶度越大,机械性能越好;分子间吸引力越大,即分子含有极性基团时,分子间的吸引力增强,机械性能就越好。

(4)高聚物具有良好的绝缘性能。高聚物中的分子主要是以共价链结合,因此在高聚物内部一般没有自由电子和离子,所以高聚物的绝缘性能好。但不同的高聚物的绝缘性能高低不一,若分子中含有极性基团如氨基、氰基、羧基和氯原子等,绝缘性较差。

(5)高聚物具有良好的化学稳定性。高聚物的分子链很长,彼此纠缠在一起,许多分子链的基团都被困在里面,当与介质接触时,也只有露在外面的基团方能缓慢地反应;而包在里面的基团只能从外到里逐层反应;另外由于高聚物形成的共价键结合比较牢固,键能较大。因此,高聚物均具有较好的耐酸、耐碱、耐化学腐蚀的性能。

(6)高聚物具有易老化性。所谓高聚物的老化是高聚物在成型加工、储存和长期使用过程中,由于受空气中氧、臭氧、光、热和微生物等的作用,使高聚物的物理机械性能、化学性能,发生变化而变硬、发脆、龟裂、强度下降或变软、发粘、失去弹性等,这种现象统称为高聚物的老化。产生这一现象的原因,一是由于大分子进一步交联,形成过度交联状态,使高聚物分子量增大,而呈现僵硬、变脆、龟裂的现象。二是大分子链断裂,长链变短,分子量变小,使高聚物变软、发粘、失去弹性等。

二、固体商品的宏观结构

固体商品的宏观结构是指材料或商品体的外观结构、组织结构以及一切可被肉眼或通过放大镜所观察到的商品整体结构或结构单元的组合。固体商品的宏观结构是多种多样的,从而使不同结构商品的物理机械性质以及质量特征具有明显的差别。例如同一种成分的钠玻璃制成的杯具,由于杯体的厚薄不同,其耐热急变性能就大不一样,耐撞击强度差别也很大。所以,宏观结构是衡量商品质量的一个重要因素。这就要求人们在生产、运输、使用中,根据不同要求,进行不同的设计和采取不同的运输、储存与使用方法。下面我们从材料结构和成品结构两个方面进行分析。

(一)材料的宏观结构

1. 单一结构。材料从宏观上看为单一组织或呈整块状态的称为单一结构。从形态和性质上看,单一结构又分为致密结构和纤维结构。

(1)致密结构。是指外观上和结构上都是紧密结合的,具有对气和水的不透性。这类材料有金属、玻璃、塑料、橡胶等,它们的比重、导热率、强度等都与其致密结构有关。

(2)纤维结构。是指长度比直径大得多的一种结构状态。

天然动植物纤维均为细胞结构,吸湿性好。合成纤维由于其化学成分中亲水基团(极性基团)数量很少或根本没有,而且截面一般为较密实的圆形结构,所以吸湿性很差。但合成纤维的机械强度远大于天然纤维。例如聚酰胺纤维(锦纶纤维)的强度、耐冲击性能均比天然纤维高,耐磨性能比棉纤维高10倍,比羊毛高20倍,但吸湿性、染色性、耐晒性等较差。

2. 复合结构。复合结构是指具有单一结构所不具备的特性结构,通常指用连续的聚集体(如纺织品)或几种材料叠合或复合成一个整体的结构。复合结构分为纤维聚集结构、多孔结构、复合聚集结构以及叠合结构四类。

(1)纤维聚集结构。是指两种以上的纤维聚集而成的结构。这种结构中纤维松弛结合或相互独立而又联结在一起的结构状态,因而存在大量空隙。如各种毡、纺织品和纤维板等。它们的性质既决定于纤维的种类和性质,又决定于纤维聚集体的形态和空隙度。纤维聚集体内部的空隙使该材料具有一定的透气性和透水性,并且在干燥状态下表现良好的隔热性。纤维聚集体的性质依容重大小而不同,使用时应根据使用目的选择合适的容量。

(2)多孔结构。是指材料中存在大致均匀分布的孤立状或适当相连的气孔。这类材料有木材、皮革和泡沫塑料、发泡胶料等。从广义上说,天然纤维、纤维聚集结构体甚至较致密的陶瓷也都具有多孔结构。多孔性材料的性质决定于气孔的种类(连通气孔、孤立气孔等)、大小、分布等。材料多孔性的大小可用容重来衡量。

(3)复合聚集结构。是指基体材料与增强材料复合而成的结构,如玻璃钢、人造革等,它把不同性能的材料组合起来,取长补短,因而产品性能优异。

（4）叠合结构。是指两种以上相同或不同材料叠合在一起,用胶合剂或其他方法结合成一块整体的结构,如胶合板、搪瓷等。叠合结构可以提高其材料的物理机械性能和某些化学性能。

(二)成品的宏观结构

工业品商品质量除与构成商品的微观结构、材料结构有关外,在较大程度上取决于成品结构。科学而合理的成品结构的基本要求是应能保证工业品商品使用方便、造型美观、安全可靠、经久耐用和便于维修等。

工业品成品结构一般指商品的外型、规格尺寸、零部件组合及装饰组合等结构特征。这些结构特征是构成工业品质量的重要因素,是进行产品设计研究的主要内容。如果工业品成品结构不良,不仅影响美观,而且会造成商品质量下降,甚至会发生人身事故。

1. 外型结构。商品的外型结构不同,其物理机械性能、质量特征均具有明显的差别。如钢材中的型材(型钢),其外型有圆钢、方钢、扁钢、角钢、工字钢及槽钢等,这些形状都是根据其用途,按一定的物理机械性能要求设计的。因此使用中可以大大减少重复的机械加工,既符合使用要求,又可节约原材料,提高经济效益和最终产品的质量。某些工业品的形状必须符合人身各部分生理特点和机能。如鞋类的内部造型应与人脚的形状及在运动状态下的变化相适应,过宽和过窄都不能保证脚的稳定状态。有些商品的形状还应符合使用环境的特点。如家庭用品应与住房的结构相协调。

2. 规格尺寸结构。规格尺寸是对商品质量、使用特点的基本要求之一,同种商品因使用对象和范围不同,规格尺寸也应有所不同。如轮胎为适应各种不同车辆的使用特点,其规格尺寸多种多样。再如粒级煤根据煤块粒度大小分为14个品种，分别用于不同的使用。合成洗衣粉的颗粒度（空心颗粒大小和均匀度）应适合水中溶解速度的要求等。

3. 零部件组合结构。工业品商品零部件的联结及配合是否得当，往往是决定其内在质量的主要因素。例如机械类商品、电器用品、交通工具、家具等的耐用性和可靠性都取决于该项因素，同样质量的零部件如装配不当，其质量差异相当悬殊。

4. 装饰结构。商品的表面形态、局部与整体的比例、色彩、附加件、商标等都属于装饰组合结构特征，它决定着工业品成品外观质量的优劣。商品外观装饰除表面疵点要尽量减少外，主要应适合不同使用对象的审美需要，融时代性与民族风格为一体，使人们能得到美的享受。特别是随着生产的现代化，人民生活需要不断提高，审美观点越来越强，因此装饰结构是商品研究与设计中的一个方兴未艾的、值得重视的重要课题。

三、农产品的宏观结构

农产品的宏观结构主要指农、林、牧、渔业产品的天然结构和加工后的产品结构。

（一）天然结构。指不经过人为加工的由天然形成的形体结构和内部组成。如畜牧产品中，各种牲畜形态各异，但易于区分和鉴别。各种林木、果菜、蛋类、鱼类等均具有各自的外观形态和内部构成，通过对它们的分析研究，有利于对这些资源的开发和利用。

（二）农业加工产品结构。是指根据人们的需要，在保持原有农业品基本成分不变的基础上，经过人工方法加工而形成的新的结构状态或造型。对农产品加工的目的在于改善其产品质量,扩大应用范围,提高对自然资源的利用,丰富人们的物质文化生活。农、林、牧、渔业产品由于其成分中大多为有机物质,易受外界作用而霉腐变质。同时,由于这类产品的生产受到季节的限制和受地理环境、气候条件的制约,因而产区受到一定的影响。如天然橡胶用途极为广泛,但又产于热带或亚热带地区,由橡胶树中采集的乳液体,如储存时间过长或在运输途中很易腐败变质和漏失,而将其加工成片状胶或颗粒胶,既方便运输又利于长期储存和再加工;将原木加工为不同规格尺寸的成材,既便于使用又能充分利用下脚料,从而扩大使用范围、方便运输和节约原料;将采摘的茶叶加工成色、香、味不同、外观形状各异的长形茶(珍眉、毛峰等)、圆形茶(珠茶等)、扁形茶(龙井、玉露等)、曲形茶(碧螺春等)、菊花茶等等,既能体现出各种不同茶的特色,丰富了茶道艺术,也为提高人们的物质文化生活提供了条件。

农、林、牧、渔业产品及其加工品的结构极为复杂多样,以后将在商品学的各论中加以具体研究和介绍。

第四节 商品的性质

商品的性质包括的项目很多,工业品的性质和材料的性质与加工工艺有关,而农产品的性质则与品种及外界因素的影响有关。每种性质对不同商品的质量来说,并不都是重要的,其影响是不同的,但它们的主要性质则是决定商品质量的重要因素,也是确定商品包装、运输、储存和使用(食用)条件的重要依据。

一、商品的化学性质

商品的化学性质一般指商品的化学稳定性。即商品抵抗各种外界因素对其发生化学作用的能力。就是说,商品在流通和使用过程中经受各种化学物质作用时,其化学成分变化的程度。化学性质不够稳定的商品易于发生成分组成和结构的改变,而导致降低或丧失其使用价值。

较重要的化学性质指标有:耐水性、耐酸性、耐碱性,耐氧化和耐光、耐候性。

(一)耐水性

耐水性是商品在不同温度下,对于水(包括空气中的水分)的连接作用或间歇作用所产生的反应。耐水性包括两个内容:一是商品抵抗水溶解其成分的能力;二是商品对于水的水解作用的稳定性。例如保温瓶胆在长期使用中,由于不同温度的水,尤其是沸水的作用,玻璃中碱性硅酸盐会被水缓缓溶出和分解,结果使瓶胆玻璃逐渐被侵蚀出凹凸不平的麻点并失去光泽,严重时还会出现脱片现象,使玻璃强度降低,影响保温瓶的使用寿命。因此,对这类商品的耐水性要求要高。肥皂、合成洗涤剂等商品,应具有遇水溶解性和水解性,但在流通环节也易发生溶解和水解现象,这就需要针对其性质采取密封包装或防潮包装,防止水和空气中的水汽侵入而影响其质量。空气中的水分是难以控制的,而有些商品遇到空气中的微量水分就会迅速发生反应而变质,如金属钠、电石遇水即发生化学反应:

$$2Na + 2H_2O = 2NaOH + H_2\uparrow$$
$$CaC_2 + 2H_2O = Ca(OH)_2 + C_2H_2\uparrow + 热$$

金属材料遇水易发生电化学反应而锈蚀。这就要求在运输和储存这些商品时必须加强防范。

商品耐水性的好坏,常用来确定其使用条件、储运、包装条件及使用期限。

(二)耐酸性和耐碱性

不同商品耐酸或碱的能力差异很大,如在常温下,金属银和铁都具有抗碱性,而金属银还具有抗稀酸性,铁却没有抗稀酸性,而易发生化学置换反应,被彻底破坏,反应式为:

$$Fe + H_2SO_4(稀) = FeSO_4 + H_2 \uparrow$$

再如羊毛耐酸不耐碱,纤维素成分耐碱不耐酸。原毛中多含有杂草、叶屑、草籽等含有纤维素成分的植物性杂质,给毛纺织加工工艺带来很多困难,并且严重影响织品外观。因此加工中可以利用羊毛与植物性杂质耐酸性不同,用硫酸使杂质碳化而去除。

很多材料在加工和成品在使用时,都要接触酸类或碱类。所以研究商品对酸或碱的化学作用的稳定性,有利于对商品的加工、储运和使用采取科学合理的措施和方法,提高和延长商品的使用寿命。

(三)耐氧化、耐光、耐候性

这一性质是指商品在加工、储运和使用中抵抗空气中的氧、日光中的紫外线和气候等外界因素作用的能力。耐氧性、耐光性、耐候性差的商品受上述外界因素作用较长时,会使成分发生氧化而变质。

商品中的无机成分,所发生的化学变化多为化合或分解反应。而有机成分的变化则十分复杂。例如纺织纤维、塑料、橡胶等高分子材料及其制品,在受到氧、光、冷热等因素的作用下能发生降解、交联等反应而导致老化。降解的结果使大分子断裂、分子量降低;而交联的结果使线型或支型分子交联形成网状大分子。多数情况下降解和交联同时发生,降解反应占优势,将使高分子有机物商品失去机械强度,并出现发粘现象;交联反应占优势则使商品发硬变脆失去弹性。

商品的耐氧化、耐光、耐候性是工业品商品的一项重要化学性质。要提高商品的这些性质,除选用化学稳定性高的材料外,主要是在成品制造过程中加入抗氧、光、热的稳定剂或在成品表面涂上保护涂层,以保证商品质量的稳定。

二、商品的物理性质

商品的物理性质是指商品的重力、湿、热、光等物理因素作用下的反应。与多数商品质量有关的重要物理性质有重量、吸湿性、热学性质和光学性质等。

(一)重量

商品的重量是一项重要的物理量,它可以直接用来表示和评价某些商品(如金属、纺织品、纸张、皮革、包装食品等)的质量,并可作为鉴定商品或确定材料性质的指标,用来判断材料的本质、结构特点等。通过判定商品重量还可以计算出原材料消耗和商品的用途,以及运输商品的装载量。商品的重量指标通常在国家标准或专业技术标准的技术条件中有严格的规定。如某些食品规定其中的某种营养成分不少于多少克,某种添加剂不多于多少克等。比较重要的重量指标有,平方米重、比重和容量。

1. 平方米重。平方米重是指每平方米单位面积材料或成品重量的克数,它用于表示纺织品、纸张等的某些质量特征。测定平方米重量应在标准温度(我国规定温度为 $20 \pm 2℃$,相对湿度为 $62 \pm 2\%$)条件下进行。这是因为此类商品多具有吸湿性,其含水量在不同温度下差异很大。平方米重可用来判断原材料消耗和商品质量。如对纸张的规定是每平方米重小于200克或厚度在 0.1 毫米以下,各种纸张单位面积重量不同,其质量、厚薄、强度也就不同。打字纸按规定分为 24 克、26 克、28 克、30 克四种;邮封纸按定量分为 18 克、20 克、22 克三种。另一方面,平方米重,常应用于纺织品生产消耗定额。纺织品每平方米都有规定的重量范围,如超过定额造成原材料的浪费。同时影响质量;低于定额,商品质量则不合标准要求。

2. 比重。比重是指商品单位体积的重量。是鉴别某些商品纯度和致密度的指标之一。测定时,如果商品的实际比重与指标要求的比重不符,就说明该商品含有空洞或其他比重不同的杂质,比重范围越接近规定值,则被测定商品的纯度相对越纯。苯按比重不同分为:硝化用苯(比重0.876~0.880)、精苯(比重0.875~0.880)、溶剂用苯(比重0.874~0.880),其纯度不同,用途不同。比重也是区分不同材料商品的手段之一,如聚乙烯、聚丙烯两种商品相混,外观相似,难以区别,若将它们同时倒入酒精溶液(浓度58.4%,比重0.91)中,此时沉入液底的是聚乙烯(比重0.91~0.965),浮在液面的则是聚丙烯(比重0.90~0.91)。比重还广泛用于液体有机商品的鉴别和分级。

3. 容重。容重是指多孔性商品的单位体积重量,亦称为"视比重",以区别于致密体的比重。利用它可以对同一材料的比重和容量进行比较,来确定材料的多孔性大小——多孔率。计算公式为:

$$多孔率 + (1 - \frac{容重}{比重}) \times 100\%$$

非多孔性(致密性)材料的容重等于比重,多孔性材料的容重小于比重,并随多孔性的增大而容重减少,即多孔率越高,则商品的容重越小。

(二)吸湿性

物体吸附和放出水分的性质称为吸湿性,也称为吸湿和解吸,商品在潮湿环境中能吸收水分,在干燥环境中也能放出水分,所以说,吸湿与解吸过程是物体在某一条件下含水量多少的动态平衡过程。商品的含水量随着外界温湿度的变化而改变,吸湿性越强,其含水量改变的范围越大。

商品吸湿的强弱决定于商品的成分和结构,商品吸附水分的现象也表现为两种类型,一类是与水发生离子或分子间的结合;一类是表面的吸附。

商品与水发生离子或分子间的结合,是因为商品中含有易于与水结合的亲水基团,如羟基(—OH)、羧基(—COOH)、氨基(—NH$_2$)等成分,这些成分能溶于水,或可与水发生化学反应,或产生分子间的氢键结合。在商品结构方面,由于有些商品的疏松多孔的组织结构或呈粉末状态,表面面积大或形成毛细管,从而水分子进入的机会就多。如天然纤维织品既含有大量亲水基团又疏松多孔,所以它们的吸湿性就高;相反,玻璃、陶瓷、橡胶等制品不含亲水基团,结构又比较紧密,吸湿仅是表面的吸附,其吸湿性就小。

吸湿过程是物体吸附和放出水分达到一定条件下动态平衡的过程。一方面是由于分子间力和表面力场的作用而吸附水分;另一方面由于水分子具有动能又复转为气相而解吸,当单位时间内吸附的水分子数与解吸的水分子数完全相等时,则达到了吸湿的动态平衡,这时商品的含水量也就具有相对的稳定性。

气温和相对湿度发生改变,可引起吸湿平衡的移动。空气中的水蒸汽吸附于商品体上时要放出热量;商品的水分蒸发要吸收热量,气温升高则增强水分子解吸的功能,加快解吸的速度,促进平衡向解吸的方向移动,即商品放出水分。空气的相对湿度表示在一定温度下,空气中所含水蒸气分子的有效浓度,相对湿度增高,在常温或低温时将加速吸湿的进行,促使平衡向吸附水分的方向移动。

原来的平衡被破坏后,在新的条件下,又将逐渐达到新的平衡。由此可知,各种成分、结构不同的商品,在一定温湿度条件下各有其吸湿平衡的相应含水量范围。气温增高或相对湿度降低时,则水分降低。所以对于各种商品可以分别选择适当的温湿度条件,以保持它们的正常含水量。

商品的吸湿性指标用含水率或回潮率表示。含水率是指商品水分含量与商品湿重的百分比：

$$商品含水率 = \frac{商品含水量}{商品含水时重量} \times 100\%$$

回潮率是指商品中水分含量与商品干燥时重量的百分比：

$$商品回潮率 = \frac{商品含水量}{商品含水时重量 - 含水量} \times 100\%$$

(三)透气性和透水性

透气性和透水性的本质相同,都是指水的透过,不过其水的物理状态不同。物体能被水蒸气透过的性质称为透气性,能被水透过的性质称为透水性。具有透水性的商品必具有透气性,而且其他的气体也易于透过,透水性大则透气性也大。

商品透气、透水性的大小主要决定于其结构的紧密程度,组织松驰则透气、透水性大。还与成分有关,成分中含有亲水基团多的商品,虽然结构紧密,透水性可能很小,但由于成分的吸湿性也就具有相当的透水性和透气性。另外,透水性和透气性的多少也与外界的温度、压力等条件有关。

由于各种商品的用途不同,对于其透气、透水性也各有不同的要求。从衣着品来说,透气性是一项重要的卫生属性,衣帽鞋袜都必须具有适当的透气性,才能使人体所分泌的各种挥发性物质透过衣物而消散。而对密封件和防潮所用的包装物却要求具有不透水、有透气的性质。

透气性的表示方法有绝对透气量和相对透气量。绝对透气量是单位时间内透过物体单位面积的水蒸气的重量；相对透气量是绝对透气量与同面积水的蒸发量的比值。

透水性一般是用单位时间内，单位面积所透过的水量表示。其他表示方法还很多，如一定水量透过一定面积的物体所需要的时间，水从物体的一面渗透到另一面所需要的时间等。

因为温度和压力对于测定透气性和透水性的结果有直接影响，所以各种表示方法都具有其一定的温度条件与气压或水压条件。

(四)导热性和耐热性

1. 导热性。导热性是物体传递热能的性质。影响商品导热性的主要因素是其成分和组织结构以及商品表面的色泽等。外界因素如温度、湿度、气流的速度和压力对商品体的导热性也有影响。

各种成分不同的商品，其导热性的差别很大。如金属材料都是热的良导体；动植物纤维、玻璃、橡胶等都是热的不良导体；纺织品、皮革等导热性很低，而具有保温性；多孔性材料中的活性碳、泡沫塑料等导热性很差，因而是良好的保温、隔热材料。

商品导热性的表示方法，因商品的种类不同而不同。金属及其制品的比热表示（比热是指一克物质温度升高 1℃ 时需要的热量，或温度降低 1℃ 时所放出的热量，单位为卡/克·度）；纺织品以传热系数或热传导率表示；某些商品则以一定时间内温度下降的度数来表示，如五号保温瓶，灌入 100℃ 沸水，室温在 10℃ 以上，在 24 小时内，若瓶内水温在 68℃ 以上则为合格品。因此,测定商品的导热性时,应考虑商品的内部条件和外部环境因素。

2. 耐热性。即商品的抗热性,是指商品经受温度变化而不致破坏或显著降低强度的性质。商品的成分和结构的均匀性对其耐热性的影响最大,与导热性和热膨胀系数也有关,其导热性能高、热膨胀系数小则耐热性高,反之则差。

玻璃、搪瓷等商品的导热性较低,在温度变化时,由于传热慢以致各部分膨胀不均,因此易于破裂。这些商品常以盛装沸水或直接与热源接触、要承受突然发生的温度变化,故其耐热性是用商品所承受急剧温度变化而不致破裂的最大温度差来表示。如普通钠玻璃如承受90℃的温度急变差,若超过这一界限该类玻璃就易破碎。

高分子材料中的橡胶、塑料及其制品,在温度变化的条件,将发生成分结构的变化而导致性能改变,出现老化变质现象,而降低商品的使用寿命。这种商品的耐热性一般是用某一定温度下,强度降低的百分率来表示。

某些农产品在一定温度条件下,易发生霉腐和生理生化变化,使商品变性,严重影响其质量,所以大部分农产品适于低温贮藏。

热膨胀性的大小,与多种商品的质量有关,它是确定商品质量的重要标志之一。如对铁路钢轨、结构件和某些精密机械零件等的热膨胀系数要求特别严格。

(五)光学性质

物体受到光线作用时所表现出来的性质,称为光学性质。商品的耐光性也是其光学性质的表现形式。

在可见光范围内,不同波长的光引起不同的颜色感觉。当光照射物体时,会发生透过、吸收、反射三种不同的现象。因而反映出不同的颜色和具有一定的光泽。颜色和光泽是商品的一项重要外观质量指标。

不透明体的颜色是它所反射的色光的混合色；物体如只能反射红光则呈红色；如全部吸收则呈黑色；如反射全部色光则呈白色；透明体的颜色是透过它的色光和混合色；无色透明体是对色光吸收很少的物体。

商品的颜色，一般是指在日光下所呈现的颜色。在不同的色光照射下，商品的颜色将发生相应的改变。白色商品在蓝光下仅反射蓝光，故呈蓝色；黄色商品在蓝光下因无黄色反射，故呈暗色。灯光与日光有区别，灯光的黄色光较多，而蓝色、靛色光较少，因此，在灯光下观察商品的颜色与日光下不同。例如黄色转浓、红色泛黄、蓝色显绿、藏青色发黑。日光灯的光谱近似日光，故在日光下能比较正确地显示商品的颜色。日光的强弱不同，也会使商品呈现不同的颜色；强光下，长波色光（红、橙、黄）较强，而短波色光（蓝、靛、紫）较弱，弱光下，红、橙、黄色发暗，而蓝、靛、紫色则显得鲜明。因此，鉴定商品的色泽时必须在规定的光线下进行。

商品的光泽主要判定于表面的光滑程度。光滑的表面对于光的反射主要是向着同一方向的镜反射，因而呈现较好的光泽；粗糙的表面则发生漫反射，故缺少光泽。具有光泽的商品，其颜色浅但显得鲜明，同一颜色的无光泽商品则显得色层深厚。

光泽及其均匀一致性，不但是商品外观质量的重要内容，也是商品内部结构和内在质量的反映，因而是商品感官鉴定的一项重要指标。

人们能见到的光，称为可见光。可见光以外的光被称为射线，如紫外线、红外线等，商品受紫外线长时间照射，机械强度会显著下降。因此,高分子材料、纺织品、纸张等商品不易在强光下曝晒。

商品的颜色和光泽是决定工业品商品花色品种和外观质量的重要因素。商品的颜色和光泽能否满足消费者审美情感的需要、能否符合流行趋势,正在成为商品能否适销的关键。因此,研究商品的光学性质,也是商品学研究不可忽视的重要内容。

三、商品的机械性质

机械性质是指商品在生产和使用中受到荷重作用时所表现的性质,也称力学性质。商品的机械性质是鉴定商品的适用性和坚固耐久性的重要内容。

(一)荷重、应力和蠕变

1. 荷重。荷重也称负荷,是施加于商品体使其发生形变的外力。荷重按照其作用方式时间、性质的不同区分如下。

按作用方式可分为拉伸荷重、压缩荷重、弯曲荷重等等。拉伸荷重使商品体产生拉伸形变,即长度增加而横断面积缩小;压缩荷重使商品体产生压缩形变,即长度缩小而横断面增大;弯曲荷重使商品体产生弯曲形变,弯曲时商品体的各部位形变是不相同的,弯弧外侧部分受拉而伸长,弯弧内侧受压而缩短,所以弯曲形变实际上是拉伸形变和压缩形变的复合。

按作用时间,荷重分为不变荷重(永久荷重)和交变荷重(暂时荷重)。如悬垂的电灯线、窗帘受到的是不变荷重,而鞋底在人行走时受到的时大时小或时有时无的交变荷重。

按作用性质,荷重可分为动荷重和静荷重。动荷重是突然迅速作用于商品体的外力。静荷重是缓慢而逐渐作用于商品体的外力。动荷重对商品体的作用比静荷重作用强烈、速度快、力量大,易使商品结构发生迅速的位移而遭破坏。因此,商品抵抗静荷重的能力高于抵抗动荷重的能力。一般脆性商品最不耐动荷重的作用。在储存、运输中容易因冲击、碰撞、摩擦等动荷重作用而破损。静荷重作用虽不致使商品立即破损，但随着时间的延续，会使商品变形直至损坏。

2. 应力。应力是指商品在荷重作用下发生形变时，其内部产生的抵抗力。荷重和应力是同时出现的作用和反作用的两种力。

商品体受到一定荷重的作用后，应力随形变而增加，直到与荷重平衡，形变才停止。荷重增大到一定程度，商品体的应力与形变超过极限，就会发生断裂，使商品体遭到破坏。例如玻璃制品在生产过程中，因冷却使内部受压而产生的内应力，如不消除会导致全部制品破碎。

3. 蠕变。蠕变是指一定的较小荷重（小于断裂荷重）连续作用在商品体上，形变随时间延长而逐渐增加，这种现象称为蠕变。很多商品会发生蠕变现象而影响其质量。例如衣架上长期悬挂的塑料雨衣，在其自重作用下会变形走样、晾衣绳、平行电线的松垂等。蠕变是商品在使用和储存中经常遇到的现象，若时间足够长，商品体也会因形变超过极限而断裂解体。

(二)弹性和塑性

弹性和塑性是指物体承受外力作用时发生形变的性质。

商品体产生的形变可分为两大类：一类是可复原的形变，称为弹性形变。即物体受外力作用后产生形变，当移去外力，物体能自动恢复原来的形状和尺寸。这种自动复原的性质称为弹性，这种物体称为弹性体。另一类是不可复原的形变，即对其施加外力后，虽移去外力而不能复原的形变。这种形变是永久性的，故称为塑性形变。这种性质称为塑性，这种物体称为塑性体。

弹性形变又可分为普弹形变、高弹形变和粘弹形变三种形式。在普弹形变下,当外力停止作用,物体迅速恢复原状;高弹形变则恢复得较慢;粘弹形变恢复得更慢。

物体承受外力的作用是有一定限度的,在这个限度内物体能够恢复原状,超过了这个限度,物体就不能恢复原状,这个限度称为弹性限度。可见,商品体的形变随外界条件(外力、温度、时间)的变化而不同。例如玻璃、金属、塑料等商品在常温、常压下都是弹性体,而在一定的温度下又是良好的塑性体。所以说,只有弹性形变或只有塑性形变的物体是没有的。所谓弹性体(如橡胶)和塑性体(塑料),是指前者弹性形变占比例较大,而后者塑性形变所占比例较大。

在商品中多孔性物体,其形变性质除与材料本身的形变性质有关外,还与商品体的宏观结构——组织形态有关。各种物体都有着多种多样的组织结构,其形变的特征也各不相同。例如罗纹布具有较大的伸缩性,其弹性形变值大于斜纹布,而斜纹布一般又大于平纹布。在通常情况下,组织紧密的材料多具有较大的弹性和韧性,而组织松弛的材料则易出现较大的塑性形变。

材料的弹性可塑性以及它们的变化规律与商品的使用性能有密切的关系。在商品生产中常利用材料的弹性和可塑性相互转变的特性进行加工制造。对于多种商品来说,其弹性和可塑性的大小与其在使用和储运过程中是否易于变形损坏,是否坚固适用等性能有着直接的联系。因而弹性和塑性是表示多种商品质量的主要标志之一。

弹性和可塑性形变的大小,一般用伸长率表示:

$$伸长率 = \frac{物体受拉伸力时所伸长的长度}{物体的原长度} \times 100\%$$

移去外力,伸长部分回缩的长度表示弹性,不回缩的长度表示可塑性。

$$弹性形变值 = \frac{伸长的长度中所回缩的长度}{物体的原长度}$$

$$塑性形变值 = \frac{伸长的长度中不回缩的长度}{物体的原长度}$$

对于某些材料和成品,常根据使用的要求规定其在一定拉力作用下的形变值范围。至于物体的最大弹性和可塑性则用拉断时的形变值来衡量。

(三)强度

商品抵抗外力作用而保持体态和结构完整的能力,称为商品的强度。

商品的强度是表示其坚固耐久性的主要指标。不同成分的商品具有不同的强度,同一成分的商品因结构不同,其强度也有差别。如果结构中存在裂隙、气泡等疵点,也会由于应力向弱点集中而导致强度下降,使制品破裂。同一纤维成分的纺织品,若其结构疏松则强度较低,若其组织结构密实则强度较高,但交织过多过密反而易使应力集中,强度下降。

商品的强度常表现为各向同性或各向异性。通常均匀的无定形体、金属及其制品具有各向同性,即各个方向上的强度相近。某些高分子材料(如薄膜)的结构中,分子呈单定向排列,其纵向的抗张强度远高于横向。纺织品、纸张等纤维聚集体则因其组织结构中纵向与横向的交织或密度情况不同,而具有强度的各向异性。

商品的用途和使用条件不同,它们所承受的荷重形式也不相同,因此各种强度对于不同的商品有着不同的意义。常用的强度指标主要有抗张强度、抗弯强度、抗磨强度和硬度等。

1. 抗张强度。抗张强度是指商品抵抗拉伸荷重的能力。

拉伸荷重是工业品商品在使用过程中经常遇到的一种外力。所以抗张强度是多种商品的一项主要质量指标。

商品抗张强度通常用拉断其单位断面积试样时所需要的最小荷重（公斤/平方米）来表示。纺织品和纸张等商品的抗张强度用断裂强力（拉断一定宽度试样所需的最小荷重公斤数）或断裂长度（试样本身重量可使其断裂时所应具有的长度千米数）来表示。

2. 抗弯强度。是指商品抵抗弯曲荷重的能力。

因材料和商品的成分不同，抗弯曲强度差异极大。如橡胶制品大于金属制品，金属制品大于玻璃制品等等。

抗弯曲强度的表示方法也多因商品不同而异。可用反复弯曲直至断裂所需要的次数表示，也可将试样弯曲至一定角度来观察表面是否有裂纹，或检查弯曲后是否出现各层分离的现象等。各种表示方法都是根据商品结构特点以及商品的用途和使用条件来确定的。

3. 抗磨强度。是指商品抵抗外物磨擦的能力。磨损是工业品商品损坏的一个重要方面，它直接影响商品的使用寿命。

两种物体相互摩擦时，较硬的物体不会受到明显的损伤，所以抗磨强度与物体的硬度有着一致性。但是对于具有交织结构的柔韧性材料来说，硬度高和交织点多而密实，当摩擦时其内层发生切变，交织点过于紧密将产生较大的切应力，而增强被摩擦部分的摩擦阻力，其抗磨强度也就相应地降低。因此，此类商品硬度过大不利于抗磨强度的提高。表面粗糙的商品易形成磨粒磨损，发生划伤或微切割，从而对商品的磨损影响较大。

商品的抗磨强度常用两种方法表示。一种是在一定条件下商品磨耗的重量；另一种是在一定条件下摩擦破损时所需要的次数。

4. 硬度。硬度指商品抵抗外物压入或穿刺的能力。它与商品体的成分和结构有关。

金属、塑料等材料及成品的硬度高低常常是决定其使用范围、使用性能以及外观保护的重要方面。

测定硬度的方法有压痕法（即用钢球或金刚石压头在加载情况下对压痕进行测量）、划痕法（用金刚石和其他硬度不同的材料——刚玉、黄玉、石英等刻划并对划痕进行测定）等。

(四)韧性和脆性

商品的韧性和脆性也是反映物体强度大小的表现形式。

1. 韧性。韧性是指商品在一定条件下，能承受外力的作用而不破裂的性质。如皮革、橡胶、针棉织品、铁、铝制品等，当受到一定的冲、压、碰撞而不破裂，说明它们具有一定的韧性。

2. 脆性。脆性是指商品在一定外力作用下，易于破裂的性质。其物体称为脆性体，脆性体在荷重的作用下，只有微弱的抵抗能力，当动荷重对其发生作用时，它的组织结构将发生突然而迅速的位移而被破坏。如玻璃、陶瓷、电木、聚苯乙烯塑料制品等。这些商品在运输、储存和使用过程中，必须针对其特性，防止受到挤、压、撞等外力作用而遭受损失。

同种主要成分的材料或成品，随着某些成分的微小变化会对内部结构产生较大的影响，其韧性和脆性也会随之转化。如金属铁（熟铁）含碳少其韧性较好，而高碳铁（生铁）则脆性强。

商品在使用过程中,要经受多次的不同外力的反复作用,它的各种强度都将逐渐降低,这是强度的疲劳现象。而物体抵抗多次外力重复作用的能力则称为抗疲劳强度。因此,研究各种商品的强度时,也需要研究它的疲劳现象。

对于一种商品,根据它的强度和抗疲劳能力来确定它在外力作用下的坚固耐久性具有较普遍的实际意义。

四、商品的生物学性质

商品的生物学性质,主要指农产品受外部因素和微生物的作用所发生的水解性、氧化性、霉腐性、酵解性、生理生化等性质的变化。

有机物,特别是有生命的有机体商品,由于具有生命运动这一特殊的性质,因而在储存和使用期间的代谢和其他因素所引起的性质变化与无机物商品、有机化合物、高分子化合物工业品的性质变化有着不同的特点。

(一)水解性

水解性指含有蛋白质、脂肪、糖类等的商品,在酸、碱、酶的作用下水解生成新的物质的性质。

脂肪产生水解反应,使甘油酯分解为甘油和脂肪酸,分解出的脂肪酸越多越容易酸败。因此,鉴定脂肪的新鲜程度,就要测定脂肪中游离脂肪酸的含量通常用中和一克脂肪(油脂)所需苛性钾的毫克数来表示,其数值称为酸价。酸价值越低,脂肪质量越好;反之,则质量就差。所以,以此作为鉴定脂肪新鲜程度的指标。

蛋白质水解,最终使蛋白质分解成氨基酸,故加工中利用这一性质,通过酶的作用水解蛋白质,可以改善食品的颜色、香气和滋味,提高吸收率。

(二)氧化性

氧化性主要指食品商品在自身酶和外部氧的作用下氧化而分解为低分子化合物的性质。

食品氧化的结果往往使质量变坏，降低或失去食用价值。例如含有脂肪类的食品，由于脂肪基含有双键结构，因氧化而断链并生成低级醛、酮、酸等使食品变苦而不能食用。

糖类氧化而发酸；维生素等营养成分，可因氧化而失效。

(三)霉腐性

霉腐性指有机物商品在微生物作用下而改变其原有的外观、强度、气味、食用品质等所表现出来的性质。

大多数有机物商品具有可食性，微生物便以此类商品作为基质，附于其上生长繁殖，直接破坏商品的质量，而且微生物在代谢过程中所产生的分泌物和毒素也严重影响商品的使用价值。例如纺纱品、皮革、纸张、木材等在霉菌的作用下霉变。含有蛋白质的食品在一定温度条件下也易腐败，引起蛋白质腐败的微生物，主要是一些杆菌，如肉毒杆菌、香肠杆菌、大肠杆菌等。

对许多动物性食品，如果在加工和储藏中不遵守卫生规则和操作规程，不注意贮存条件，很容易受空气中微生物的污染而引起腐败变质。尤其是在气温高和湿度大的环境中，如果不严格遵守卫生规则和搞好环境卫生，其后果是严重的。

(四)酵解性

酵解性指含碳水化合物的商品在无氧状态下分解的性质。

含糖类的商品，特别是食品，因为具有酵解性，在酵母菌和酶的作用下易于发酵分解，而生成其他物质。发酵既能造成食品变质，也是食品加工过程中的一个极重要的方法，称为"发酵工程"。

乳酸发酵广泛用于乳制品的制造、青储饲料、渍酸菜等。动物屠宰后肌肉中所产生的一系列生物化学变化也和乳酸发酵有密切关系。

果胶质多属糖类,果酸质发酵逐步分解为简单糖类,完成这一过程的微生物有蚀果胶棱菌、费地浸麻棱菌、走茎毛霉等。果胶发酵对于天然植物纤维材料的脱胶具有极为经济的实用价值。

(五)生理、生化性

生理性是指鲜活食品具有的呼吸、后熟、萌发和抽薹等生理性质。

正常的呼吸作用是鲜活食品的基本生理活动。进行适当的正常呼吸能使该类商品处于维持生存的状态,并能保持抵抗病害和抵御微生物的能力。

植物食品中的后熟、萌发和抽薹是植物性鲜活食品采摘后生理活动的继续,这种生物特性也可以在储藏中加以利用或控制一定的条件加以防止。

生化性是指生鲜食品能够发生僵直和软化的性质。

家畜、家禽及鱼类等,它们的肌肉组织会发生一系列连续性的变化,在肌肉形态上出现僵直和软化现象。有的变化影响肉的质量,有的变化有助于改善肉的质量,其根本原因是由于肌肉纤维具有收缩和松弛的性质,如果肌肉松弛,其自身的抗体对微生物的抵御力则降低,极易被微生物污染而腐坏。

僵直和软化作用的产生,与外界温度条件也有密切关系。当温度低时其作用进行缓慢;其温度高时其作用则加速进行。所以这类商品宜低温或在冷冻条件下存放或储藏。

上述各项性质只是就商品的一般情况予以概括的介绍,各种具体商品分别有其各自的质量指标和特征。研究具体商品的性质时还必须根据每种商品的用途和成分、结构的特点来分析那些有关质量的具体性质,以及影响这些性质的因素,从而促进商品质量不断提高,并延长商品的合理储存期和使用寿命,同时也需要研究各种商品对原材料有关性质的基本要求,从而有利于多方面采用适当的原材料和提高原材料的质量,为人们提供更多、更好、更新的具有时代性的商品。

第七章 产品开发

第一节 产品寿命周期

产品和其他自然现象、社会现象一样,是物质存在的一种方式,它们都有一个产生、发展、衰退、消亡的过程。但作为在市场上进行交换的劳动产品——商品,其生命有其双重性。它不仅存在着一个自然寿命,即某一商品从生产出来,经过使用到报废为止的过程。而且随着科学技术的发展和进步,新材料、新工艺、新产品不断涌现,产生了比原有产品性能更好、结构更为合理、成本更低、使用更加方便的产品,这种新产品进入市场后,必然要把老产品排挤出去,使某些产品在自然寿命结束之前即被淘汰。例如晶体管收音机取代了电子管收音机,洗衣机取代了洗衣搓板,计算机的问世取代了大部分传统的计算工具;合成树脂的出现,使纺织材料、包装材料、装饰材料等产生了一系列的变化;人们生活中的必需品食盐,由精盐替代了粗盐,含碘盐又替代了一般精盐等等。这一切说明了所有产品,除了具有一个自然寿命外,还存在一个市场寿命,即经济寿命。

在市场经济条件下,作为商品学不仅应研究商品的自然寿命,为提高其耐用性、适应性、安全可靠性等提供理论依据,也要研究其经济寿命以及产品寿命周期各阶段与企业经营管理的关系。因为产品的市场地位、企业的盈利与亏损、生产能力的利用程度、产品开发投资的回收时间等,都与产品的经济寿命有着直接的关系。更重要的是,通过对产品经济寿命的研究,可以指导企业适时地调整产品结构,推出新产品,满足人们日益增长的消费需求。

一、产品经济寿命的概念

产品经济寿命也称为产品生命。是指某种或某类产品,从投入市场开始到被淘汰而退出市场为止的全过程。其生命的长短与技术进步、市场竞争、政府干预和消费者需求变化有着密切的关系。一般说,技术发展越快,竞争越激烈,消费意识变化越大,产品的生命越短;反之,则长。

从理论上讲,一个完整的产品寿命周期,通常可分为投入期、成长期、成熟期和衰退期四个阶段。如图 7-1 所示。

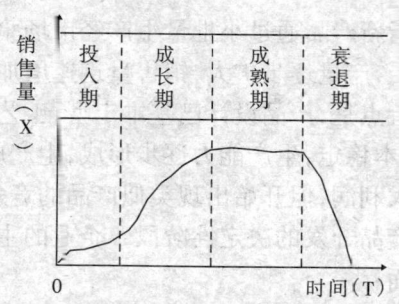

图 7-1　产品寿命周期曲线

(一)投入期

投入期也称试销期,是指新产品开始投入市场的试销阶段。投入期的一般特点是,由于产品的结构和工艺等尚未定型,处于小批量生产时期,此时消费者(用户)对产品的性能、使用特点不够了解,销售数量有限,企业利润微薄,甚至亏损,一般不会为生产者带来经济利益。

为了打开销路,确定产品的市场地位和进行新产品的定

型,企业对处在这一阶段上的产品,其主要工作应放在以下几个方面:

1. 广泛搜集销售商与消费者对新产品的反映,了解消费者的使用(食用)要求和评价。

2. 在试销现场运用营业推广的方式,采取小样赠送、品尝、附赠纪念品、试用等形式观察,了解消费者的态度和感受,征求用户意见,以利确定产品的设计定型和生产方向。

3. 大力开展广告宣传活动,抓紧疏通销售渠道。

投入期持续的时间不宜太长,应视产品特点,采取相应的营销策略,力争在较短的时间内提高产品的知名度,打开销路,占领市场。

(二)成长期

成长期是指新产品通过小批量生产经市场验证之后,已被消费者所接受,产量逐步扩大,销售量迅速增加的阶段。处于这一阶段的特点是,产品设计已基本定型,工艺方案基本完善,产品质量基本稳定,生产能力逐步形成,生产成本降低,企业开始获得较大利润,但开始出现类似产品的竞争者。

成长期是产品开发的决定性阶段,企业的主要工作应放在以下几个方面:

1. 稳定产品质量,维护产品和企业声誉。

2. 加速扩大生产能力,保证产品需求,促进产品的稳定发展。

3. 进一步组织好宣传和销售工作,加强售后服务。

4. 强化包装特色,增添防伪标志,防止伪制品混入市场。

(三)成熟期

成熟期是指产品工艺趋于完善、生产技术成熟、质量稳定可靠,进入大批量稳定生产阶段。这一时期的特点是,生产成本降低到最低点,利润达到最高水平,但市场销售量出现有升有降的波动状态,增长速度缓慢,同类产品竞争激烈。

由于成熟期的产品市场,已基本达到饱和状态,呈现出产品老化、陈旧的迹象。但从一般规律来看,这一时期的长短,直接影响企业的经济效益。为保持产品的销量,企业应在保证质量的基础上,大力降低生产成本,通过适当降低销售价格,强化服务,保持销售水平,并要进一步改进产品的性能、品质特点和包装装潢,提高产品的差异性,以赢得市场竞争,维持市场占有率。同时要抓紧更新产品的研制和开发,并不失时机的投入生产,取代前一代产品,使产品换代风险降低至最低限度。

(四)衰退期

衰退期是指当产品的市场销售逐渐下降,已无逆转的可能,与同类或可替代产品相比,呈现出明显的老化和落后状态的阶段。处在衰退期的产品,一般情况下,是由于技术上的陈旧,产品性能、特点已不能满足消费者的需求,企业出现产大于销,产品积压,利润下降,甚至亏损的局面,最终被淘汰出市场。

在我国经济体制转换过程中,有些企业因受计划经济传统的影响,在生产经营活动中,缺乏开拓精神,不按市场规律办事,抱住一个产品不放,形成"几十年如一日"的落后局面,结果产品被淘汰,企业被迫破产、倒闭,这是一个严重的教训。对此,所有的企业都要引起重视。

近几年来,随着我国国民经济的不断增长,科学技术现代化程度和人民的物质文化生活水平的不断提高,各种产品更新换代的速度越来越快,新产品层出不穷,商品的市场寿命周期越来越短,特别是高科技产品、家电产品、计算机系列、通讯工具、服饰、装潢材料、儿童用品、加工食品等等,发展变化相当快,如果企业跟不上市场变化的要求,就难以维持生存和发展。所以,研究产品寿命周期的规律、加速新产品开发,是企业经营活动中的一项必不可少的内容。

二、产品寿命周期的几种特殊类型

从上述对产品寿命周期的理论分析,可以说明任何产品都不能永葆青春,衰退是不可避免的,但是其周期和各阶段持续时间的长短是不同的,也是不规则的,由于各种主客观原因的影响,寿命周期曲线会出现各种特殊现象,形成夭折、早衰、早熟、波动、疲软、突变等异变类型。

(一)夭折型。指产品处在投入期的试销阶段,因购买者甚少或技术等其他原因而无法进入成长期,被迅速淘汰的现象。如图7-2。

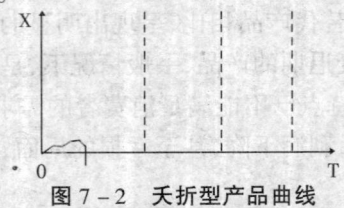

图7-2 夭折型产品曲线

形成夭折型产品的主要原因有:

1. 产品技术有问题,造型设计有重大缺陷,产品性能可靠性差,不符合标准要求。

2. 关键性原材料来源不足,形不成批量生产。

3. 市场调查出现偏差,导致预测失误。

4. 价格过高,宣传不力,消费者无法接受。

5. 与国家政策、法规相悖等。

(二)早衰型。指产品投入市场初期发展很快,但尚未进入成熟期就迅速衰退而被冷落的现象。如图7-3。

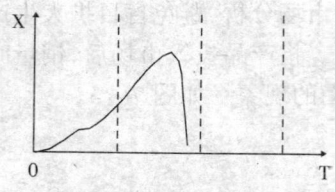

图7-3 早衰型产品曲线

形成早衰型产品的主要原因是:

1. 产品工艺简单,易于生产,竞争者多,市场极易饱和。

2. 产品质量不稳定,出现过重大事故或缺陷,品牌声誉下降。

3. 企业管理不善,成本高、利润极微甚至亏损,无力继续生产。

4. 性能、质量、特征更加先进的产品紧跟而上,使本产品受到严重冲击等。

(三)早熟型。指产品投入市场后,立即被接受,销量迅速扩大而进入持续不断增长的成长期的现象。如图7-4。

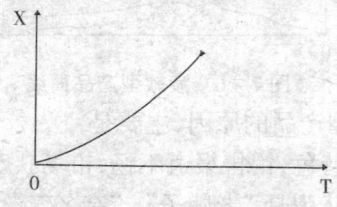

图7-4 早熟型产品曲线

形成早熟型产品的原因主要有两个方面:一方面此类产品的特点比较突出,时代感强、价格适宜,符合需求水平;另一个原因是消费者对此类产品早有购买欲望,而市场稀缺,一旦出现则急于购买。

值得注意的是,这类产品同样存在一个饱和期和衰退期,企业应认真进行市场分析,避免盲目扩大生产。

(四)波动型。指产品投入市场后,销量时起时落,价格忽高忽低,产销波动的现象。如图7-5。

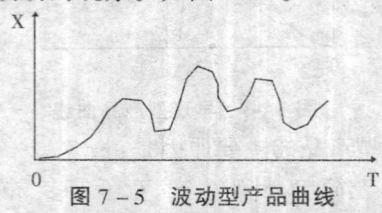

图7-5 波动型产品曲线

形成波动型产品的原因,主要是市场上可替代产品较多,竞争激烈,或受原材料供应数量、价格等不稳定因素所致。另外,国家宏观经济政策对其也有一定的影响。

(五)疲软型。指新产品成长缓慢或销售平淡的老产品迟迟不退出市场的现象。如图7-6。

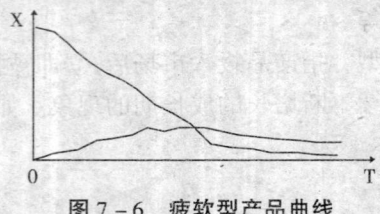

图7-6 疲软型产品曲线

形成疲软型产品的原因,主要是:

1. 品种无特色,销售渠道不畅,市场狭窄。

2. 企业自认为是"老牌子"、"有名气",虽已进入衰退期仍不舍得放弃。

这类产品很难给企业带来丰厚的盈利,以至成为企业沉重的包袱。

三、研究产品寿命周期的重要意义

产品寿命周期的不同阶段,能够比较清楚的反映出企业的经营状况和市场对本企业产品的需求程度,对于企业进行产品决策和产品开发，实现可持续发展战略，有着重要的作用。因此，为了不断提高市场占有率，获得长远的经济效益，企业必须掌握产品寿命周期的一般规律，正确运用产品寿命周期理论，研究现实产品所处寿命周期的哪一阶段，以采取各种有效措施，尽量缩短投入期，保证具有高增长率的成长期，促成尽可能长的成熟期和防止衰退期的过早出现。但是，产品寿命周期理论，仅能用于定性分析，很难用定量法解决问题，特别是对各阶段的划分，没有明显的界限，而且只能以已发生的情况为依据，所绘制的周期曲线，也很难完全符合未来产品市场的实际状态。这就要求，在进行分析应用时，要根据市场调查和市场预测的资料，对照产品所表现的周期阶段，正确确定企业在计划期内，继续生产哪些老产品，改造哪些老产品，淘汰哪些老产品，研制和开发哪些新产品，以及新老产品在品种、数量上的合理比例、接换时间等，才能达到预期的目的。

第二节 产品开发及其作用

一、产品开发与新产品的概念

产品是企业赖以生存和发展的前提，是满足消费需求的重要手段，任何经营成功的企业，首先都是由于产品开发的成功。

所谓产品开发是指企业所进行的创造和发展新产品的一系列活动。包括与创造全新产品和改造老产品有关的经营决策和一系列调查研究、设计试验、批量生产及开拓市场等生产经营活动。

所谓新产品是指第一次试制成功的工业产品或在本产品上市之前市场上从未提供过的商品。对新产品的基本要求是，在结构、性能、材质、技术特征、使用范围等某一方面或几方面比老产品有显著改进和提高,具有独创性、先进性、实用性,能提高经济效益,并具有推广价值的产品。

二、新产品的类型与开发途径

根据新产品的技术特性和新颖程度,一般将其分为全新型、改进型、仿制型和换代型四大类。

(一)全新型产品。指运用新原理,应用新技术,采用新结构、新材料、新款式而研制的产品。这类新产品的开发属于创造发展的范围,是企业独立研究的成果。全新型产品的开发,需要进行大量科学研究、试验和论证工作,保证其技术和使用的可靠性。因此,此类产品通过一定的法律手续认证,可以获得技术专利权。

(二)改进型产品。指在原有老产品的基础上,根据用户(消费者)的需要,局部地改进产品的性能、结构、适用范围的产品,改进型产品的开发主要是按照市场需求、用户意见,针对老产品的缺陷或不足之处,加以改进,但基本原理、技术水平等方面一般无突破性。因此不需要繁多的科学试验程序,可部分地采用必要的新技术、新工艺、新材料开发出质量优良,结构更加合理,适于市场需求的产品。

(三)仿制型产品。指按照国内外先进的产品模式,通过引进样机或样品,进行仿制或局部进行改进和创新的产品。仿制品的基本原理、配方、结构等与引进品基本相似,只是本国、本地区或本企业前所未有的产品。它可以填补国内市场或地方市场某一品种的空缺,以补充市场供给的不足,增加投放,满足需求。同时,它也是市场竞争的产物,因而应在法律允许的范围内进行,必须符合专利法、商标法等法律规定,不能随意侵犯原有生产厂的合法权益。否则,将被视为伪冒商品而受到法律的制裁。

（四）换代型产品。指在原有老产品的基础上，部分地采用新原理、新技术、新材料、新结构而开发出的功能先进、使用价值高、应用广泛的科学化、现代化产品。换代产品的开发是社会进步、技术发展、思维新颖的具体象征，对于优化产品结构，满足日益增长的消费需求意义重大。换代产品的开发与全新产品开发比较，具有成本低、时间短、效益高的特点；与仿制品、改进品相比，具有特征突出、时代感强、消费者乐于接受的特点，是所有企业进行新产品开发的主要途径。

三、产品开发的重要性

新产品的开发是评价一个国家生产力水平和科技发展水平的重要依据，是表明经济发展速度的重要标志，也是衡量一个现代企业管理状况、产品优化程度、品种结构比例是否先进的重要内容，同时也是满足消费者求新欲望、拉动市场需求，促进社会进步的重要措施。因此，不断开发新产品，对国家、对企业、对消费者都有着重要意义。

（一）开发新产品是发展我国社会主义生产力，推进国家工业化和现代化的需要。

我国过去是一个经济实力比较薄弱、生产力水平不高、产品构成不够合理的发展中国家，改革开放以来，虽经大力发展社会主义市场经济，并进行一系列的经济结构调整，过去那种商品供应短缺的状况得到改变，但是由于经济结构和产品结构不合理现象依然存在，使某些方面出现了一定程度的生产过剩、结构性供大于求的情况，而一些高精尖产品，新的材料、新的装备和适用性较强的产品还很不足，需要大量依靠进口，由此说明了产品开发领域的空间很大，加强这类产品的开发，将对国民经济各部门和市场发展起重大作用，也将推动我国向知识经济迅速发展。

(二)开发新产品是推进技术进步和产品升级的需要。

创新是一个民族进步的灵魂,是国家兴旺发达的不竭动力,是企业能够不断保持旺盛生命力的源泉。停止创新就意味着落后,就可能被淘汰。因此,企业在生产经营活动中,一方面应以市场为导向,根据产品发展的趋势,用先进技术、设备来武装企业,改进传统产品,增加花色品种,提高产品质量;另一方面,要全面提高产品质量管理意识和新产品开发的组织工作,力求做到新产品"生产一代、储备一代、研制一代",通过产品开发为企业的持续发展奠定基础,从而促进产品的升级换代,为国家创造财富、为企业创造效益。

(三)开发新产品是为了满足社会需求,优化产品结构的需要。

人们的生活是由低级到高级不断发展的过程,其发展条件主要取决于科技的进步、物质产品的开发和个人收入的提高。特别在当前随着人民收入的增长,对产品的品种、性能、质量等方面必然会提出更高的要求。这些变化和要求,直接给企业造成了威胁,也给企业创造了机会。对企业来讲,这种威胁和机会都是一种动力,企业应借助这一动力来创造满足消费需求的条件,那就是不断地改造老产品,开发新产品,向社会提供品种多样、质量优良、适应性强的现代化产品,才能在新的环境中求得生存并得到发展。

(四)开发新产品是发展国际贸易的需要。

当今世界是一个开放的世界,国际贸易十分活跃,但国际市场的竞争也日趋激烈,其竞争的核心是高新技术产品和传统的高质量产品。因此,要打入国际市场,提高出口贸易的份额,就要加速高技术的产业化,不断推出适合国际市场需要的产品。还要看到,我国传统产品在国际上有着广阔的市场需求和一定的竞争力,但近几年已暴露出品种不全、式样陈旧、使用范围不广等缺陷,如不改变有可能形成产大于销的危机,甚至被淘汰。这就需要通过工艺技术改造和提高传统产品的性能特点,来开发具有丰富魅力的新型传统产品,保住和提高国际市场地位,培育新的市场优势。

随着我国国民经济的发展,科技水平的提高,自改革开放以来不少企业生产的一些技术含量高,使用性能好的产品已进入国际市场并受到欢迎,它不仅在国际上展示了我国的科技水平,提高了我国的国际地位,也为国内的其他企业提供了经验。

第三节 新产品开发的要求和方式

新产品的类型很多,开发的方式方法多种多样,然而开发新产品是一项复杂艰巨的战略任务。在开发过程中,通常都有程度不同的风险,必须把握正确的方向,切实可行的方案和建立严密的组织,才能取得成功。为了做到切实可行、卓有成效地开发新产品,必须遵循新产品开发的原则和要求,精心选择开发方式、方法。

一、开发新产品的原则和要求

开发新产品工作,应在"科学、创新、经济"的原则指导下,根据企业的实力,有的放矢的进行,其基本要求是:

(一)要有市场。新产品开发必须按照国民经济发展的要求,适应社会经济发展的趋势,开发项目应在符合国家技术经济法规和政策的前提下,充分了解消费者现实需求和潜在需求,准确预测市场需求量,保证新产品有一定的市场容量。这是最基本的要求,如果没有需求或需求量小,则必然导致开发的失败,造成人力、物力、财力等资源的浪费。

（二）要有特色。新产品的基本特征,就是要在原理、设计、工艺上有所突破,与老产品相比,具有优良的特点,显著的特色,在性能、质量、外观、品种等方面有所创新。这样的产品在市场上才有竞争力。

（三）要有能力和条件。新产品的研制和开发,必须以企业的实力和优势为基础,根据企业自身的生产能力、技术条件、原材料供应、资金等生产要素,确定新产品开发方向,并能形成一定的规模化生产。

（四）要做到技术适宜。技术是开发新产品的首要手段,而产品本身的技术含量,也是衡量其使用性能高低的重要标准。但是,对某些产品来讲,还要考虑到在技术的操作和维护上是否易于掌握和了解,并不是技术越复杂越好,而是应与产品的功能、用途、使用对象等相适应。否则,将高新技术用在一般产品上,不仅发挥不出技术的作用,反而会增加产品成本,也不易被使用者接受。

（五）要有经济效益。提高经济效益是企业开发新产品的出发点,它要求企业在对每种新产品的开发方案,作出正式决策之前,应对其未来的经济效果作出评价,认真地进行可行性分析和成本效益分析；对已决定开发的新产品要估算消费者能够接受的价格水平,按照"成本倒推"的方法,综合利用原材料,挖掘设备潜力、降低生产成本,使企业在提高竞争能力的同时,获得较好的经济效益。

二、产品开发的方式

根据产品开发的要求,企业进行产品开发时还必须选择适当的开发方式,以使开发过程顺利进行和取得预期效果。一般来说,有下列三种方式可供选择。

(一)独立研究方式。这是企业在取得新的技术研究成果的基础上,自己独立设计,创造出独具特色的、技术上有重大突破的全新产品或更新换代产品。

采用这种方式的难度很大,要有雄厚的技术力量,需要花费较多的人力和资金,较长的时间,冒一定的风险。因此,这种方式对一般企业来说困难大,只有大中型企业才能采用。而一旦开发成功,会创造出巨大的经济效益和社会效益,会使企业的知名度大增。

(二)技术引进方式。指利用国外或省、市其他企业或教学、科研单位已有的成熟技术,来从事新产品开发的方式。

科学技术是具有巨大潜能的生产力,引进先进技术,实质上是引进先进的生产力,在一定时期内具有推动社会前进的作用。引进技术可以提高技术水平,填补科技空白、培养技术人才,加快企业技术改造,提高自我发展能力。

采用技术引进的方式投资较少,并能较快掌握先进技术,既节约了资金和人力,又能缩短产品研制周期,争取时间,缩小竞争中的差距,有利于企业的迅速发展。这种方式适于产品研究开发能力较弱,而制造能力较强的企业。但是引进的技术属于他人的专利,大多数情况是其产品已占领了一定市场,这将给本企业同类产品的销路带来一定的困难。特别是引进国外技术,还要受到某些限制。因此,有条件的企业不应把新产品开发长期建立在技术引进的基础上,应逐步建立起自己的产品研究开发机构,发展自己的技术。

技术引进的另一种形式,是引进教学、科研、设计部门的成熟技术,或与这些部门联合进行研制开发,形成优势互补的新的开发方式。

(三)研究与引进相结合的方式。指新产品部分技术引进,部分技术由企业自己研究的方式。

研究与引进相结合的方式有两种类型:一是在充分利用本企业技术的基础上,引进某些先进技术,以弥补自己的不足,更快推进本企业技术的进展。二是在充分消化引进技术的基础上,结合本国、本企业的特点,加以改造创新。即所谓"一学、二用、三改、四创"的精神。

研究与引进相结合方式投资少、见效快,产品又具有一定的先进性和特色,能促进企业技术改造和技术进步,是一种比较适应我国国情和企业现实状况的较好形式。

三、开发新产品的方法

新产品开发对企业的前途有着深远的影响,开发成功在一定时期内会为企业创造相当可观的利润。但是,由于新产品开发需要投放大量的资金、人力和时间等,如果一旦失败,也将给企业造成巨大的损失。因此,生产经营者必须审时度势、深谋远虑、全面分析、择优定位,根据市场发展趋势、企业条件选择最为合理的开发方法。其具体方法主要有:

(一)补缺开发法

在商品经济条件下,受商品经济规律的影响,市场供求状况总处在不断变化之中,存在着供过于求、供求平衡、供不应求三种基本状态。补缺法就是通过开发市场供给不足的产品补充这一市场空间。实际上是指在对消费需求、市场占有率、产品质量、价格等方面进行了解分析后,回避那些供过于求或供求平衡的产品,去积极开发未被占领的市场"空缺"。形成这种"空缺"的原因,往往是技术难度较大,或批量较少、利润不丰,或与公益事业相关的产品等。但是在这些产品中,有许多是很有发展前途的产品,不少企业都是由于及时抓住时机,而发展起来的。如某一小型企业发现微型橡胶密封垫圈,因体小生产工艺又复杂,单件产品利润极微,许多企业不愿干,他们通过调查分析后认为,这种产品在一个地区销售无投资报酬,若能扩大销售范围还是有利可图的。经过试制、试销宣传,引来了众多的用户,很快的打开了局面,而且由于竞争者少,在技术、经济、市场等方面已处于优势地位,企业效益大增。

(二)功能开发法

产品的新功能,主要是对老产品功能的发掘,或一种产品与另一种产品功能的嫁接,或利用新的技术原理、新的结构材料开拓原有产品的功能。这种开发法应用广泛而简单,是现代化产品开发最常见的一种。如将计算机原理应用在其他产品上;显像原理用于玻璃的变色;防盗门的自动化开启,以及商品包装的多功能等等。利用功能法进行产品开发,关键需要开发人员摆脱习惯思维的束缚,而进行扩散思维,能够从人们习以为常的事物中挖掘出新的功能,应用到新产品中去。

(三)配套开发法

配套开发法是为新产品的主体生产其需要零配件的方法。在现代化社会技术经济系统中,企业之间的生产经营活动有着相互协作的密切关系,如果企业进行大件产品开发,受到资金、技术、设备的制约时,可以采用甘当配角的方式,利用自己的条件,为生产主体产品的企业,生产所需要的配套产品。这样既避免了相互竞争,又容易得到主导企业在技术和经济方面的支持和帮助,提高自己的技术水平和经济效益。在原料、市场、价格方面也有保障,风险亦小。但是要防止对主导企业的过分依赖,否则成为"附庸"企业,对本企业的发展是十分不利的。

(四)组合开发法

组合开发法是指将两种或两种以上的新技术或新材料复合起来,而创造新产品的方法。可以采用多种复合形式进行,费用低、技术原型易得,程序易掌握,应用十分广泛,是现代新产品开发的主要途径。例如,把电子技术、红外线测距技术应用到照相机上,制成了自动对焦照相机。利用电脑调控原理开发出自动卷片,可编程序的电脑控制照相机,将收音机和录音机加以组合开发出一种全新的收录机。复合塑料材料的出现,不仅推进了商品包装的现代化,还延伸到塑钢门窗、家具及产品的外壳部件等等更新换代产品。就是说,技术复合型新产品,既可以通过两种先进技术复合,一般技术与先进技术复合,还可以采用技术与材料复合、材料与材料复合等来制造新产品。

(五)系列开发法

系列开发法是指当一种产品开发成功后,该产品的技术、经济、生产能力、销售市场、商标和声誉等,就成为一种宝贵的资源,企业可以充分利用这些资源条件,以已获得成功的产品为中心,开发出各种系列产品、变型产品、配套产品和延伸产品的方法。如电视机、空调器、服装、家具、饮料乃至儿童用品等,可以说,大多数产品都可以进行系列化和变型产品的开发。由于这类新产品所使用的原理、技术、零部件、结构设计、原料配方大体相同,因此生产比较容易,成本低、时间短、见效快,能迅速扩大企业产品的市场面,增强竞争能力,取得事半功倍的效果。

(六)外引内联开发法

外引内联开发法也是一种新型的开发方式,它是指利用本企业的技术或其他资源优势,与国内外其他企业或科研部门共同开发新产品的方法。

对于任何社会来说，相对于人的需要，资源总是稀缺的、有限的。而现代经济又是一种开放的经济，实行对外开放，对内互联互补，可以充分发挥企业优势，弥补不足。因此，企业除积极引进当代科学技术成果、推进本企业的更新改造外，与国内外其他企业或科研单位，通过一定形式的联合，进行平等互利的经济技术合作，共同开发新产品，对于资源的利用，技术的发挥和以更多的新产品供应市场，对国家对企业都有重要意义。

第四节　产品开发程序

产品开发工作是一件非常复杂而细致的工作，其工作内容涉及面广、要求高，必须按照科学的程序，分阶段、按步骤进行。其程序的繁简取决于新产品本身的复杂程度、开发的方式、方法，生产类型及技术条件等。一般来说，新产品开发程序大致可分为创新构思、调查研究、方案筛选、设计研制、批量生产试销与鉴定、正式生产与市场开发等六个阶段。

一、创新构思阶段

创新构思是新产品诞生的开始。激励创新构思的客观因素有：企业经营目标，企业资源条件，企业内部职工的建议，用户的要求或意见，竞争对手的启示，社会有关部门的研究成果等。归纳起来，可分为两种类型：

（一）满足需要型。即根据消费者（用户）的需要，设计生产的新产品。这类产品一旦生产投放，成功的可能性很大。

（二）技术推动型。即根据科研部门的研究成果或企业技术发展的状况，提出的设想。这类新产品有技术上的先进性和可靠性，但必须以需求为导向，稳定的制定开发方案。

构思阶段只是一种设想,需要通过大量的调查研究后,才能正式确定新产品的开发目标,以避免盲目性。

二、调查研究阶段

调查研究阶段包括市场调查和技术调查两个主要内容。

(一)市场调查。着重了解国内外市场上有关产品品种、规格、数量、价格等的行情、供求状况和竞争态势。对生产设备等生产资料,还应了解用户对产品的性能、工艺过程、效率、成套性、可维修性、安全性及有关经济性等方面的期望。

(二)技术调查。着重了解有关产品的技术现状和最新成果,搜集和剖析有关代表性的样机或样品,当构思的新产品中涉及到某种新的原理、结构、成分或材料时,必须进行机理研究与试验,以掌握必要的参数。对药品、农药、化工品等,必须弄清其作用机理和对环境的影响。

在充分调查研究的基础上,将所获得的资料进行系统的整理和分析,以发现潜在需求和可能给企业提供的发展机会、未被占领的市场及有待开发的产品,以及确定开发目标和制定开发计划。

三、新产品开发方案的提出和筛选阶段

通过对调查资料的分析研究之后,则进入新产品设想方案的提高和筛选阶段。这一阶段的工作,主要是对形成的各种开发方案,进行评价筛选。对那些难以达到预期目标的设想方案加以剔除,以便保证可行性方案中提出的产品开发计划的实施。进行方案分析,筛选时,必须考虑以下几个问题:

(一)新产品开发是否符合企业的发展目标;

(二)新产品的主要性能和预期达到的经济技术指标;

(三)新产品在现实市场和未来市场中的地位和作用;

(四)新产品将给企业带来的经济利益和社会效益;

（五）新产品开发所需资源条件和本企业能力的分析；

（六）新产品竞争能力的分析；

（七）新产品的生产是否符合国家经济政策，以及可能产生的负面影响的分析等。

在新产品设想方案的筛选过程中，最重要的是技术经济评价，这是提高新产品开发经济效益、实现企业生产经营目标的重要保证。评价时应贯彻社会效益与企业经济效益的统一，经济合理性与技术先进性的统一，使用经济性和制造经济性的统一，长远效果与近期效果相统一的原则。

新产品开发方案经筛选确定之后，应编制详细的开发计划和制定产品开发任务书，作为进行新产品开发工作的依据。产品开发设计任务书，是指导产品设计的基础文件，它比产品开发方案更加具体，一般包括产品的基本特征、性能、主要用途；使用范围和要求；技术规格、结构、形式、主要参数；费用预算、目标成本；国内外同类产品的比较分析及开发这一产品的理由和意义等。

四、设计与研制阶段

产品设计是新产品开发的关键，一般分为初步设计、技术设计和工作图设计三个阶段。在工作图设计阶段，要平行交叉进行关键工艺的研究试验工作，制定出最必需的文件和工艺装配过程或生产流程。包括总图、部件图、零件图、装配图、系统图；所需通用件、标准件、外购件；外协作的明细表，原材料明细表，使用说明书等。对简单产品也应根据具体要求，按需要而制定出相应的设计标准。

在产品设计完成后，必须通过试制少量样品，以检验考查产品的结构、性能、工艺是否达到设计质量的要求。检验设计是否完美，设备、技术是否能完成设计任务等。

试验与全数检验,是新产品开发过程中不可缺少的重要环节,它包括各种科学研究试验、性能试验、结构试验、工艺试验、用户试验及市场印象试验等。通过试验可以客观的验明新产品设计和制造质量,是否已达到预定的标准。根据试验的结果,针对产品设计和工艺上存在的问题,修改产品设计图纸和工艺文件,以确保最终设计的先进性和工艺的合理性。

五、批量试制和鉴定阶段

试制定型后,可按批量生产的要求,编制全部工艺规程,配备全部工艺装备,进行小批量生产与试销,然后组织新产品的鉴定。

(一)新产品试销。试销工作主要包括试销准备和正式试销两部分:

1. 试销准备工作有:①配备得力的试销人员;②制定试销价格;③确定试销地区和流通渠道;④完成包装设计和制作;⑤通过必要的媒体宣传新产品的用途、原理、性能、使用与维修知识等。

2. 试销手段可采用专柜销售、展销会、工艺表演、技术服务、分发宣传品及资料、赠送纪念品等。

新产品试销是打通产品销路、争得顾客的必要措施,是产品开发工作的重要步骤。因为通过试销可以检验新产品是否受欢迎,为制定正确的市场策略提供信息。

(二)产品鉴定。鉴定的目标主要是进一步检验新产品是否符合设计标准,检验各种技术条件是否齐全,工艺装备是否合理,并根据鉴定的结果确定产品的技术标准和操作规程。

鉴定过程中,应由企业负责人、设计、生产部门的有关人员参加。还应聘请社会上有关技术专家、商业代表、消费者(用户)代表参加。鉴定时,研制企业要提供技术检测报告、经济分析报告、用户反映报告,以供鉴定者进行产品质量鉴定和经济评估。鉴定通过后,企业一方面要根据鉴定意见认真改进设计和制造中的缺陷;一方面积极进行大批量生产的准备工作。

六、正式生产与市场开发阶段

产品开发并不是单纯的为了研制某种新产品,其最终目的是为了满足社会需要和为企业创造更大的经济效益。组织好新产品生产和进行市场开发,使产品能够尽快地占领市场,赢得消费者的满意,是产品开发的归宿。因为只有新产品有了广阔的市场,才能体现出产品开发的真正成功。

第八章　商品包装

第一节　商品包装及其作用

一、商品包装的概念

商品包装是根据商品的特性，使用适宜的包装材料或包装容器，将商品包封或盛装，以达到保护商品、方便储运、促进销售的目的。

根据国家标准，所谓包装，是指为在流通过程中保护产品，方便运输，促进销售，按一定技术方法而采用的容器、材料及辅助物等的总体名称。也指为了达到上述目的而采用容器、材料和辅助物的过程中施加一定技术方法等的操作活动。产品经过包装所形成的总体称包装体。

所谓包装体系，则是一般意义上的包装的延伸。包括商品包装各个环节和有关部门，从包装产品到产品组合、分发包装产品、处理废物及回收利用，体现了与包装有关的许多部门之间的系统联系。

各种类型的包装都有着相同的目的，就是为了保护商品质量，方便储运、购销，扩大市场销售，满足社会需求这个根本目的，它是通过发挥包装的基本功能来实现的。因此，就需要分析商品的特征、特性，研究消费者的购买意向，预测市场的需求变化、寻找设计途径、确定设计方向和设计图案。

包装在与商品组合时，它的存在就很明显。作为销售媒介,它携带产品通过分销渠道;作为储运手段,它保护内装物安全完好地到达消费者手中,并为商品储运和统计创造了条件;作为广告工具,它进行着信息传递,激发消费者的购买欲望。可见,包装在生产经营环节中是一种重要的技术手段和工作内容。

从社会看,任何导致包装的进步与发展,都必将有助于商品生产和商品流通的发展,促进科学技术的进步与国家资源的开发利用,进一步满足人们物质生活与精神生活的需要,并为国家建设积累资金。因此,搞好包装工作无论于社会、于企业、于消费者都是有益的。

二、商品包装的作用

商品包装是在人类社会的长期经济生活过程中逐步形成和发展起来的,随着我国国民经济的不断发展,商品包装在生产、流通和人民生活中的地位和作用日益明显地反映出来,在现代生产中绝大多数物质产品只有经过包装后,才算完成它的生产过程,才能进入流通领域和消费领域。所以商品包装是商品生产的必要环节,是商品生产工艺流程中的最后一道工序,是商品生产的一个重要组成部分。同时,商品包装质量的高低也是评价商品质量高低的重要内容,是商品流通中不可缺少的条件,是实现商品价值和使用价值,并增加商品价值的一种重要措施。包装不良的商品,缺乏市场竞争力,并会给装卸、运输、储存、销售、选购和使用带来不便,甚至造成商品质量和数量上的损失。不适宜的包装材料和包装物,不仅影响商品质量,还能对生活环境产生恶劣的污染。特别是出口商品包装,已成为左右竞销成败的一个关键因素。由此可见,良好的商品包装从商品生产到销售、到人们的生活始终起着重要作用。

（一）商品包装具有防止商品破损和渗漏的功能，保持商品的完整和清洁，避免微生物、害虫的侵蚀以及外界条件（日光、风、雨、温度等）和有害气体的影响。因此，必须根据商品在流通过程中的破损原因及程度，考虑商品的不同特性、用途及运输条件，设计制造牢固、适用的包装。

（二）商品包装为商品运输、商品储存创造了条件。科学合理的商品包装为商品装卸、堆垛、统计和合理使用运输工具，提高运输效率，有效的利用仓库容积提供了有利条件。因此，对一些轻泡商品，在保证商品质量的情况下，尽可能的提高单位体积内的密度，要依据运输工具，设计包装的形状和规格。同时，商品包装便于商品分装或混装，便于清查盘点，有利于提高工作效率和加速商品流转的功能。

（三）商品包装不仅便于消费者对商品选购和携带，而且，一件精美的包装还可以成为艺术装饰品，具有观赏价值。商品包装装潢，还能帮助消费者识别商品，便于消费者挑选，激发购买欲望，促进销售。因此，商品包装是实现商品价值和使用价值的重要手段，具有提高商品身价的功能。

（四）合理的商品包装，还可以节约包装材料，降低包装费用，节约费用开支，提高企业的经济效益。因此，在生产中必须加强对商品包装材料或包装容器、包装技术的研究，力求符合商品包装科学、经济、牢固、美观、适销的原则，做到既用料得当、结构合理，最大限度的保护商品，又能节约材料，降低费用。

（五）精美的商品包装能提高商品的竞争力，特别是出口商品。我国过去许多出口商品由于不重视包装，造成一等商品，二等包装，三等价格的结果。采用适宜的包装材料、包装容器、包装方法和装潢设计，有利于扩大出口商品销售，提高商品的售价,增加外汇收入,促进外贸的发展。

(六)商品的卫生问题,是现代商品生产、销售和使用中受到广泛关注的、与人身安全健康有着密切关系的大问题,科学的包装技术和包装容器具有明显的卫生功能。其卫生功能包括三个方面的内容:一是保持密封以隔绝微生物和有毒物质对食品、药品、化妆品等的污染;二是包装体本身应不含对人体有害的成分,对可能造成对人体有害的包装要加防护措施;三是对废旧包装易于进行卫生处理,防止造成环境污染。很明显具有卫生功能的包装,可以防止商品污损,延缓食品、药品等商品的变质,延长商品保质期限,不仅为商品储存、销售带来了方便和条件,而且对于提高人们的生活质量都有着重要的作用。

第二节 商品包装的种类与包装材料

一、商品包装的种类

根据商品包装的作用不同,一般把包装分为运输包装和销售包装两类。

(一)运输包装

运输包装又称商品的大包装或外包装。是以方便运输、储存为目的的商品包装。或者说是用于盛装一定数量的销售包装商品或散装商品的大型包装。它具有保障商品安全,方便运输、装卸、储存,加速交接与点验的作用。

运输包装的特点是容积大,要求结构坚固、标志清晰、搬运方便,因此,应选择合适的包装材料或容器,研究包装方法和措施。合理的运输包装方法应做到,在不影响质量的前提下,压缩轻泡商品体积,大型货物拆装,形状相似的商品套装,并应衬垫缓冲材料等。

我国商品运输量大,储存的商品也多,每年因包装不善造成的损失巨大。因此必须加强运输包装的改进工作,认真研究各类商品的特性,考察运输条件,采用先进适宜的包装方法。如加快发展集合包装,用机械包装代替手工包装,用现代包装取代原始包装,发展新的包装材料等,以降低各类大宗商品储运损失。

下面介绍几种常用的运输包装。

1. 箱型包装

箱型包装主要有纸箱、木箱。

(1)纸箱是用瓦楞纸制成的包装箱。常用包装纸箱的底、盖有对口盖、大盖和搭盖三种类型。

对口盖纸箱的外盖和外底的宽度相当于箱宽的二分之一。封箱时外盖和外底于纸箱中间相结,纸箱中间形成对口。牢度低于大盖纸箱和搭盖纸箱。搭盖纸箱的外盖和外底的宽度略大于箱宽的二分之一,封箱时,外盖和外底在纸箱中部形成部分重叠的搭口。搭盖纸箱的封口较对口纸箱严密,码垛受压时,封口处不易张开。大盖箱的外盖、外底与箱宽相等。封箱时外盖与外底重叠成双层底和盖,较坚固,适于盛装重量较大的商品。

包装纸箱的特点:

第一,重量轻,仅占包装商品毛重的百分之七左右,故便于装卸搬运,可避免或减少由于在装卸搬运中被摔碰。

第二,节省材料、降低包装成本。

第三,纸质优良的纸箱洁净牢固、能严密封闭,具有较好的防尘防潮性能。

第四,便于机械化生产,易于实行包装标准化。

第五，空箱易于折叠平放，堆存时可以节省仓位容积，便于装卸运输。

第六，组装捆封牢固，开箱较方便。

(2)木箱。木箱包装是用木板、胶合板或纤维板为原料制成木制箱型包装。木箱包装除盛装销售包装商品外，还用于某些散装商品，如茶叶等。

木板箱由于笨重，开启不便，且占用面积较大不易处理，在国际市场上不受欢迎，用量日益减少。木板箱有密闭和花格两种结构，木箱的体积(规格)主要分为两种类型，普通木箱体积一般在1立方米以下，载重200公斤以下。带有底垫盘木箱，箱体牢固载重量在1400公斤以下，用于盛装较沉重的商品。

2. 桶型包装

用作运输包装的桶型包装有金属桶、木桶、纸桶、塑料桶及纸板合成桶等。

(1)金属桶。有铁桶、马口铁桶、铁塑桶等。金属桶具有坚固耐用、防渗漏、防腐蚀等性能。

(2)木桶。用作运输包装的木桶有胶合板桶、纤维板桶、杉木桶等。

(3)塑料桶。具有质轻、不易破碎、耐腐蚀等特点，有的塑料桶可以代替金属桶用于盛装化工产品。

(4)纸桶。桶身用纸板和树脂合成材料制成，桶底采用木、塑料、金属及纤维板等制成的纸板合成桶。

3. 袋型包装

用作运输包装的袋型包装有麻袋、布袋、纸袋、塑料袋等。

(1)麻袋。应用很广，谷物、豆类、子仁、砂糖、化工原料、化学肥料等许多商品都可以用麻袋装运。

（2）布袋。是用棉布制成，常用来盛装粉状、颗粒状或块状商品。

（3）纸袋。是用2～6层厚牛皮纸制成，可盛装粒状商品。纸袋成本低，密封性好，但强度较低，盛装商品不能过重，一般每袋不能超过50公斤。

（4）塑料袋。有塑料编织袋、塑料薄膜袋和集装袋等。

塑料编织袋有全塑料编织袋、全塑涂膜袋和塑麻交织袋之分。

全塑编织袋是经线和纬线均为塑料扁丝的编织袋，适于盛装块状或较大颗粒状商品。

全塑涂膜编织袋是全塑编织袋内部涂敷一层塑料薄膜，以防并丝出洞，并增强防污染的能力，适于盛装粉状和怕潮商品。

塑料薄膜袋一般用聚乙烯、聚丙烯或聚氯乙烯为原料，经吹塑而成，具有透明柔软和防潮性能，可用于盛装糖果、花生、干果、食品、化肥、化工原料等。但聚氯乙烯袋因有一定的毒性，不宜盛装食品。

4. 危险货物运输包装

（1）危险货物运输包装的种类。列入我国国家标准的危险货物运输包装有钢桶（罐）、铝桶、胶合板桶、钢箱、天然木箱、胶合板箱、再生木箱、硬纸板箱、硬质纤维板箱、瓦楞纸箱、塑料桶、塑料箱、钙板箱、纺织品编织袋、塑料袋、塑料编织袋以及以柳藤、竹材料纺织的笼篓、筐等。

（2）危险货物运输包装的基本要求。危险货物运输包装是根据危险货物的特性（燃烧、爆炸、腐蚀、毒害等）按照有关的标准和法规，专门设计制造的运输包装。为保证危险货物运输包装能保护内装危险货物的安全,我国国家标准《危险货物运输包装通用技术条件》(GB12463-90)规定危险货物运输包装需符合以下基本条件:

①危险货物运输包装应结构合理,具有一定的强度,防护性能好。包装的材质、型式、规格、方法和单件质量(重量)应与所装危险货物的性质和用途相适应,并便于装卸、运输和储存。

②包装应质量良好,其结构和封闭形式应能承受正常条件下的各种作业风险,不应因温度、湿度和压力的变化而发生任何渗(撒)、漏,包装表面应清洁,不允许粘附有害物及危险物质。

③包装物与内装物直接接触部分,必要时应有内涂层或进行防护处理,包装材料不得与内装物发生化学反应,而形成危险产物或导致削弱包装强度。

④容器内应予固定。如属于易碎性的应使用与内装物性质相适应的衬垫材料或吸附材料衬垫妥实。

⑤盛装液体的容器,应能经受在正常运输条件下产生的内部压力。灌装时必须留有足够的膨胀余量。除另有规定外,并应保证温度在55℃时,内装液体不致完全充满容器。

⑥包装封口应根据内装物的性质采用严密封口。

⑦盛装需浸湿或加有稳定剂的物质时,其容器封闭形式应能有效地保证内装液体(水溶剂和稳定剂)的百分比,在储运期间保持在规定的范围以内。

⑧有降压装置的包装,其排气孔设计和安全装置应能防止内装物渗漏和外界杂质进入,排出的气体量不得造成危险和污染环境。

⑨复合包装的内容器和外包装应紧密贴合,外包装不得

有擦伤内容器的凸出物。

⑩无论新型包装,重复使用包装,还是修理过的包装均应符合本包装标准的要求。

⑪盛装爆炸品包装的附加要求：

盛装液体爆炸品容器的封闭形式,应具有防渗漏的双层保护；除内包装能充分防止爆炸品与金属物接触外,铁钉和其他没有防护涂料的金属部件不得穿透外包装；双重卷边接合的钢桶、金属桶或以金属作衬里的包装箱,应能防止爆炸物进入缝隙。钢桶或铝桶封闭装置必须有合适的垫圈；包装内的爆炸物质和物品,包括内容器,必须衬垫妥实,在运输中不得发生危险品移动；盛装有对外部电磁辐射敏感的电发装置的爆炸物品,包装应具备防止所装物品受外部电磁辐射源影响的能力。

5. 集合包装

集合包装,包括集装箱、集装袋、托盘组合包装。

(1)集装箱,是一种大型运输包装。集装箱是用钢板、铝板、纤维板、木板、塑料等材料制成的大型金属箱、金属罐或框架。其规格和载重量按国际标准化组织规定,规格尺寸如下：长度为40英尺(12米)和20英尺(6米)、高度为8.6英尺至8.55英尺；载重量为10吨、20吨、25吨、30吨。其优点是：安全、简便、节约、迅速,便于机械操作,能长期使用,可提高铁路、海港、车船装卸效率6~50倍。集装箱分为通用和专用两类。通用集装箱密封、安全；专用箱有保温式、通风式、冷藏式集装箱,还有机械拆解式集装箱,使用效果显著。

(2)托盘组合包装。托盘多用木材、塑料、铝合金、钢材等材料制成,是商品储运中颇受欢迎的一种搬运工具,在国内也称垫板和集装盘。托盘的下边设有插口,供铲车的铲叉插入,将包装好的商品放在托盘上进行装卸,载重0.5~2吨。为了防止货物散落,需将货物包固定在托盘上,组成托盘组合包装。组合包装,装卸和堆码十分方便,可有效的保护商品、提高工效、简化包装,促进包装标准化。

托盘规格种类:托盘规格用长宽表示,国际标准化组织规定为三种规格:30厘米×100厘米、80厘米×120厘米、100厘米×120厘米;国内还有100厘米×100厘米、80厘米×110厘米、100厘米×110厘米、110厘米×110厘米、120厘米×160厘米、120厘米×180厘米等规格。托盘根据使用价值可分成两种:一种是可复用盘,其结构比较牢固,可反复使用多次,主要为木制托盘,少数为金属或塑料制托盘;另一种是一次性使用托盘,其结构简单,耗料较少,质量低,所用材料大部分为纸质木材或纸板。托盘按结构分为平面式托盘、箱式托盘、立柱式托盘和滑片托盘。

(3)集装袋,是合成纤维或塑料扁丝织成并外加涂层的大口袋。通常为圆柱形,四面有吊带,有的底部有活口,内衬塑料薄膜袋。

集装袋可载重1~1.5吨,能重复使用,使用期可达数年。其优点大致与托盘相同。尤其适用装卸已包好的袋、桶商品。

(4)组合包装,是指一些体型较长、大的商品,不使用其他包装容器,而是利用商品的自然体型,把一定数量的商品,经牢固捆扎组成一个大件,整体进行运载的包装方法。组合包装方法经常用于钢材储运方面,它的优点是具有减少商品破损、扩大销路、提高售价、加快装卸速度、节省劳动力。

(二)销售包装

销售包装又称小包装或零售包装。是用于直接盛装商品并同商品一起出售给消费者的小型包装。

1. 销售包装的特点

销售包装是随着商品一同出售给消费者的。因此,商品的销售包装不仅要求保护商品,适合运输、排装和储存,而且还能美化商品,宣传商品,便于商品陈列展销,便于消费者识别、选购、携带和使用。因此,商品销售包装的设计要根据商品的不同性质、外形、档次、用途,按不同的消费对象、风尚习俗、销售范围和方式来进行,也要考虑资源情况、材料和工艺特点、成本费用以及对环境可能造成的污染等因素,以提高商品的销售包装效能。

2. 销售包装的类型

销售包装的种类很多,主要有便于陈列展销的包装,如挂式包装、堆叠式包装、贴体包装;便携式包装,如手提结构包装;便于使用的包装,如喷雾包装、配套包装、食品蒸煮包装、易拉罐、易开瓶等;防护性包装,如速冻包装、真空包装、充气包装、无菌包装、防霉包装、防潮包装、防虫包装、防锈包装等。

现就上述包装举例介绍如下:

(1)无菌包装。是产品、包装容器、材料或辅助材料在无菌的环境中进行填充和封合的一种包装,它能使食品在一定时期内保鲜。无菌包装有无菌填充包装与半无菌包装两类。前者是把灭菌后食品在无菌的环境中,填充在灭过菌的容器内,加以封合的包装,可在常温条件下流通、保存;后者是将食品加热处理和洗净杀菌,使其接近无菌状态,然后在无菌室进行包装,它需在低温条件下流通,有数周的保存期。

(2)保鲜包装。是采用特殊性能的材料,特殊结构的容器包装商品的一种方法。主要用于水果、肉类食品包装,能在规定的储存条件下，使食品在一定的时间内保持原有的色、香、味。这类包装目前采用的主要材料是高阻隔性树脂与复合包装材料；采用具有微孔透气性的薄膜，可包装具有呼吸规律的水果蔬菜，在保鲜的条件下，可延长贮存寿命，减少自然损耗。

(3)防霉包装。是为了防止内装商品发霉影响商品质量而采取的一种防护措施的包装。如，对内装物进行防潮处理，包装物进行防霉处理，以降低容器内的相对湿度。它主要用于机械、电工、仪器仪表类产品在流通中防止霉菌侵袭。

(4)防潮包装。是为防止因潮气浸入包装件而影响内装物质量而采取一定防护措施的包装。其原理是用防潮材料密封产品，或在包装容器内加入适量干燥剂，以吸收包装内的残存潮气和阻止潮气透入，并可利用抽真空的方法，将密封包装容器抽成真空等。防潮包装主要用于机电、仪表类产品，也用于加工烘烤熟食品的包装等。

(5)防锈包装。是指为防止内装物锈蚀而采取相应防护措施的包装。防锈包装的方法很多，常用的主要是在易锈金属制品的表面涂刷防锈油或脂等，比较现代化的方法是结合防潮原理，用气相防锈塑料薄膜或气相防锈纸包封产品，以达到在运输保管过程长期防锈的目的。但由于金属材料的化学性质不同，在实际工作中应视产品本身的性能和防锈剂的性质而采用不同的方法。

(6)贴体包装。是指将初步包装好的产品，通过抽真空，使包装容器内壁紧密地包贴产品的包装。常用的包装材料主要有硝基纤维、醋酸纤维、乙基丁基纤维或其他塑料片等透明材料。这种包装多用于熟肉、鱼类食品和金属制品。由于硝酸纤维片极易燃烧，包装操作过程要特别注意防火。

(7)速冻包装。指采用耐冷、耐潮包装材料和速冻技术,使内装物在冷藏条件下,可以较长期贮存的包装。此类包装主要用于经过初加工处理后的生鲜食品及冰冻食品等。

3. 销售包装的设计与装潢

商品销售包装的设计,一般是根据"包装国家标准"进行的,以实现包装标准化的要求。因此,对其形状、规格、结构等不宜改变,为提高销售包装的效能,应着重在包装装潢上下功夫。这就要求包装装潢设计,必须在符合商品的特性和销售因素及消费特点的前提下,做到主题鲜明、风格独特、美观新颖。决定包装装潢设计质量的要素有构思、图案、色彩、商标、文字等。

包装装潢直接反映一个企业的经营理念和形象,对有碍企业形象和有伤风俗的低级图案、语言不可采用,同时要防止为了竞争而夸大商品质量、盗用名牌商标和仿制他人包装装潢的不法行为。

4. 销售包装的文字说明

销售包装的文字说明包括以下内容:商品名称、商标和牌号、数量和规格、产地、生产或经营企业、用途或功能、使用方法。药品需说明生产日期和失效期;食品需说明使用原料或成分、含量、食用方法、生产日期和保存期限。对各种文字说明都应简明、真实、易懂。

为方便销售、结账、经营管理和国际贸易的需要,应在销售包装的一定位置上印刷商品条码,以便用扫描器进行阅读、电子计算机计算和打印单据,同时还可起到防伪的作用。

二、商品包装材料

商品包装材料的种类很多,各种包装材料的规格、性能、用途是不同的。了解和掌握各种包装材料特性、积极发展包装材料生产、不断提高包装材料的质量和不断挖掘采用新的包装材料,并合理选材,节约用材,是做好商品包装工作的重要内容。现将我国常用的几种包装材料分述如下。

(一)纸张材料

纸制容器具有轻便、价廉、便于机械化生产、便于印刷等优点。纸张品种繁多,按其重量或厚度可分为两大类,每平方米重量不大于 200 克或厚度在 0.1 毫米以下的统称为纸。每平方米重量在 200 克以上或厚度在 0.1 毫米以上的称为板纸。有些产品定量虽然每平方米重量在 200~250 克,但也称为纸,如白片纸、绘图纸等。

1. 包装纸

主要有牛皮纸、羊皮纸、半透明纸、薄页纸和邮封纸、玻璃纸、蜡光纸等。常用的包装用纸有以下几种。

(1)牛皮纸

它是一种机械性能较高的包装用纸。牛皮纸分为一、二号两种。一号纸原料是未经漂白的针叶硫酸盐木浆;二号纸原料以针叶硫酸盐木浆为主,掺入一定比例的其他木浆。牛皮纸按其纸面状况不同分为:双面光牛皮纸、单面光牛皮纸和条纹牛皮纸。尺寸有 787×1092 毫米、889×1194 毫米的平板纸,也有因用途不同的卷筒纸。

牛皮纸的断裂长、耐破度、耐折度等强度指标都比一般纸张要求高,用途非常广泛,多用于包装呢绒、绒线和棉、毛、丝、麻织品以及小五金、工具、仪器零件等。亦有用于加工制作卷宗、文件袋等。是一种用途十分广泛的工业包装用纸。

(2)羊皮纸、半透明纸和防油纸

羊皮纸也叫植物羊皮纸或硫酸纸,半透明纸也叫仿羊皮纸,防油纸也叫牛油纸,都是半透明的高级包装纸。主要用于包装乳制品、油脂糖果、茶叶、药品等怕潮的商品。以上三种半透明纸,在外观方面,以半透明纸透明度最高,最为光滑,质地也较柔软;防油纸透明度较低,光泽度也较差;羊皮纸透明度低,而且纸面基本没有光泽,质地略带硬性。在迎光透视下,半透明和防油纸都可以看到纤维组织形态,而羊皮纸则看不出纤维组织,但仔细观察纸面,可以看出有未经完全羊皮化的细小纤维出现的白花。在强度方面,以羊皮纸为最高,防油纸次之,半透明纸最低。

(3)薄页纸和邮封纸

它们都是高级包装用纸中最薄的单面光纸。由于纸张很薄,所以对生产技术条件要求也较高。

薄页纸主要是经过加工、上蜡后,供包装食品等用途。

邮封纸是由过去主要用作邮票衬纸而得名,目前多用作包装卷烟的铝箔衬纸,或加工上蜡后用作糖果的包装纸。邮封纸比打字纸薄而强韧,一般也用于多写复写和印制单据传票、凭证等代替打字纸。邮封纸在包装仪器、化妆品、水果等方面也日益被广泛采用。

(4)玻璃纸

玻璃纸是一种高级的包装装饰用纸。其特点是:色泽透明,厚薄一致,纸面光滑,纸质柔软,具有不透气、不透油、不透水等特性。玻璃纸因经塑化处理含有甘油,故吸湿性较大,受潮后易生皱纹,甚至粘结成块。在高温的影响下,会因水分蒸发而使纸质发脆,亦会粘结成块。玻璃纸的纵向强度大于横向,这是由于纤维微晶体纵向平行排列的结果。

玻璃纸最适合包装糖果、饼干、茶叶、卷烟、药品等易于受潮变质、串味的商品。由于透明度高和光泽都特别高,用于包装丝织品、针棉织品、化妆品和礼品,能起到美化商品的作用。

(5) 蜡光纸

蜡光纸是一种单面涂色的加工纸。主要用于印刷商品商标,糊裱盒面以及其他美术装饰等方面。蜡光纸一般均为平板纸,尺寸为 702×502 毫米。

蜡光纸的特点是,单面涂色、表面特别光亮,颜色鲜艳,具有良好的抗水性,虽经摩擦或折叠,涂料也不易脱落。

2. 包装板纸

包括箱板纸、瓦楞纸、黄板纸、白板纸。

(1) 箱板纸。又称牛皮箱板纸。它的特点是:纸质坚挺而富有韧性,具有耐压、抗水、耐折、抗张等性能,是制作纸箱、纸筒、纸盒等以及各种衬垫的材料。

(2) 瓦楞纸。由纸板经机械滚压成的波状的瓦楞型纸板后,再与箱板粘合而成。在运输包装中广为应用。瓦楞纸有 V、U、UV 三种波型,(见图 8-1)。以 UV 型抗压性最佳。这三种波型的瓦楞纸都可制作各种箱盒。空心结构的瓦楞纸有一定耐压和弹韧性,轻便,能折叠、堆放、捆扎和封固方便;箱面平整,便于印刷各种标记;成本低,便于机械化生产和回收利用。所以瓦楞纸箱是一种很有发展前途的外包装容器。

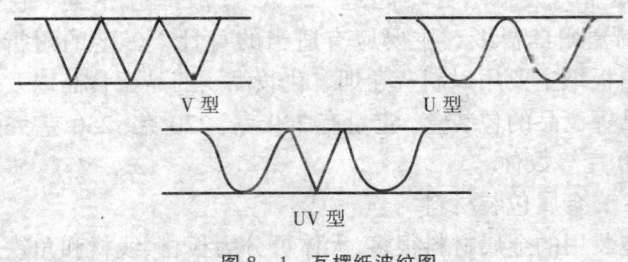

图 8-1 瓦楞纸波纹图

（3）黄板纸。亦称草板纸，主要用于制造纸箱、纸盒、账册封皮、书皮、皮箱衬板等。草板纸的定量是以号数来表示，根据部颁标准，分为4号、6号、8号、10号、12号、14号、16号七种，规定4号纸板的定量为每平方米200克，每增加一号增加55克。

黄板纸每吨规定40令，每令重25公斤，因此，每令纸的张数依定量的不同而有不同。可根据纸板的定量乘以每张纸的平方米面积，计算出每张纸板的重量，再除每令纸板的重量，即计算每令纸板的张数。

黄板纸是采用未漂白的稻草浆制成的，故呈草黄色，这种纸面虽经压光，但比较粗糙，机械性能也较低。黄板纸的质量首先决定于纸板的紧密度和抗张力，其次要求纤维组织均匀，表面压光平整，水分在标准限度以内，在外观方面，要求不许有疙瘩、草壳、鼓泡以及变形、不平整等现象。所以，在黄板纸的表面一般都裱糊印有图案、文字的有光纸。

（4）白板纸。是以漂白化学纸浆作面浆，各种杂浆为里浆所制成。白板纸质量要求分印刷和制盒两种。印刷用白板纸的要求主要是表面洁白光滑，双面纸板白度一般在80度以上，单面纸板白度一般在70度以上，不许有露底的现象，纸板应平整、厚薄一致，表面不起毛，并不许有突出硬粒。质地紧密，伸缩力大，水分不超过12%，一般适应5至7色套印。制盒用白板纸，主要应有适当的身骨、一定的耐折强度。白板纸主要用以制造卷烟、化妆品、药品、食品以及文具用品等商品的包装盒，定量有200克、220克、250克、300克、400克等数种。

（二）金属包装材料

包装用的金属材料很多，大体可分为板材、线材和角铁三种。板材如黑铁皮、镀锌铁板、镀锡铁板等,主要制造捅、罐、箱等,盛装粉状、浆状和液体商品,具有牢固、防潮、防腐蚀、不透气、易焊接加工等优良性能。在包装容器中还有一种铁塑桶,是在铁桶内装有聚乙烯制成的内胆,适用于包装化工产品和危险性商品,具有牢固、防漏、抗压、防潮、耐酸碱腐蚀的特点。铁丝可用来制铁笼和用做捆扎材料,多用于畜禽的运输,运输包装的捆扎等。角铁是制作大型包装箱的主要栏架材料,内镶木板材、苦土、板材等,主要用于大型机械设备的运输包装。

(三)木材

包装用木材主要是制成木箱和木桶。具有坚固、便于装卸的优点。木箱有胶合板木箱、花格木箱,适宜装易碎、质轻商品、精密仪器、机械零件等;框架木箱宜装笨重机械设备、电器设备。木桶多用于专用性商品,如海鲜商品、化工商品、出口烟叶包装。

木材的种类很多,包装用木材应具有一定的强度和硬度,钉着性能好,无嗅、无味、色浅及价格低廉等。常用的包装木材树种有红松、落叶松、云杉、冷杉、红杉、铁杉、柞木、榆木、杨木、枫香、桤木等。

(四)塑料

塑料在包装材料应用上,越来越显得重要。各种塑料包装材料已被广泛应用于包装容器。由于塑料具有良好的可塑性,包装容器造型更适合于设计的要求,可制成各种箱、桶、瓶、筐、袋等多种形式。其优点是:光学性能好,透明有光泽;质轻,富有弹性和柔软性,耐折叠、耐冲击、耐磨、耐寒、耐热,抗压缩、抗震动,防水、防潮,密封性和热封性好,可进行充气、真空软包装,物理性能好;耐酸碱、耐药剂、耐油脂、防锈蚀、防虫害、防污染、防氧化,适宜危险品和化学品包装;加工成型简单、易着色,便于大量生产,节约能源,价值较低廉;有广泛的代用性,可代替纸、金属、玻璃、木材、棉麻、陶瓷等材料。

可用于制作包装容器的塑料材料多达数十种,我国常用的塑料有低密度聚乙烯(LDPE)、中密度聚乙烯(MDPE)、高密度聚乙烯(HDPE)、超高密度聚乙烯(UHDPE)、聚丙烯(PP)、聚氯乙烯(PVC)、双向拉伸聚丙烯(OPP)、聚苯乙烯(PS)、聚偏二氯乙烯(PVOC)、可发性聚苯乙烯(EPS)、可发性聚乙烯(EPE)、聚乙烯醇(PVA)、聚酯(PET)、聚酰胺(PA)以及醋酸纤维素、聚碳酸酯等等。某中用量最大的是聚乙烯类、聚丙烯、聚氯乙烯、聚苯乙烯和聚酯等。

塑料是一种人工合成的高分子材料,自然降解度很差,长时间不易腐烂,其包装废弃物极易造成环境污染。因此,在包装设计和应用中要特别注意预防"白色污染"问题,并创造条件做好塑料废旧包装的科学处理工作。

(五)玻璃

玻璃属无机硅酸盐制品。其特点是:透明、清洁、美观,有一定的机械强度和良好的化学稳定性,易封闭,价格较便宜,可多次周转使用,资源丰富。

玻璃包装容器常见的有瓶、罐、缸以及玻璃复合材料等。

(六)纤维织物

传统的织物有麻袋和布袋,它们具有耐用和不污染商品以及便于回收利用和使用方便的特点。适合盛装颗粒状和粉状商品,以及用作畜产品、纺织品、纤维原料的运输包装或销售包装。目前,化纤织物包装材料已被广泛使用,它们比天然纤维织物包装材料更具有强度大、吸湿性小、轻便、耐腐蚀、易清洗等优点。其中,以聚丙烯裂膜纤维织造的聚丙烯纺织品使用最广泛。

(七)竹、柳、草编织品

用树条、竹条(竹篾)编织的筐篓以及草编的蒲包、草袋,具有就地取材、成本低廉、透气性好的优点,适宜包装生鲜商品、部分土特产品和陶瓷产品等。

(八)复合包装材料

复合包装材料是利用不同种类、不同性能特点,又适于复合加工的材料,经先进的工艺处理,制成的性能优良、用途广泛的新型包装材料。多用来制作软包装和半硬性的防霉、防锈、防震、保鲜、真空、贴体、蒸煮包装容器等。

复合包装材料近几年发展迅速,应用广泛,主要品种有:OOP—PVOC—LDPE, OOP—玻璃纸—PE, PET—PVOC—LDPE, OPP—乙烯水合物—PE, PET—PE, 涤纶—聚乙烯, 铝箔—聚乙烯, 涤纶真空镀铝—PE, 布—铝箔—聚乙烯, PA—MDPE, 纸—铝箔等等。

(九)包装辅助材料

随着包装技术、包装功能、包装品类的不断发展,为进一步提高包装质量,满足不同产品的一些特殊要求和丰富人们的物质文化生活,各种各样的辅助材料应运而生,如干燥剂、防锈剂、缓冲材料、捆扎材料、粘合剂、胶带、礼品装饰材料等。这些材料对保护内装物、提高商品价值、美化装饰商品销售包装等都有着重要作用。

应该指出的是,在商品包装中,不论选用哪种材料,均要求能保护好内装物、防止变质、保证质量,并且便于开启和提取内装物;造型和色彩美观,能产生陈列效果,降低包装费用,提高商品价值和激发消费者的购买欲望。总之,应当达到易操作、易填充、易封合、适宜机械化作业的要求,并节约材料,降低成本。

第三节　商品包装标准化

一、包装标准化的作用

商品包装标准化,是根据商品体的要求,对包装的类型、规格、容量、材料、容器的结构造型、印刷标志、封装及衬垫、检验方法等的统一规定和贯彻实施。

具体是指根据商品的物理化学性质、形状、体积和重量,从有利于商品生产、流通、安全和节约的原则出发,按照经济适用、牢固、美观的基本要求,制定统一标准,并由有关部门规定实施办法,使同种或同类的商品包装趋于一致。其主要内容包括:统一材料、统一规格、统一容量、统一标记和统一装封方法等。

包装标准化工作是提高产品包装质量、减少消耗和降低成本的重要手段,其作用主要有以下几个方面。

(一)包装标准化有利于包装工业的发展

包装标准化是有计划发展包装工业的重要手段,是保证国民经济各部门生产活动高度统一、协调的有利措施。

商品质量与包装设计、包装材料或容器、包装工艺、包装机械等有密切联系。商品能否安全进入流通领域和消费领域又与运输、装卸、储存等条件有关。因此,完善商品包装的标准,涉及到国民经济的多方面,通过标准化工作,根据各方面的需要,制定出行业标准及相互衔接标准,逐步形成包装标准化体系。这不仅为包装生产提供了技术依据,而且还将各部门、各生产单位有机地联系起来,协调相互联系,促进包装工艺的发展。

（二）包装标准化可提高生产效率，保证商品安全可靠

根据不同商品的特点，制定出相应的标准，使包装质量得到保证，减少产品在流通中的损失，确保商品安全。包装标准化的实施，使包装标准化、系列化、包装机械有关零部件通用化。简化不必要的包装容器的品种、规格，为专业化协作生产创造良好条件，为高速、优质及提高劳动生产率开辟新途径。

（三）包装标准化有利于充分合理地利用资源，减少材料消耗，降低商品包装成本

包装标准化可为包装设计提供合理的要求，在保证储运和销售的前提下，进行最经济的包装设计。过去纸箱规格参差不齐，质量不好，仅京、津、沪、穗、汉、青岛六个地区就有1300多种规格的纸箱。试行包装标准化以来，纸箱统一简化为27种规格，降低半成品损耗千分之五。上海、天津两市，仅针织内衣包装实行标准化，一年就可降低包装费上百万元。

（四）包装标准化便于运输，提高仓库利用率和包装物的回收利用率

商品包装规格统一，易于计算库容，便于运输、储存，为合理使用运输工具和仓库提供了条件，试行纸箱包装标准化后，提高包装物的回收率、节省纸箱用料为10%。

（五）包装标准化，对提高我国商品在国际市场上的竞争力，发展对外贸易有重要意义

当前，包装标准化已成为发展国际贸易的重要组成部分。包装标准化已成为国际交往中互相遵循的技术准则。国际间贸易往来都要求加速实行商品包装标准化、通用化、系

列化。

二、包装标准的制定

商品包装标准包括销售包装标准和运输包装标准两部分。商品包装根据商品的特性,在包装上有所不同,但不同商品在包装上又有许多相似之处。例如,玻璃器皿和仪器是两种不同的商品,包装结构也各有特点,但在外包装设计上、防潮、防震、运输储存等方面的要求有许多共同之处。人们可通过标准的制定,把商品包装的共性部分确定统一标准,作为衡量包装标准的共同要求。在此基础上,各专业根据商品的特点再制定出相应的专业商品包装标准。

商品包装标准的制定应掌握四条原则:

(一)要充分考虑到使用,最大限度地满足使用的要求

商品的外包装要保证在正常流通中商品的质量,方便运输、搬运、堆码、计算和养护等,有利于提高流通各环节的劳动效率;商品销售包装要起到保护商品质量的作用,又要起到美化商品的作用,同时还要向便于商品的陈列展销、携带和使用方便的方向发展。

(二)要有科学性、经济性,在技术上要先进,在经济上要合理

科学性是指包装的方法、规格及样式科学。经济性就是在保证商品质量的前提下,尽量用最便宜的包装材料或容器,最简单的包装方法,从便于商品搬运、储存出发来统一商品包装。同时,还有利于包装物的重复利用。

(三)有利于促进生产的发展

商品包装是商品生产的重要组成部分,商品包装技术水平的提高,能促进商品生产的发展。因此,商品包装机械化和自动化是其发展的必然趋势。实行商品包装标准化是商品包

装机械化和自动化的前提,否则会阻碍生产的发展。

(四)应与国际标准相适应

我国自改革开放以来,进出口的商品贸易额成倍地增长,特别是我国加入世界贸易组织后,对外贸易额还要大幅度的增加。如果我们的商品包装标准不适合国际市场的要求,就会影响对外贸易,因此,实行商品包装标准化是参与国际市场商品交流的重要措施。

三、商品包装标准化的内容

(一)包装材料标准化

用于商品包装的材料,都要注意制定质量标准,严格执行标准,不准以次充好,以薄顶厚或乱找代用品。购进商品不仅要按标准验收,也要按标准验收包装质量。

据调查,过去包装木材出口用的是东北松,内销用的是马尾松。近些年来,出口用的是马尾松,内销用的是杂木,有的杂木有节疤、虫蛀,容易开裂,加上包装木箱箱板厚度变薄,这是造成质量差的原因。

其他包装材料,如包装用纸等,都必须制定贯彻质量标准,这是防止商品损失最基础的一环。

(二)工厂的包装工艺标准化

凡是包装箱、桶等,必须规定内装商品数量、排列顺序、合适的衬垫材料,并防止包装箱、桶内空隙太大,商品游动。如木箱包装箱,还必须规定箱板的木质、箱板的厚度、装箱钉子的规格、相邻钉的距离、包角的技术要求及钉子不得钉在夹缝里等。

纸箱必须规定如何封口、腰箍的材料、腰箍的松紧及牢固度等。

布包则要规定针距及捆绳的松紧度等。

回收复用的木箱、纸箱及其他包装箱也都必须制定标准。

(三)包装的规格尺寸标准化

包装箱必须要有规格尺寸标准以及规定的极限重量,一般装满商品的箱子重量不宜太重。如,日本一般要求载重在10~20公斤。

不同商品的包装纸箱规格尺寸能够统一的要尽量统一起来,形成系列,这样有利于箱子的批量生产和回收复用,并能促进商品集合包装运输。上海地区曾推行过系列化通用纸箱,共22个箱组,275个规格,每年取得节约80万元的经济效益。

(四)装卸作业标准化

在车站、码头、仓库等处装卸货物时都要制定装卸作业标准。

要搞好文明操作。机械化装卸要根据商品包装特点选用合适的机具,如集装袋、托盘等。工业、商业、交通运输部门在交接货物时,要实行验收责任制,以做到责任分明。

(五)集合包装标准化

现在盛行集合包装。集合包装主要是指集装箱、集装袋、托盘、组合包装等。这既适合机械化装卸,又能保护商品安全。我国集装箱运输近几年有较快的发展,并制定了部分国家标准,其中20吨以上的集装箱采用国际标准。托盘的国家标准应和集装箱的尺寸相配合。

四、商品包装标准化的实施

商品包装的标准化,必须在生产和使用中认真贯彻执行,才能显示出优越性和效果。因此,必须作好以下几方面的工作。

（一）通过各种形式进行宣传和贯彻商品包装标准化，让使用者正确理解和掌握，并且使他们认识到实行商品包装标准化的重大意义。

（二）按照规定组织生产、改进工艺，使商品包装逐渐向标准化、科学化方向发展。

（三）做好协调工作。由于商品包装是根据商品的特性而采取的质量保护措施，而生产相同产品或类似产品的厂家比较多，因此，只有协调了各方面的关系，才能顺利落实商品包装的标准化。

（四）提高商品包装质量，达到标准的要求。为了贯彻标准化，各有关部门应及时召开商品包装标准化的研讨会，并不断开展关于实行商品包装标准化工作的评估工作，发现问题及时解决，以达到标准的要求，体现出这项标准所获得的经济效果。

第四节　商品包装标志

商品包装的标志是指用简易的文字或图像在商品包装外面制作的特定记号或说明。商品包装标志分为运输包装标志和销售包装标志。运输标志的主要作用是便于商品在运输和保管中的辨认识别，防止错发错运，准确地将商品运到指定的地点或收货单位；便于商品装卸，堆码过程中采取正确的措施，保证商品的质量安全，加速商品流转，销售包装的作用是有利识别，便于分类摆放展销和消费者选择，起到宣传介绍商品，刺激顾客购买，指导消费的作用。

一、运输包装标志

运输包装标志根据其作用不同，分为运输包装收发货标志、包装储运图示标志和危险货物包装标志。

(一)运输包装收发货标志

运输包装收发货标志又称为识别标志,旧称唛头或嘿头。通常是由简单的几何图形、字母、数字和简单的文字组成。一般包括以下内容:

1. 收货人(单位)及发货人(单位)。可用简称或代号表示。

2. 商品类别。一般用简明的几何图形和文字或图案表示。

3. 产品名称。

4. 商品商标。指该产品的注册商标。

5. 数量。

6. 重量。毛重和净重。

7. 体积。长×高×宽。

8. 生产厂名、厂址。

9. 出厂日期。

10. 产地。我国出口产品使用"中国制造"或"中华人民共和国制造"(也可用英文表示)或再附加产品制造城市的名称。内销产品注明生产厂家的全称及厂址。

11. 包装等级。

12. 件号。该件货物在本批货物中的编号。

上述标志内容,可根据包装体的规格、形式、性质有选择的采用,但都要依据包装国家标准《运输包装收发货标志》GB6388 的规定标明。

(二)包装储运图示标志

包装储运图示标志又名指示标志,是指正确对待货物的图案标志,它是根据盛装商品的特性,对商品在装卸、运输和保管中所提出的要求和注意事项，以保证商品安全。它由图形和文字组成，如小心轻放、禁用手钩、向上、怕热、远离放射源及热源、由此吊起、怕湿、重心点、禁止滚翻、堆码重量极限、堆码层数极限、温度极限等。

1. 指示标志的图形

我国国家标准《包装储运图示标志》(GB191-90)，参照采用国际标准 ISO780-1985《包装——货物搬运图示标志》规定，包装储运图示标志图见表 8-1。

表 8-1 中华人民共和国国家标准《包装储运图示标志》GB191-90

标志号	标志名称	标志图形	使用说明
标志 1	小心轻放	小心轻放	用于碰震易碎、需轻拿轻放的运输包装件
标志 2	禁用手钩	禁用手钩	用于不得使用手钩搬动的运输包装件

续表

标志号	标志名称	标志图形	使用说明
标志3	向上		用于指示不得倾倒、倒置的运输包装件
标志4	怕热		用于怕热的运输包装件
标志5	远离放射源及热源		用于指示需远离放射源及热源的运输包装件

续表

标志号	标志名称	标志图形	使用说明
标志6	由此吊起	由此吊起	用于指示吊运运输包装件时放链条或绳索的位置
标志7	怕湿	怕湿	用于怕湿的运输包装件
标志8	重心点	重心点	用于指示运输包装件重心所在处

续表

标志号	标志名称	标志图形	使用说明
标志 9	禁止滚翻	 禁止滚翻	用于不得滚动搬运的运输包装件
标志 10	堆码重量极限	 "最大···公斤" 堆码重量极限	用于指示允许最大堆码重量的运输包装件
标志 11	堆码层数极限	 N 堆码层数极限	用于指示允许最大堆码层数的运输包装件。图中 N 为实际堆码层数,印刷或喷涂时用阿拉伯数字表示。

续表

标志号	标志名称	标志图形	使用说明
标志12	温度极限	温度极限	用于指示需要控制温度的运输包装件。

2. 指示标志的尺寸

标志的尺寸一般分为四种。见表8-2。

表8-2　　　　指示标志尺寸表

单位:mm

号别 \ 尺寸	长	宽
1	70	50
2	140	100
3	210	150
4	280	200

注:如遇特大或特小的运输包装件,标志的尺寸可以比表中的规定适当扩大或缩小。

3. 指示标志的颜色

图示标志的颜色一般为黑色。如果包装件的颜色使图示标志显得不清晰,则可选用其他颜色印刷,也可在印刷面上选用适当的对比色。一般应避免采用红色和橙色。粘贴的标志采用白底印黑色。

4. 指示标志的使用方法和要求

（1）标志的标打，可采用印刷、粘贴、拴挂、钉附及喷涂等方法。印刷时，外框线及标志名称都要印上；喷涂时，外框线及标志名称可以省略。箱状包装位于包装端面或侧面的明显处；袋、捆包装位于包装明显处；桶形包装位于桶身或桶盖；集装箱、成组货物粘贴四个侧面。

（2）标志6"由此吊起"应标打在包装件两个相对侧面的实际吊起位置上；标志8"重心点"应标打在能正确标示出包装件实际重心位置的四个面上。

（3）标志的文字书写应与底边平行，出口货物的标志，应按外贸的有关规定办理；粘贴的标志应保证在货物储运期内不脱落。

（4）运输包装件需标打何种标志，应根据货物的性质正确选用。标志由生产单位在货物出厂前标打，出厂后如改换包装，标志由改换包装单位标打。

（三）危险货物包装标志

危险货物包装标志又称危险品标志。

我国国家标准《危险货物分类和名称编号》GB6944-86把危险货物分为九类。第一类爆炸品；第二类压缩气体和液化气体；第三类易燃液体；第四类易燃固体；第五类氧化剂和有机过氧化物；第六类毒害品和感染性物品；第七类放射性物品；第八类腐蚀品；第九类杂品。

在储运中为引起有关人员的警惕，并根据各类危险货物的性质，加强相应防护措施，保证货物和人身安全，在各类危险货物的运输包装上均应标打能表明内装物特性的图形和文字，组成危险物包装标志。见表8-3。

1. 危险品标志的图形

表 8-3 中华人民共和国国家标准《危险货物包装标志》GB190-90

标志号	标志名称	标志图形
标志1	爆炸品	(符号:黑色,底色:橙红色)
标志2	爆炸品	(符号:黑色,底色:橙红色)
标志3	爆炸品	(符号:黑色,底色:橙红色)

续表

标志号	标志名称	标志图形
标志 4	易燃气体	易燃气体 2 （符号：黑色或白色，底色：正红色）
标志 5	不燃气体	不燃气体 2 （符号：黑色或白色，底色：绿色）
标志 6	有毒气体	有毒气体 2 （符号：黑色，底色：白色）

续表

标志号	标志名称	标志图形
标志7	易燃液体	3 （符号：黑色或白色，底色：正红色）
标志8	易燃固体	4 （符号：黑色，底色：白色红条）
标志9	自燃物品	4 （符号：黑色，底色：上白下红）

续表

标志号	标志名称	标志图形
标志 10	遇湿易燃物品	4 （符号：黑色或白色，底色：蓝色）
标志 11	氧化剂	5.1 （符号：黑色，底色：柠檬黄色）
标志 12	有机过氧化物	5.2 （符号：黑色，底色：柠檬黄色）

续表

标志号	标志名称	标志图形
标志 13	剧毒品	(符号:黑色,底色:白色)
标志 14	有毒品	(符号:黑色,底色:白色)
标志 15	有害品(远离食品)	(符号:黑色,底色:白色)

续表

标志号	标志名称	标志图形
标志 16	感染性物品	感染性物品 6 （符号：黑色，底色：白色）
标志 17	一级放射性物品	一级放射性物品 7 （符号：黑色，底色：白色，附一条红竖条）
标志 18	二级放射性物品	二级放射性物品 7 （符号：黑色，底色：上黄下白，附二条红竖条）

续表

标志号	标志名称	标志图形
标志19	三级放射性物品	(符号:黑色,底色:上黄下白,附三条红竖条)
标志20	腐蚀品	(符号:上黑下白,底色:上白下黑)
标志21	杂类	(符号:黑色,底色:白色)

2. 危险品标志的尺寸

标志的尺寸一般分为 4 种。见表 8-4。

表 8-4　　　　　　　　危险品标志尺寸表

单位:mm

号别 \ 尺寸	长	宽
1	50	50
2	100	100
3	150	150
4	250	250

注：如遇特大或特小的运输包装件，标志的尺寸可比表 8-4 的规定适当扩大或缩小。

3. 危险品标志的颜色

标志的颜色,按标志图 1-21 的规定。

4. 危险品标志的使用方法和要求

（1）标志的标打，可采用粘贴、钉附及喷涂等方法。其标打位置是：箱状包装位于包装端面或侧面的明显处；袋、捆包装位于包装明显处；桶形包装位于桶身或桶盖；集装箱、成组货物粘贴四个侧面。

（2）每种危险品包装件应按其类别贴相应的标志。但如果某种物质或物品还有属于其他类别的危险的性质，包装上除了粘贴该类标志作为主标志（如表 8-3 所列由表示危险特性的图案、文字说明、底色和危险品类别号四个部分组成的菱形标志）外，还应粘贴表明其他危险性的标志作为副标志（副标志图形的下角设有危险品类别号）。

（3）储运的各种危险货物性质的区分及其应标打的标志，应按 GB6944、GB12268 及有关国家运输主管部门规定的危险货物安全运输管理的具体办法执行，出口货物的标志应按我国执行的有关国际公约（规则）办理。

（4）标志应由生产单位在货物出厂前标打，出厂后如改换包装，其标志由改换包装的单位标打。但都要保证标志清晰，并在货物储运期闪不脱落。

二、销售包装标志

销售包装是作为商品的整体与内装物一起转移给消费者，其标志应根据商品的用途、作用、特点、性质及包装容器的形状和材料，进行设计和装饰、标打。

销售包装标志的主要内容有：

（一）产品名称。

（二）生产厂名、厂址。

（三）注册商标图案。

（四）净重或数量。

（五）产品执行标准号。

（六）商品条形码。

（七）使用（或食用）说明及注意事项。

（八）危险品的销售包装，要在明显处印刷或粘贴符合标准要求的相应危险品标志图形。

另外，对某些消费品，为达到宣传推销的目的，可以从我国国情出发，印刷带有时代感的刺激性宣传图案和文字。但既要做到装饰美观，又要与商品的使用价值相符，不能为了竞争和吸引顾客，夸大商品的作用或花费与商品本身价值不相称的费用来装饰商品、炫耀商品的高贵和新奇，而增加消费者的额外负担，损害消费者的利益。

第五节 商 标

一、商标的概念和作用

（一）商标的概念

商标，是商品的标记，俗称商品的"牌子"用以区别不同生产或集团所生产的产品的标志,也是商品的性能、特色、性质和服务的综合体现。这种标记一般用文字、数字、图形或符号,注明在商品或商品包装上。

(二)商标的基本特征

1. 商标是使用在一定商品上的专用标记,商标与商品经济有着密切的联系,具有从属于商品经济的属性。

2. 现代意义的商标代表着一种权益,即商标拥有者的知识产权,具有法律上的专有性。

3. 商标是区别同一类商品的不同生产者和经营者的标志,代表着一个企业的形象和精神,不允许别人侵犯或损害,具有自我保护功能和排他性。

4. 商标代表着一种商品的信誉,反映出一定商品的质量特征,在市场上向消费者提供信息和咨询服务,使消费者认牌选购,因此它具有明显的竞争性。

5. 商标的要素是文字、图形及其组合,但这些文字、图形不是任意使用的,它必须接受法律、民族、风俗、国际惯例的制约,从而具有相当程度的规范性。

(三)商标的作用

1. 区别商品的不同生产者和经营者。这是商标的本质作用。商标是生产者和经营者所生产或经营的商品的标志,通过它可以了解商品的来源和出处,这对于创立信誉、追究商品的生产者和经营者的产品责任具有重要意义。

2. 促进商品的生产者或经营者保证商品质量。商品质量是商标信誉的基础,信誉卓著的商标又为消费者购买商品提供了安全感。作为消费者,通常愿意购买名牌产品,因为名牌是优质的象征。企业名牌产品正是通过商品的优质而赢得消费者信任的。一个名牌产品,一旦在消费者心目中确定了形象,其生产者或经营者就要千方百计保证产品质量,维护产品信誉。因此,商标在保证和提高产品质量方面具有重要作用。

3. 保护生产者与经营者的合法权益。

4. 便于广告宣传。商标是联结消费者与生产经营者的纽带,商标可以引导消费者选购商品。优质的产品,商标信誉好,产品在市场中的竞争力强,以商标作广告可以使用户对商品更加产生好感,促进产品销售,使产品销路旺畅。商品信誉好的商标,常常是通过消费者主动介绍而广为人知的,商标本身也就起到了广告的作用。

5. 有利于发展国际贸易。在国际贸易中,商标对于打开销路占领国际市场,提高商品竞争力具有重要作用。因此,必须发挥商标在国际贸易中的作用,保护我国商标使用权,维护我国的经济利益。

二、商标的分类

商标可按其构成、用途、使用者进行分类。

(一)按商标的构成分类

1. 文字商标。是以文字组成的商标。商标使用者可以根据自己的意愿选择文字作为商标,可以使用汉字、汉语拼音,也可以使用外国文字。例如,"三五"牌座钟、"雪花"牌电冰箱、"丰"字牌耕作机。文字商标的文字使用,必须具有显著特征,不允许以商品的通用名称的文字作为商标。如,"复写"牌复写纸,"荔枝"牌荔枝罐头,不具有显著特征,不得作为商标。

2. 图形商标。是以图形构成的商标。各种各样的图形、图案,如,以花木虫鱼、飞禽走兽、名胜古迹、亭台楼阁等图形作为商标。如"虎牌"保险柜的商标,是用一只猛虎图案。图形商标的特点是生动形象,便于记忆,可以给人留下深刻的印象。

凡图形设计零乱，内容复杂，山川河流和花木鱼虫混杂一体，不具有显著特征的，不能作为商标。

3. 组合商标。是以文字和图形构成的商标，图文并茂，即生动形象，又便于识别，是商标中最常用的一种，例如"飞鸽"牌自行车，是用文字与图形组成的。

（二）按商标的用途分类

1. 营业商标，又称作厂标。它是以企业名牌来命名的。例如，"北京"牌吉普车，"沈阳"牌香烟。

2. 商品商标，又叫个别商标。它是以商品特定规格、品种来区分使用商标的。例如，"永久"牌自行车。

3. 等级商标，是指同一厂商为使消费者便于区别同一品种、不同规格、等级的标记。

（三）按商标使用者分类

1. 制造商标，即厂标。如，"蓝天"服务厂的"蓝天"，"长城"服装厂的"长城"等。

2. 销售商标，又叫商业商标。它是宣传商业经营的标记。我国一些城市中的食品店自产自销一些食品的商标，例如，"锦州"小菜，北京"六必居"酱菜，"稻香村"美味斋等。

3. 证明商标。一般在商品原商标的上面附加有证明意义的标记，如"省优"、"部优"、"国优"产品获奖标记，产品专利权标记等。

三、商标设计的基本要求

（一）商标设计要有利于商品推销

商标是商品的标记，其形象的好坏，直接关系到销售效果的大小。因此，商标名称的选择，图案设计，应给消费者以愉快的感受，才能不断提高商品的"知名度"，有利于商品的推销。否则，缺乏推销力的商标，可能在默默地阻碍商品销售。当然商品信誉的树立,关键在于商品质量的优良。而商标则能起到宣传和树立形象的效果。所以,一个好的商标,应具有强烈的吸引力,消费者一看,就能在思想上产生共鸣,留下深刻的印象,对这种商品发生兴趣。

(二)商标设计应有相对稳定性

商标经注册之后,就享有法律保护的专用权。因此,商标设计不能随心所欲,草率从事,朝定暮改,而应采用那些不受时间和形势变化影响的名牌和形象,并要使商标的形象美而有力,构思新颖,清新悦目,例如"盛锡福"(礼帽)、"王麻子"剪刀、"双箭"牌理发工具,至今沿用。

(三)商标题材反映商品属性应恰当

商标题材的选择,一般与商品属性不发生直接联系,否则会引起同类商品的纠纷,例如保温用具不宜用"保温"的名牌;电冰箱的商标图案就不能有电冰箱形象出现。但是,也不应远离商品属性,例如,冰箱的商标有采用"北极"、"冰峰"、"雪花"等,以寓意制冷的属性。商品商标题材的选择要注重商品信誉的建立,不应采用那些给人以格格不入的感觉,如毛巾采用"幸福"牌给人以好感,而采用"钢铁"牌商标,就显得格格不入。所以,商标题材的选择,应具有一定的象征性,表现一定涵义,并且要简洁、鲜明,使人一目了然。

(四)商标设计要注意禁忌

各国的商标法规,对于商品商标的文字、记号和图案都有一定的禁忌或限制。

我国商标法具体规定了下列文字、图形禁止作为商标使用:

1. 同中华人民共和国的国家名称、国旗、国徽、军旗、勋章相同或近似的;

2. 县级以上行政区划的地名或者公众知晓的外国地名,不得作为商标,但是地名具有其他涵义的除外;

3. 同外国的国家名称、国旗、国徽、军旗相同或者近似的;

4. 同政府间国际组织的旗帜、徽记、名称相同或者近似的;

5. 同"红十字"、"红新月"的标记、名称相同或者近似的;

6. 本商品的通用名称和图形;

7. 直接表示商品质量、主要原料、功能、用途、重量、数量及其他特点的;

8. 带有民族歧视性的;

9. 夸大宣传并带有欺骗性的;

10. 有害于社会主义道德风尚或者其他不良影响的。

使用商标时不得违反上述规定,也不能作为其他标记用于商品包装。除了这些"禁用条款"之外,还有一些禁用惯例,同样是要了解清楚的,如商标不能包含别人的肖像、姓名、姓名简称;另外,不管商标是否用于相同或相似的商品或服务项目,都不能与世界或国内驰名商标相同。

出口商品的商标在使用图形、色彩、汉语拼音时也应符合进口国的法规和禁忌。采用汉语拼音应检查其直译为外文后的涵义。否则将带来不良影响。如"WAF"意为:不保证商品没有毛病;"LD"意为劣等、低质量等。因此,在设计出口商品的图案、文字标志时应慎重对待。

注:在1988年1月3日《商标法实施细则》颁布前已获专利权的地名商标,允许继续使用。

(五)商标名称的选择

商标名称是商标设计的主题和灵魂。因此,商标设计应在认真选择和确定商标的名称之后进行。设计的图案,要突出表现商品的名称。选择的原则是:要思想健康,不落俗套,独具特色,简短顺口,要特别注重消费者的心理,有时可用寓意巧妙或抽象的词汇。

四、商标注册

(一)商标注册的概念

商标注册是指经过商标主管部门核准,并刊登在商标公告上的商标。也就是商标使用人将其使用的商标依照《商标法》以及《商标法实施细则》规定的注册条件、程序,向商标管理机关提出注册申请,经商标局依法审核批准,在商标注册簿上登录,发给商标注册证,并予公告,授予注册人以商标专用权的过程。

注册商标由商标注册人使用,享有专用权,具有排他性,他人不得侵犯。注册商标所有人可将自己注册的商标有偿转让或许可他人使用。使用注册商标应标明"注册商标"字样或标明注册标记㊟或®。在商品上不便标明的,应当在商品包装或者说明书以及其他附着物上标明。

商标注册与不注册区别在于:非注册商标不享有法律赋予的商标专有权,当非注册商标与注册商标相同或相近似,并用于相同或相似的产品上时,非注册商标应立即停止使用。

我国《商标法》规定,企业事业单位和个体工商业者对其生产、制造、加工、拣选或者经营的商品,需要取得商标专用权的,应当向商标局申请注册。在注册办法上,采用自愿注册原则,需要获得商标专用权的企业、事业单位和个体工商业者都可以申请商标注册。

对于国家规定必须使用注册商标的商品,例如,人用药品和烟草制品等,必须申请商标注册,未经商标注册的,不得在市场销售。

（二）申请商标注册的方法

《商标法》规定，商标注册申请采用一类商品、一个商标、一份申请的原则。申请注册商标必须依照1988年9月15日国家工商行政管理局《关于实行商标注册使用商品国际分类的通知》所附的商标注册用商品和服务国际分类表规定的类别提出申请。如果同一申请人在不同类别的商品上使用同一商标的，必须按商标国际分类表分别提出注册申请。对于注册商标，如果需要扩大使用范围，使用到同类其他商品上，应当另行提出注册申请。

申请商标注册应当向所在地、市、县工商行政管理局提出商标注册申请，每一个商标申请应交送商标注册申请书一份，商标图样10张。

对于外国人或外国企业申请商标注册、转让注册和续展注册，除交送申请文件和费用外，并交送代理人委托书一份，代理人委托书应载明代理权限和委托人国籍。

（三）商标注册的审查和核准

市、县工商行政管理局接受商标注册申请人的申请后，经初步审查，认为符合注册申请规定的，并签署意见后，转报商标局审查。商标局对于提出商标注册的申请，应严格按照《商标法》和《商标法实施细则》的规定进行审查，经过一定的审查程序，决定是否核准注册。经过初步审定公告的商标，三个月内无人提出异议或者经裁定异议不成立的，即对申请注册的商标予以核准注册，将核准的商标及核准注册的有关事项，注录在《商标注册簿》上，发给注册人商标注册证，并予以公告。至此，申请人即取得注册商标专用权。

（四）注册商标的续展、转让和使用许可

1. 注册商标的有效期和续展

我国《商标法》规定，注册商标有效期为10年，从商标核准注册之日算起。

商标的续展是指在注册商标有效期满时，需要继续使用该注册商标的，经过一定的合法手续延长商标专用权的有效期。我国《商标法》规定，每次续展的期限为10年，续展的次数不限。

2. 注册商标的转让和使用许可

注册商标的转让是指商标注册人，按一定的条件，将注册商标的所有权转让给其他企业或个体工商业者。转让注册商标的转让人与受让人应该共同提出申请，提交转让注册商标申请书，并交回原注册证，经商标局确认申请手续齐备后予以受理。经商标局核准后，将原证发给受让人，并予以公告。

商标注册的使用许可，是指注册商标的所有人，将其注册商标通过签订使用许可合同，许可其他企业或个体工商业者使用，被许可人可享有该注册商标的使用权。

五、商标的管理

我国的商标管理是国家商标主管机关对注册商标和未注册商标的使用以及商标印刷进行的管理活动。商标是否依法正确使用，既关系到企业本身的信誉和利益，也关系到广大消费者的合法权益，并对整个市场活动能否有秩序的进行有直接影响。因此，加强商标管理工作对促进生产，保证商品质量和维护商标信誉，保证消费者利益，发展社会主义市场经济具有重要意义。

我国商标注册和管理工作的主管机关是国家工商行政管理局和该局的商标局，地方各级工商行政管理部门负责地方的商标管理工作。

（一）商标印制管理

商标标识是商标的表现形式，加强对商标标识的印制管理工作是商标管理的重要任务之一。1985年12月21日国家工商行政管理局颁布了《商标印制管理暂行办法》，这是商标管理工作的重要法律依据。

商标印制工作必须持有工商行政管理机关核发的营业执照，并经核定允许承揽商标印刷、印染、制版、刻字、织字、晒蚀、印铁、铸模、冲压、烫印和贴花等有关业务的企业承担，严格禁止无照或者超越经营范围承揽商标印制业务。商标印制单位应建立印制登记制度，将《注册商标印制证明》或《未注册商标委托书》，以及印制后的商标标识样品，按顺序存放备查，存放期不少于一年。

需印制注册商标的企业、事业或个体工商业者凭《中华人民共和国商标注册证》到所在县级工商行政管理局开具注册商标印制证明，凭证明委托商标印刷单位印制。

需要印制未注册商标的企业、事业或个体工商业者凭《营业执照》到所在地县级工商行政管理局领取《未注册商标印制委托书》，凭委托书委托印制单位印制。

（二）注册商标的管理

1. 检查注册商标的使用。对自行改变注册商标的文字、图形或其组合的，自行改变注册商标的注册人名字、地址或者其他注册事项的，自行转让注册商标的，通知商标注册人限期改正。对抗不改的，报请商标局，撤消其注册商标。对将注册商标用于核定商品以外商品上的行为，责令其改正，或令其另行申请注册。

2. 报请撤消停止使用的注册商标。对连续三年停止使用注册商标的，都可以向商标局申请撤消注册商标。

3. 监督使用商标的商品质量。监督商品质量是我国商标管理的一项重要任务。地方工商行政管理部门发现对使用注册商标的商品有粗制滥造、以次充好、欺骗消费者的行为，责令其限期改正，情节严重的责令其检讨并通报，并处以罚款；对有毒有害并且没有使用价值的商品予以销毁，还可以报商标局撤消其注册商标。

（三）对未注册商标的使用管理

未注册商标如果不是法律规定注册的，允许使用，但是，商标使用人不具有商标专用权，因而，也不受法律保护。由于未注册商标在使用过程中与注册商标专用权的保护和消费者的利益有密切关系，因此，商标管理机关也有必要对未注册商标进行管理。

如果使用未注册商标擅自加注册商标标识，冒充注册商标或商标文字、图形及其组合，违反商标标识禁用条款的，地方工商行政管理部门应当禁止其商品在市场销售，停止广告宣传、封存或收缴其剩余商标标识，责令其限期改正，根据情节，可以予以通报或处以罚款。

此外，凡使用未注册商标，不标明企业名称和地址的商品，不得在市场上销售。

第九章　商品储运与养护

第一节　商品储存

一、商品储存的概念和作用

所谓商品储存,是指商品在生产、流通领域中的暂时停泊和存放过程。它是以保证商品流通和再生产过程的需要为限度。

商品储存是在商品严格检验的前提下,集中入库或直接进入流通领域,并通过妥善保管,然后投入市场销售的"物流"活动,是商品从生产到消费过程中的重要环节,是社会再生产不可缺少的重要条件,对于弥合商品产需在时间上的差异,保证市场供求不致中断,促进生产、满足消费、维护消费者的利益有着积极的作用。

二、商品储存的分类

商品储存分类一般按其性质和作用分为周转性储存、在途商品占用储存、在库商品储存、季节性储存、后备性储存和生产性储存。

(一)周转性储存。是指为了保证消费者需要,保持不间断地供给和销售,必须有一定量的商品进行周转,形成周转性商品储存。

(二)在途商品占用储存。是指为了地区间的商品调节,需要进行商品运输,则形成了在途商品占用储存。

（三）在库商品储存。有些商品在流通过程中需要进行挑选整理、分类编配、拆整分装、集合组装、加工改装等业务活动，会形成一定数量的在库商品储存。

（四）季节性储存。许多商品由于受季节的影响，在产销时间上背离，就需要通过季节储存来调节产销时间上的差异，形成季节性储存。

（五）后备性储存。是指为了防范突然事件（如灾害、战争等）造成的商品需求 就要准备一定数量的商品和物资，则形成商品后备储备——即物资储备。

（六）生产性储存。在社会生产和再生产中，需要源源不断地投入，而投入所需生产资料的供给往往在时间上、地理上存在滞后和分离。因此，必须通过储备手段来解决这个矛盾，以保证社会再生产的进行，从而形成生产性商品储存。

通过以上分类和储存特性可以看出，商品储存的基本功能是创造商品的时间效应，它是解决商品供给和商品需求在时间上矛盾的基本手段。

三、商品储存的原则

商品储存是按照商品流通规律，以保障商品流通的连贯和畅通为基本职能的。对商品储存的要求是既不脱销，又不造成积压，加速资金周转，提高经济效益和社会效益，使商品生产、流通顺利进行。为此，商品储存工作应遵循储存数量适当、结构合理、先进先出、安全经济的原则。

（一）数量适当原则。就是要用科学的方法合理确定商品储存数量，使本企业的商品储存量和市场需求量大致相适应；与社会再生产周期相适应；与本地区交通运输条件相适应。

（二）结构合理原则。储存商品的品种、规格、花色、当次的比例要合理化，适应人们消费心理和实际需求不断更新的需要。因为市场是千变万化的,商品储存也必须具有应变能力,为市场提供质量完好、式样新颖、适销对路的商品。

(三)先进先出原则。绝大多数商品随着储存时间的延长,因受外界条件的影响,其质量会有所下降而影响使用或食用价值。因此,要做到先入库的商品先出库,形成良性循环,以保证商品质量完好。特别是对有保管期限和使用(食用)期限限制的易变质商品,应严格控制在保质期限之内出库和销售。

(四)安全经济原则。要求商品储存环境安全、存放地点要便于购、销、运。商品储存期间要加强安全管理和温湿度管理,堆码、仓容安排要合理,做到出入方便,并为用户提供良好的服务条件。同时,要注意节约、减少费用支出,不断降低储存费用。

四、商品储存的基本要求

商品储存是以商品保管为中心所开展的一系列业务活动,是商品生产的继续,属于生产性活动。它是由一系列相互联系、相互独立的作业活动所构成,包括从接收准备入库商品开始,到把这些商品根据各种需要发运出去为止的全过程。因此,商品储存是一项综合性的技术工作。为保证商品质量,防止商品损耗,在储存管理中要做好以下工作。

(一)严格入库验收

商品入库验收,主要包括数量验收、包装验收和商品质量验收三个方面。必须严格认真、一丝不苟,以保证入库商品数量准确,质量完好,包装符合要求。商品入库验收程序,一是先查大数,后看包装,见异拆验;二是核对单、货,即按照送货单上所列商品的品名、编号、货号、规格、数量等项目,逐项细心核对,保证单货相符;三是认真检验商品质量,质量完好可入库,发现质量或数量问题,应及时分清责任,认真妥善处理。

(二)选择适当场所

商品储存场所主要包括:货场、货棚和库房。选择适当的储存场所是商品安全储存的基础。在选择商品储存的场所中,要根据商品的性能和保管要求,安排适宜的存放地点。

1. 怕潮易霉、易潮解和易生锈的商品,应存放在干燥通风的库房里。

2. 怕热和易挥发的商品,应存放在温度较低的阴凉处。

3. 鲜活易腐商品,应存放在低温库内。

4. 各种危险品应专库存放,符合防毒、防爆、防燃、防蚀的要求。同时要做到分区分类,科学存放,即品种分开,干湿分开,新陈分开,好次分开,尤其是对性质相抵和消防方法不同的,不可同库混放,以免互相影响,发生事故。

(三)科学堆码

商品堆码是指商品的堆放形式和方法。堆码应当符合安全、方便、多储的原则。堆码形式要根据商品的种类、性能、数量和包装情况以及库房高度、设备条件、地面负荷和储存期限、储存季节等条件决定。不同的商品,堆码的方法也应有所不同。例如,对含水量高、易霉变,又需要通风的商品,在雨季应堆码通风垛;对小五金、小百货、交电零件等可在货架上堆码;对易弯曲变形的商品,就堆成平直交叉式实心垛等。

潮湿是引起商品变质的主要原因,因此,存入商品应注意防潮。在堆垛时,一要用枕木、石块、垫板等垫底,并用苇席、油毡纸等物铺垫隔潮;二要对露天货场堆放的商品选择地势高、地下水位低的地方存放,并进行周密苫盖,货堆的四周挖排水沟,以防积水灌入垛下,浸湿商品。

商品堆垛存放,要进行分区分类、货位编号、空底堆码、分层标量、零整分存,便于盘点和出入库。同时要留足"五距",即顶距:平顶房为 50 厘米;灯距:50 厘米;柱距:10~20 厘米;墙距:内墙距为 30 厘米,外墙距为 50 厘米;垛距:库内中间走道 150~200 厘米,货垛间小走道一般不小于 100 厘米。

(四)做好商品在库检查

对在库储存的商品管理,要建立健全定期和不定期、定点和不定点、重点和一般相结合的检查制度。检查方法以感观检查为主,充分利用检测设备,必要时要进行理化检验。对检验中发现的问题,应立即分析原因,采取相应的补救措施,以保证商品的安全。

在库检工作中,除检查商品外,还应检查库内各种仪器设备运转情况,确保设备处于良好状态。同时还要认真检验仓库的清洁卫生和消防设备,并做好防虫、防火、防霉等工作。

(五)做好商品出库

商品出库是仓储业务的最后阶段,要求做到:

1. 必须具有业务部门开出的提货单据,并认真验证核查,手续齐备方能付货。

2. 交付商品的品种、规格、数量要准确,质量要完好,复核要仔细,不错、不漏,单货同行。

3. 商品的包装要完整牢固,标志准确、清楚,符合运输要求。

4. 对预约提货的商品,应及早备货。

5. 对出库商品要本着:先进先出、易坏先出和接近失效期先出的原则,及时发货,但对变质失效的商品不准出库。

五、常用化学危险品储存

(一)化学危险品储存的基本要求

1. 储存化学危险品必须遵照国家法律、法规和其他有关规定。

2. 化学危险品必须储存在经公安部门批准设置的专门的化学危险品仓库中，经销部门自管仓库储存化学危险品及储存数量必须经公安部门批准。未经批准不得随意设置化学危险品储存仓库。

3. 化学危险品露天堆放，应符合防火、防爆的安全要求，爆炸物品、一级易燃物品、遇湿燃烧物品、剧毒品不得露天存放。

4. 储存化学危险品的仓库必须配备有专业知识的技术人员，其库房及场所应设专人管理，管理人员必须配备可靠的个人安全防护用品。

(二)储存场所的要求

1. 储存化学危险品的建筑物不得有地下室或其他地下建筑，其耐火等级、层数、占地面积、安全疏散和防火间距，应符合国家有关规定。储存地点及建筑结构的设置，除了应符合国家的有关规定外，还应考虑对周围环境和居民的影响。

2. 储存场所的电气安装：储存场所、建筑物消防用电设备应充分满足消防用电的需要；储存区域或建筑物内输配电线路、灯具、火灾事故照明和疏散指示标志，都应符合安全要求；储存易燃、易爆化学危险品的建筑，必须安装避雷设备。

3. 通风或温度调节：储存化学危险品的建筑必须安装通风设备，并注意设备的防护措施；通排风系统应设有导除静电的接地装置；通风管道、采暖管道和设备必须采用非燃烧材料制作；通风管道不宜穿过防火墙等防火分隔物，如必须穿过时应用非燃烧材料分隔；采暖的热媒温度不应过高，热水采暖不应超过80℃，不得使用蒸汽采暖和机械采暖。

(三)化学危险品储存限制

1. 遇火、遇热、遇潮能引起燃烧、爆炸或发生化学反应、产生有毒气体的化学危险品不得在露天或在潮湿、积水的建筑物中储存。

2. 受日光照射能发生化学反应引起燃烧、爆炸、分解、化合或能产生有毒气体的化学危险品应储存在一级建筑物中。其包装应采取避光措施。

3. 爆炸物品不准和其他类物品同储,必须单独隔离限量储存,仓库不准建在城镇,还应与周围建筑、交通干道、输电线路保持一定安全距离。

4. 压缩气体和液化气体必须与爆炸物品、氧化剂、易燃物品、自燃制品、腐蚀性物品隔离储存。易燃气体不得与助燃气体、剧毒气体同储;氧气不得与油脂混合储存;盛装液化气体的容器属压力容器的必须有压力表、安全阀、紧急切断装置,并定期检查,不得超装。

5. 易燃液体、遇湿易燃物品、易燃固体不得与氧化剂混合储存,具有还原性的氧化剂应单独存放。

6. 有毒物品应储存在阴凉、通风、干燥的场所,不要露天存放,不要接近酸类物质。

7. 腐蚀性物品,包装必须严密,不允许泄漏,严禁与液化气体和其他物品共存。

第二节 商品运输

一、商品运输的概念与运输质量

商品运输是指商品借助运力在空间位置上的转移过程,即商品实体运动,属于一种"物流"形式。商品运输质量是指商品在运输过程中,保证商品、人身及设备安全,不发生事故,防止各种差错,减少商品损耗,保证商品合理运输。商品运输管理的核心是安全运输管理。

二、商品运输的意义和任务

商品运输使商品的产销和供需有机地联系起来,把商品从产地源源不断地运往销地,对于实现商品的价值和使用价值,促进社会再生产的顺利进行,满足消费者需求有着重要作用。商品运输作为商品在空间转移的手段有着其基本任务,这些任务主要是:

(一)要注重商品运输的速度。做到合理规划流向,密切与各方的协作,减少运输环节,疏通运输渠道,缩短商品待运和在途时间,提高运输速度,尽快地将商品运达目的地,以适应商品购物活动的需要。

(二)要注意提高运输质量,加强商品运输过程中的安全防护,防止发生商品霉腐、残损、燃烧、泄漏等安全事故,努力降低商品运输损耗率;严格执行各项操作规程和有关商品运输安全的法规,切实防止各种差错事故的发生。

(三)要讲究商品运输的经济效益。组织商品运输时,要从全局出发,以综合效益的大小来选择最佳运输方案,通过对运输路线、运输方式、运输环节、运输时间、运输费用等进行综合对比测算,尽量做到商品运输时间快、里程短、环节少、费用省,从而降低商品流通费用,提高企业经济效益。

三、商品运输的原则

商品的运输功能,是发挥商品运输的空间效用而增加商品的价值。商品只有在适当的时间、适当的地点完好地提供给消费者,才能真正实现其价值,完成其职能本身所赋予的任务。为此,在组织商品运输中,一定要按照运输规律,遵循及时、准确、安全、经济的原则进行。从企业经营的角度来考虑，其基本内容是：

（一）及时。就是要按照市场需求和商品流通规律，不失时机地以最短的时间和里程，把商品从产地运送到消费地，及时供应消费需要。否则，供货失时，便会失去时机、失去顾客，在竞争中处于不利地位。

（二）准确。就是要在商品运输过程中，切实防止各种差错，做到不错、不乱，手续交接清楚，准确无误地、按质按量地运达目的地。

（三）安全。就是要在商品运输中，不发生商品霉烂、残损、丢失、渗漏、污染、爆炸和燃烧等事故，确保人身、商品设备的安全。

（四）经济。就是要采取经济合理的运输方式、路线和运输工具，节约人力、物力、财力和时间，完成商品运输任务。

及时、准确、安全、经济是具有内在联系的统一体，不可偏废，只有正确而全面地实施，才能卓有成效地组织好商品运输。

四、商品运输的业务程序

商品运输的业务程序，包括商品的发运、接收和中转三个主要环节。商品发运是商品运输的起点；商品接收是商品运输的终点；商品中转是商品运输过程中需要变换运输方式或运输工具，继续运输才能达到目的地的一种运输形式。三者相互联系、相互衔接，构成商品运输的有机整体。

（一）商品发运业务

商品发运是指发货单位按照交通运输部门的规定或国际惯例办理手续，通过一定的运输方式和运输工具把商品从启运地运送到接收地的作业过程。组织发运时，要加强发运业务管理，做好与各有关部门的联系和运输工具与商品之间的衔接；办好托收、承运、发货、接收、中转之间的商品交接，分清责任，做到商品包装牢固、标记清楚、单证齐全、单货相符、单货同行等。

（二）商品接收业务

商品接收又称商品接运，它是指商品运达收货地后，收货人组织人力、运力、准备仓容和货位，点验接收运达商品的业务活动。接收时要做到卸货及时，点验清楚，入库准确，直拨有序，努力提高接收质量，使接运的各道工序紧密衔接。

（三）商品中转业务

商品中转运输，是指在商品运输过程中，由于运输条件的限制或合理运输的要求，发货单位将商品发运到中途某一适宜的地点后，再进行转运、组装和分运，将商品继续运往最终目的地。商品中转运输是联结发货和收货的重要环节，它直接影响到商品运输时间的长短、费用的高低、市场供应和购销活动以及企业的经济效益。因此，要严格掌握：能联运的不搞分段运输；能直达的不搞中转分运；一般不使用同一种运输方式搞二次中转。必须中转的商品一定使中转运输计划、接收中转商品和组织发运中转商品等三项主要业务衔接好。做到手续清楚、操作认真、转运及时、节约费用。

五、商品运输的基本要求

（一）合理选择运输工具

合理选择运输工具，既能提高运输工具的使用效能，也是运输过程中保证商品质量的重要内容之一。因此，计划发运应根据商品特性和运输量选择适合的运输工具。

1. 石油商品主要是指汽油、煤油、柴油、机械油、润滑油等。分为散装和整装石油运输。

装运散装石油商品,必须限于整车整船,并按石油商品的不同品种,选择规定的运输工具,不可相互替用。特别要注意不能用木船、水泥船、客轮和汽车拖挂车装运汽油和煤油。铁路装运整装石油产品,必须用棚车,切不可用全铁底板的棚车装运汽油和煤油。

2. 危险品包括化肥、农药、炸药和其他一些易燃易爆、有毒、有腐蚀性和放射性商品。

危险品在发运前,要根据危险商品的危险性、商品流向和运输季节、运输距离等具体条件选择适合的运输方式和运输工具,并按照所要装运商品的特性,对车(船)进行检查。尤其对过去装过危险品的车(船),必须清洗干净,不准残留易引起危险灾害事故的物质,否则不可装运。

3. 鲜活易腐商品:

(1)活禽是指家禽家畜等,此类商品的运输特性是易掉膘和死亡。运输要适合活禽的生存条件,最好使用家禽车。小禽的笼筐内,头(只)数不应过密。在保证运输安全的情况下,充分利用车(船)容积,可实行多层装载,在夏冬季节装运时要注意通风,防止降温和防寒保温。

(2)冻结易腐商品,主要有冻猪肉,冻牛、羊、兔肉,冻家禽肉,冻鱼,冻鲜虾等。此类商品的基本特性:它的内温保持在-8℃以下,否则,就会腐败变质。在夏季运输或在温度比较高的地区运输都应选用冷藏车,才能保证此种商品的运输质量。

(3)非冻结商品,主要有鲜水果、鲜蔬菜、鲜蛋、建筑用的各种涂料、工业生产用的液体胶以及其他流质商品。此类产品在运输中对温、湿度要求较严,应选择具有恒温装置的运输工具或采取其他防冻措施,防止运输过程中冻结受损。

对水果中价格比较高的商品,为满足非产区消费,也可选择空运。这样既做到了保鲜,又做到了及时供应。

4. 一般商品运输的工具选择。根据运输商品的性质,在保证商品质量的前提下,选择运量大、能耗小、成本低、投资小的运输工具,宜水则水,宜陆则陆,综合利用。并要充分利用集装箱运输,同时提高铁路运输中整车发运的比例。

(二)严格消防

对装载易燃易爆商品的运输工具,装运前,发货单位必须派专人对车船及其消防设备进行严格检查,认为合格方能装货。机动车出入易燃易爆商品库区,必须在排气管上配戴防火帽。使用货轮、驳船整装易燃易爆商品时,船舱须配制通风筒、防火星网板。易燃易爆商品装卸时,要远离火源。不准在装有易燃易爆商品的木船上生火,也不准使用以煤为燃料的货轮装运汽油等易燃品,如发生火灾事故时,应根据危险品不同的特性,采用合适的消防用品和扑救方法,防止危险事态扩大。扑救人员应配备防护用品,在上风扑救,以防中毒。

(三)严格装载规定

建立严格的商品装运制度,是商品运输的质量保证。

1. 石油产品在装卸搬运和行车行船过程中,严禁撞击、摩擦和接近明火。散装石油商品按规定装载标准进行,并关严排油阀门。罐车铁链必须拖地,以防止行驶中静电负荷过高,引起爆炸。整装石油商品装载时,不得卧装、倒置,要衬垫稳固,以免行车行船时发生移动摩擦引起事故。

2. 危险品不准与普通商品进行拼装,更不准与性质和消防方法相抵的商品拼装,装载要稳固,要与铁器分开,捆塞牢固。危险品装卸时,不准撞、摔、翻、拖、滚、溜,尤其要注意防火、防热。按规定悬挂危险货物信号。对装运爆炸品、一级易燃品、一级氧化剂的车(船),应采取特别防护措施,在市区运输,必须向当地公安部门办理申请手续,按照公安机关指定的时间、路线行驶,不准高速行车、超车及抢行会车。停车时远离建筑物、居民区,押车人员不准离车,并认真做好交接工作。

3. 活禽畜跨地区运输时,应进行检疫,取得检疫合格证后,才能办理托运。同时,对车船进行严格的卫生检查,符合运输条件方可装运。运输途中发现疫情,及时与有关部门联系,采取救治措施。押运人员必须做好监装和运输途中喂养工作。必须在货物运单明显处注明"活动物"字样,并在运单"发货人记事"栏内注明货物允许运到期限。

4. 易碎易流失商品运输。易碎商品是指在运输、搬运过程中,受外力撞、摔、压、震等作用易破碎的商品。如玻璃制品、电灯泡、电视机、收录(音)机、照相机、日用瓷器、生铁制品等。

易流失商品是指易散落流失的散装商品,如粮食、油料、煤炭、水泥、砂石等。

易流质商品是指那些包装破损后造成流失的液体商品。例如:墨水、瓶装饮料和其他液体商品。这类商品包装应符合要求,并在包装明显处注有"请勿倒置""小心轻放"的标记。凡破漏和包装不符合运输要求的商品,应妥善处理后方可装卸。装卸时要轻拿轻放,不准野蛮装卸。同时不准以重压轻,以大压小。不准堆放在易被污染的货物和食品上。散装原粮的车(船),必须符合卫生条件和车(船)箱严密,以防污染流失。同时,必须灌包压顶呈龟背形,并严密苫盖。散装煤、砂石、水泥,注意车(船)箱严密,且不可装载过满,以防流失损耗。

第三节 商品养护

一、商品养护及其重要性

商品养护是商品在储运过程中所进行的保养和维护。从广义来说,商品完成生产过程,未进入消费领域之前,这一段过程的保养与维护都称为商品养护。

商品只能在一定的时期内、一定的条件下,保持其质量的稳定性。商品经过一定的时间,则会使质量向坏的方向转化,这种情况在运输和储存过程中都会发生。因此,根据商品容易破碎、腐烂和爆炸的相对程度不同,在储运上需要采取不同的防治措施,而且商品的不同,使用价值变坏的快慢程度也就不同。由于商品体本身和储运条件决定商品质量的变化程度,同时也决定了商品流通的时间界限。商品越容易发生质变,它对储运条件要求得越严格,它的空间流通就越狭窄,它的销售市场就越带有地方性。因此,易发生变质的商品,对它的流动时间限度就越大,就越需要商品养护。

商品养护是商业部门不可缺少的重要工作之一。同时商品养护是一项技术性非常复杂的工作,概括起来说,就是对商品防与治的问题。在商品养护过程中,应贯彻以防为主,防重于治的方针,防的措施得当,储运商品就不出问题或少出问题。治是商品出现问题后采取救治的方法,如果商品有问题不治,受害的范围会不断地扩大。防和治是商品养护不可缺少的两个方面。

二、商品储存期间的质变因素

商品在储存期间,体内不断发生各种各样的运动变化,这些变化都会影响到商品的质量。商品养护就是根据商品储存期间的变化规律,采取各种措施防止或减弱商品的质量变化,达到保证商品质量,降低商品损耗,防止商品损失,以利商品使用价值的实现。

搞好商品养护,必须研究掌握影响商品储存期间质量的两种因素:

第一,商品本身的自然属性。从内因摸透商品的变化规律,掌握决定商品内因的主要因素,弄清商品本身的成分、性质和结构。

第二,商品的储存环境。掌握外界因素对商品质量的影响,包括空气的温、湿度,阳光,微生物和氧气等。

(一)温湿度对商品质量的影响

温度是指物体的冷热程度,它标志着物体内部分子热运动的急剧程度。在储存中,温度对商品质量变化起重要作用。库内温度超过商品的安全保管条件,会引起商品质量的变化,使商品受到损坏。如打字蜡纸、食品、易挥发商品、农药等,当温度高于它的安全储存范围时,就会发生发粘、变质或熔化;某些怕冻的商品,如墨水等流质商品则会因温度过低出现冻结、沉淀、变质、失效等现象。

各种商品按其内在的特性,各自要求有一个适当的湿度范围,在这个范围内储存商品,就可以使商品质量不发生或少发生变化,达到安全储存的目的。如果仓库的湿度经常地或长期地超过这个范围,就会引起或加速商品的质量变化,从而降低商品的使用价值。例如,当库内相对湿度过大,长期超过适宜湿度,就会引起纺织品、服装、鞋、帽等生霉,金属制品生锈,硅酸盐制品风化,会使易溶商品结块、膨胀、潮解或溶化等变质现象发生。相反,如湿度过低,造成商品体内水分大量蒸发,也会使某些商品干裂、变形、脆损等。

(二)日光对商品的影响

日光具有一定的能量,可以蒸发商品中的水分,日光中的紫外线对微生物有杀伤作用。日光的直接照射已会对某些商品起破坏作用。如棉、麻、丝等化纤织品,若长时间与日光接触,织品中的天然纤维会被氧化,使织物变色;漂白粉在温度高、水分大、见光、不密封的情况下,就会分解;某些高分子商品,如塑料、橡胶等受光、热、氧的影响,便发粘、龟裂、强力降低以致发脆、变质;某些商品见光后,会引起变质或变色的现象。

(三)气体对商品的影响

不同的气体对储存的商品质量变化有着不同的影响。

1. 氧气

储存的商品发生化学变化,绝大多数与空气中的氧有关。氧是活泼的气体,能与许多商品直接化合,使商品变质,有生命力的商品也需用氧气来进行呼吸作用,总之,氧气同商品的锈蚀、霉腐、老化、虫蛀等有直接关系。

2. 氮气

空气中的氮,其化学性比较稳定,在正常的情况下,不与其他物体反应。氮气能隔断氧气,使一些氧化作用不至过于激烈。商品储存在氮气环境中,能大大降低其变质的速度。

3. 二氧化碳

二氧化碳是光合作用不可缺少的成分,同时能吸收和放出辐射能,影响地面和空气的温度,还能抑制仓库害虫和某些微生物繁殖、生长,但会加速金属的锈蚀。

4. 其他气体

臭氧能吸收紫外线,对地面生物有机体有保护作用,但也能引起某些有机商品的老化。含有二氧化硫、硫化氢等的污染空气,能引起或加速商品锈蚀、脆化、变色等质量变化。

(四)虫、鼠对商品的破坏

储存的商品因虫蛀或鼠咬,而造成商品损失或品质下降是经常发生的,特别是纺织品的棉、毛、麻、丝原料及其织品、皮革制品、农副产品、木制品、纸及其制品、粮食及其制品等。由于这些商品含有蛋白质、淀粉、脂肪、纤维素等老鼠、害虫都喜欢食用的成分,因而易遭受仓库虫、鼠的蛀咬。

仓库害虫大都来源于农作物或杂草,由于长期生活在仓库中,其生活习性逐渐改变,能适应仓库环境而继续繁殖。仓库害虫的生活习性主要表现为:能适应恶劣的环境,一般耐热、耐寒、耐干、耐饥,具有一定的抗药性;繁殖力强,繁殖期长,雌虫产卵量大,孵化率高,在适宜的环境中,多数仓库害虫在一年之内能连续不断繁殖;食性广而杂,仓库害虫多数属于杂食性。由于仓库害虫的这些习性特点,一经发生虫害,就会造成极其严重的危害。仓库害虫的种类很多,目前世界上已定名的仓库害虫有600多种,我国记载的有200多种,其危害严重的有70余种,受危害商品有几百种。

仓库的老鼠食性杂,且具有咬啮特性,多在夜间活动,反应灵敏,并有较强的繁殖力。

(五)卫生条件对商品的影响

商品本身、商品包装材料以及仓库内的卫生条件对商品质量变化也有影响。卫生条件差,商品容易受微生物的感染而霉腐。此外,仓库内如有垃圾、灰尘、油污、腥臭也会污染商品。

(六)外力对商品的影响

商品受到重力、压力、摩擦力、冲击力等外力作用,会产生一定形变或质变,当外力大小超出商品所能承受的范围时,商品就会降低或失去其使用价值。如怕压商品,堆垛过高,首先造成包装变形,然后使商品受压,产生形变损害;有些商品受撞击而裂成碎片;有些商品受到摩擦后,表面产生划痕或被磨损,影响其质量和外观。

三、仓库温湿度管理

在商品储存中,绝大多数商品质量的变化是由仓库的温湿度变化引起的。因此,在仓储工作中温湿度的管理十分重要。保持必要的稳定的温度和适宜的湿度,是维护商品质量的重要措施之一。

(一)温湿度的基本概念

1. 空气温度

空气温度是指大气冷热的程度,简称为"气温"。衡量空气温度高低的尺度称为"温标",常用的温标有摄氏和华氏两种表示方法。在仓库温度管理中,一般都用摄氏温标表示法。

摄氏温标是以纯水在标准大气压下的冰点为0度,沸点为100度,0度至100度之间分为100等份,每等份代表一度。摄氏温度用℃表示。

华氏温标是以纯水在标准大气压下的冰点为32度,沸点为212度,32度至212度之间分为180等份,每等份代表一度,华氏温度用℉表示。

摄氏温度(℃)和华氏温度(℉)之间换算公式为:

以华氏度数求摄氏度数的计算公式

$$℃ = (℉ - 32) \times \frac{5}{9}$$

以摄氏温度数求华氏温度数的计算公式

$$℉ = ℃ \times \frac{9}{5} + 32$$

2. 空气湿度

空气湿度是指空气中水汽含量的多少，即空气的潮湿度。水汽越多,空气湿度越大,反之空气湿度就越小。表示的方法有水汽压、绝对湿度、相对湿度、饱和湿度和露点等。

水汽压就是单位面积上所受的水汽压强。大气中水汽含量越多,水汽压也就越大。

气压的单位有毫米、百帕两种。水汽压用产生同等压力的水银柱毫米(mm)高度表示,气象学中用百帕作为水汽压的单位。

换算关系是：

1 百帕(帕斯卡) = 100 帕斯卡(Pa)

760 毫米(mm)汞柱 = 1013 百帕

绝对湿度是指单位体积的空气中实际所含的水汽量。单位为克/米³(g/m³)也可用大气压强单位百帕或毫米(mm)来表示。其相互关系为：

$$g/m^3 = \frac{217 \times 百帕数}{273 + 温度数}$$

或者

$$g/m^3 = \frac{289 \times 毫米数}{273 + 温度数}$$

饱和湿度就是在一定的温度下,单位体积空气中能容纳的最多水汽量。如果超过这个限度,多余的水汽就会凝结,变成液体从空气中析出。当空气达到饱和湿度时,水汽的压力称为饱和水汽压。

相对湿度就是在相同温度下，空气绝对湿度与饱和湿度的百分比。即：

$$相对湿度 = \frac{绝对湿度}{饱和湿度} \times 100\%$$

它表示了空气中实际水汽量达到饱和状态的程度。仓库中的湿度管理,也主要是指相对湿度的控制与调节。

从相对湿度的计算公式可知,若温度不变,相对湿度与绝对湿度成正比关系;若绝对湿度不变,则相对湿度与温度成反比关系。

露点是指含有水汽的空气,其相对湿度会因温度的降低而增大,当温度降到某一数值时,空气中的水汽达到饱和状态(即相对湿度达到100%),随之就会液化,附在商品或库房建筑物等与空气接触的表面上,这种现象叫"结露",俗称出汗。这时的温度叫"露点温度",简称"露点"。因此,露点是以温度表示湿度的概念。

(二)温湿度的变化规律

1. 大气温湿度的变化规律

气温的变化可分为周期性变化与非周期性变化两类,气温的周期性变化包括年变化和日变化。

温度的年变化规律。大气的温度,在一个自然年中,以候(五天为一候)平均温度为标准,呈春(候均温为10℃~22℃)、夏(候均温≥22℃)、秋(候均温度10℃~22℃)、冬(候均温度≤10℃)四个季节,周而复始地变化着。一年中,气温最低的月份,内陆为1月,沿海为2月;最热的月份,内陆为7月,沿海为8月;平均气温均在4月底和10月底。一年中月平均气温的最高值与最低值之差称为气温的年较差。气温年较差的大小,受地球纬度、地表性质的影响。

气温的日变化是指一昼夜内气温的变化。在一昼夜中,最高值在午后2~3点,最低值在凌晨日出前,交替出现,形成白天热、夜间冷,中午暖、早晚凉的规律变化趋势。一个昼夜中,最高气温和最低气温的差值,称气温日变幅,气温日变幅的大小,受地域、地形、季节、土壤等因素的影响。

(2)湿度变化规律

相对湿度的年变化趋势,与气温年变化相反,一般最高值出现在冬季,最低值出现在夏季,但是,各地相对湿度的年变化也不完全一致。例如,沿海地区和受季风影响的大部分地区,夏季季风从洋面带来大量水汽,相对湿度就高,冬季季风从内陆带来干寒空气,相对湿度就低。

温度的日变化,相对湿度的日变化与气温的日变化相反。一般在日出前,相对湿度出现最高值,午后2~3点,相对湿度呈现最低值。但沿海地区由于从海洋吹来的水汽,在午后温度最高时最强。所以,午后温度最高时,其相对湿度也高。

2. 库房温、湿度变化规律

库房内温湿度变化,是服从于大气的温湿度变化的,不论年变化或者日变化,都与库外温、湿度的变化大致相同。但库外气候对库内的影响,在时间上有一过程,且有一定的减弱。所以,库内温湿度变化的时间,总是落后于库外,并且变化的幅度也比库外小,通常是夜间库温高于库外气温,白天库温低于库外气温。由于库房所在地区、方向和库房建筑材料、结构、颜色、空间、垛形等因素的差异,库房的温湿度变化是错综复杂的。

(1)库房温度变化的一般规律

从季节看,一般1~4月和10~12月气温低于库温。6~8月,气温则高于库温。4~5月和9~10月气温和库温大致相当。从库房的建筑材料看,由于材料的比热和导热的系数不同,钢筋水泥建材与砖木建材相比,夏天前者库温比后者高,冬天,后者比前者库温高;从结构看,楼仓,夏天高层库温比低层库温高,顶层最热,冬天则相反,顶层最冷,平房、人字顶的库温高于平顶的库温;从空间看,向阳面和上部库温高于背阴面和下部库温,靠近门、窗、通风口处的库温变化高于其他地方的变化;从垛形看,通风垛,各种间距合理,库内无死角时,库温大致趋于平均。若码实心垛,各种距离欠妥当,库内有死角,则库温都有差异。

(2)库房湿度变化的一般规律

库房湿度除受季节影响以外,还与库房的结构、商品及商品的堆放方法有直接关系。库房或货垛的高度越高,上部的温度高,湿度小,底部温度低,湿度大;地坪,夏季温度偏低,湿度偏高,冬天受冷空气的影响,较为干燥;向阳面,温度稍高,湿度稍低,背阴面则相反。库内有死角处湿度偏高。另外库内湿度变化还与商品含水量和密封程度有关,商品含水量大,库房密封差的,库内湿度变化较大;商品含水量低,库房密封得好,受外界湿度影响小,库内的湿度变化较稳定。

3. 温湿度的测定

测定温湿度仪器有多种,测定温度常用普通温度表、最高最低温度表、自记温度计等。测定湿度常用干湿球湿度表、毛发湿度表、自记湿度表。

(1)温度的测定

在仓库中,测气温常用普通温度表。普通温度表的显液有酒精和水银两种。其中,水银温度灵敏度高,测定范围为 $-39℃ \sim 357℃$,但水银呈白色,不易读数,而酒精温度表的液体呈红色,读数时明显易看,且价格比较便宜。虽然酒精温度表的灵敏度不如水银温度表,但能够满足仓库测温的要求,其测定范围为 $-144℃ \sim 78℃$。

最高最低温度表是用来测定一定时间内空气最高温度与最低温度的温度表。其中,最高温度是一种水银温度表,最低温度是一种酒精温度表。还有一种 U 型最高最低温度表,能同时测定一定时间内空气的最高最低温度。

自记温度计简称温度计,它是连续记录空气温度变化的自记仪器。其特点是能够自动连续记录,从它的自记资料中可以得出库内外温度变化规律,也可以找出一定时间内的最高最低温度和任意时间出现的气温值。

(2)湿度的测定

在测定空气湿度时,目前仓库主要用干湿球温度表。干湿球温度表是一种由两个平行的温度表组成的一套测湿装置,其中一支为干球,另一支球部缠有纱布,纱布另一端浸在盛水的玻璃槽里为湿球。使用时必须保持玻璃槽内的一定水量和槽内水分清洁,才能保证计量的正确性。

毛发湿度表是用脱脂人发制成的。它的特点是读数快,通常在气温降到 $-5℃$ 时代替干湿球温度表使用。

自记湿度计是连续记录空气湿度的自记仪器,其特点与自记温度表相似。

测定空气湿度,通常使用的干湿球计,其作用原理是:由于湿球纱布上的水在不断蒸发时,夺去了水银球上的一部分热量,故湿球示度总比干球低。天气干燥时,纱布水分蒸发得快,干湿差度就大,反之则小。

为了控制与调节库内温湿度,使之适合各类商品的储存要求,仓库要在室内外配置一定数量的干湿球计,以便观察库内外温湿度的变化情况。使用干湿球计时,第一,要切记保持脱脂纱布清洁,不使脏污、干硬、发黄、粘腻。一般一个月要更换一次纱布,方法是:将纱布包球端一圈半,水管中盛水保持二分之一以上。第二,当气温低于 $0℃$ 时,为防止水管冻裂,可暂停记录湿球示数。第三,平时每天上午8点及下午1点各观测一次,记下干、湿球示度,从"温湿度查对表"上查出相对湿度和水汽量,也可根据"干湿球计说明"计算出相对湿度。第四,梅雨季节,对储存易霉、易锈、易吸潮分解商品等的库房,可适当增加观测记录次数,以捕捉有利时机,进行通风散潮。查对方法举例如下:

假定库外温度是32℃,湿球示度是28℃,在温湿度查对表上查得相对湿度是73%,水汽量是24.42克/立方米。

库内温度是30℃,湿球示度是28℃,查得相对温度是85%,水汽量25.53克/立方米。如果库外水汽量小于库内,就可以通风;若库外湿度比库内大,为了阻止潮气侵入库内要密闭门窗。

(三)库房温、湿度的控制与调节

为确保库内商品质量完好,库内的温湿度应经常保持在一定范围内。但由于库内温湿度受库外气候及商品本身含水量和库房结构等方面的影响而发生变化。这就需要采取一定的措施来控制库内温湿度的变化,对不适合商品储存的温湿度,要及时进行控制与调节,创造适宜于商品储存的环境。控制与调节仓库温湿度的方法很多,有密封、通风、吸潮或加湿、升温或降温等。

1. 密封

密封是利用一些不透气、能隔热防潮的材料,把商品严密地封闭起来,以隔绝空气,降低或减小空气温湿度对商品的影响。如密封合理得当,可以起到防霉、防锈、防冻、防干裂、防虫、防潮、隔热等多种效果。

商品密封保管要做到封前认真检查商品质量、商品的含水量,凡是商品质量和商品包装不正常的,不经处理不能封闭。根据储存商品的要求,选择具有隔潮和具有保温性能的材料作密封,同时依据商品性质和气候的特点,科学地选择封闭时间,密封保管的商品要定期和不定期地测定密封的效果。

密封的形式有整库密封或库内外密封,按垛密封、按柜橱密封等。在仓库中主要采用前两种形式。整库密封时,地面可采用水泥沥青、油毛毡等制成的防潮层隔潮,墙壁外涂防水沙浆,内涂沥青和油毛毡,库内做吊平顶。门窗边缘使用橡胶条密封,在门口可用气帘隔潮。

2. 通风

通风是利用空气流通的规律,有计划、有目的地使库内外的空气交换,借以调整库内外的温湿度,使之适应储存商品的需要。通风的方法有自然通风、机械通风。自然通风是开启库房门窗和风洞,让库内外的空气进行自然对流;机械通风是在库房上部装设排气扇,下部装设送风扇,以加速空气的交换。

采用通风的方法调节库内温湿度的关键,是选择和掌握通风时机。通风时机的选择,主要依据商品性质和库内外温湿度的差异,以及库外风向、风力等因素,相机通风才能达到预期的目的。通风时机的选择,应掌握以下原则:通风时最好能达到既降温又降湿的目的,如不能达到这两个目的,也应在不增加库温的前提下,通风降湿,或在不增加湿度的前提下通风降温。在实际工作中,应把握以下各点:

(1)库外温湿度都低于库内温湿度,或内外温度相同,而库外湿度低,或库内外湿度相同,库外温度低时,都可以通风。但防止温差过大,造成结露。

(2)库内商品水分低于当时温、湿度的条件下的商品平衡水分时,不宜通风。

(3)库外温度高而相对湿度低或库外温度低而相对湿度高时,应比较库内外的绝对湿度,如果库内绝对湿度比库外大时,根据需要可以通风。

(4)合理通风的有利时机,可通过实测库内外温湿度,经查表换算来确定。公式:

$$\text{库外空气进入库内变化后湿度} = \frac{\text{当时库外温度的饱和水汽量} \times \text{当时库外的相对湿度}}{\text{当时库内温度的饱和水汽量}} \times 100\%$$

将换算后所得湿度与商品水分平衡湿度比较,如大于平衡湿度,不能通风,小于平衡湿度,就可以通风。此外,还要根据储存商品的不同要求进行通风。

①怕热不怕湿的商品(如塑料、橡胶制品等)与湿度关系很小,在库外温度低于库内时,就可以通风。

②怕湿不怕热的商品(如五金商品等)与库温关系甚小,只要库外绝对湿度低于库内绝对湿度时,就可以通风;如气温低于库内温度、库外相对湿度低于库内相对湿度,也可通风;但气温低于库内空气露点2℃以下时,不能进行通风。

③怕湿又不耐高温的商品(如纺织品、化妆品等)通风时应尽可能以同时降低库内温湿度为主要目的。

④怕冻的商品与温度关系较大,在寒冷季节只要库外温度高于库内温度时就应该通风。

⑤怕干的商品,通风时增加库内的湿度为主要目的。

通风时,要注意风力不能超过五级,以免带进砂土,影响卫生。同时要注意选择风向。一般情况下,北风、东北风、西北风有利于散湿,南风、东南风、西南风较潮湿。通风还应与吸湿、密封等方法相结合。

3. 吸潮

吸潮是指在雨季,库内外湿度都比较大,不易通风时,在库房密封的条件下利用机械吸潮或吸潮剂来降低库内的湿度。

机械降湿是使用去湿机来排潮，将库内湿空气经去湿机的蒸发器而凝成水滴排出，把冷却干燥的空气送入库内，如此不断循环，排除水分，促使库内降湿。

吸潮剂吸潮，是利用其强烈的吸湿性能，迅速吸收空气中的水分，而使库内降湿。吸潮剂有吸附剂和吸收剂两类。吸附剂主要有硅胶、活性炭等，吸收剂主要有氧化钙、氯化钙等。

控制与调节温湿度的其他方法还有很多，如将库顶、外墙、门、窗刷白或在其上边搭遮凉棚，在库顶喷水，库内喷雾，搁置冰块等，另外，还可利用地下式、半地下式库房储存某些怕热、怕冻、但对湿度不敏感的商品。对温湿度要求严格的商品，利用专库储存。

总之，调节温湿度的方法很多，可根据具体条件大胆革新创造出更好的方法。

（四）仓储商品养护措施

商品在储存过程中，由于其本身成分、结构和性质在外界因素作用下会发生变化，产生种种变质和损耗，使商品在质量和数量上受到损失。所以，根据各类商品在储存环境中的变化规律，采取有效的技术措施和科学方法，控制不利条件，创造适宜的仓储条件，从而保证商品质量，减少商品损耗，是商品养护工作的目的和任务。

商品发生质量变化有一个从量变到质变的过程。因此商品养护工作必须坚持以防为主，从加强仓储管理入手，同时针对不同商品的不同性质、特点，采取相应的措施，以防变质。

对即将和已经发生质量变化的仓储商品，必须从技术上采取正确的养护方法，以挽回或减少商品损失。

1. 鲜活食品保鲜方法

（1）低温储藏法是利用低温抑制微生物繁殖和酶的活性，

使生化变化速度降低的一种常用食品保鲜方法。低温储藏按储藏的温度不同又分为冷却储藏和冷冻储藏两种。

冷却储藏又叫冷藏,储藏的温度一般在 10℃~0℃,食品不结冰。因设备条件和制冷剂的不同,有天然冰制冷和机械制冷之分。

采用冷藏的食品主要有水果、蔬菜、鲜蛋等,由于温度在 0℃以上,某些嗜冷性微生物仍可繁殖,而且食品中酶的活性并未完全被控制,因此,储藏期限不宜过长。

冷冻储藏又叫冻结储藏。目前我国冷冻储藏主要用于畜、禽、鱼等的储藏保鲜。冷冻的温度为 -18℃,抑制了微生物的活动和酶的活性,因而冷冻食品可以较长时间储藏。

(2)盐腌与糖渍储藏法

盐腌和糖渍储藏法是利用食盐或食糖溶液高渗透压和降低水分活性的作用,使微生物原生质脱水死亡,从而达到储藏食品的目的。

盐腌法广泛用于腊肉、板鸭、咸蛋、咸鱼、腌酱菜等食品的防腐储藏。食品中加食盐量达 10%~15% 才有较好的防止微生物活动的作用。但有的嗜盐性微生物在 20% 以上的食盐浓度中也可以发育,因此,盐腌食品储藏期不宜过长,并应控制在较低的温度。

糖渍法主要用于蜜饯、果脯和果酱食品,一般加糖在 65%。食糖既防腐、调味,又能增加营养,但糖渍食品要注意防潮,食品受潮后,含水量增加,糖浓度下降,微生物仍可繁殖而导致变质。

(3)气调储藏法

气调储藏即调节环境气体成分的储藏方法。其原理是改变仓库或包装中的正常空气组成,降低氧含量,增加二氧化碳含量。以减弱鲜活食品的呼吸强度,抑制微生物发展和食品的化学成分变化。气调储藏还需有低温条件配合,才能收到良好效果,因此,气调储藏可以看作是低温储藏的强化手段。

自然界的生物,进行呼吸时大都吸收氧气和放出二氧化碳,而氧主要由空气供给。呼吸旺盛和微生物繁殖是鲜活食品容易变质的主要原因。因此,在储藏时,降低空气中氧的含量,增加二氧化碳含量,同时储藏在低温条件下,必然使鲜活食品和微生物的呼吸作用受到抑制,从而增加鲜活食品的储藏性能。具体的方法有两种:其一是普通气调储藏,是利用鲜活食品本身的呼吸作用,消耗空气中的氧和增加二氧化碳的浓度,以达到调节气体成分的目的。其中又有密闭性高的气密库储藏法和塑料薄袋储藏法。其二是机械气温储藏,是利用二氧化碳发生器控制氧的含量,来调节密封库内的空气成分。

(4)辐射储藏保鲜

辐射储藏保鲜,是利用射线源放射出穿透力很强的射线来照射食品,使微生物被杀死,酶的活性受到破坏,从而达到商品较长时间储藏的目的。

目前用来照射食品的射线源主要还是同位素钴 60 和铯 137。这两种射线源都放射出穿透力很强的 Y 射线。

辐射保鲜的关键是照射剂量的控制,照射剂量过低起不到彻底消毒杀菌作用,而照射剂量过高,又会导致对鲜活食品的伤害。因此,要根据鲜活食品的特性,科学确定照射剂量。同时,还应特别注意操作人员的防护。

2. 商品防霉腐

商品霉腐是指在微生物作用下,引起的商品霉变和腐烂等变质现象。引起商品霉变、腐烂和腐败发臭等质量变化,是由于霉腐微生物在商品体内生长繁殖的结果。微生物对商品的危害,是在一定条件下进行的。在适宜的条件下,它能迅速地发育繁殖。当环境条件不利时,其生长就受到限制,甚至死亡。因此,要采取下列措施防止储存商品发生霉腐。

(1)化学药剂防霉腐

将化学药剂喷洒在商品体和包装物上,或喷散在仓库内,可达到防霉的目的。防霉剂能使菌体蛋白质变性,破坏其细胞机能;能抑制酶的活性,破坏菌体正常的新陈代谢;降低菌体细胞表面张力,改变细胞膜的通透性,导致细胞的破裂或分解,即可抑制酶体的生长。苯甲酸及其钠盐对人体无害,是国家标准规定的食品防腐剂。托布津对水果、蔬菜有明显的防腐保鲜作用。

(2)气调防腐

气调防腐是在密封的条件下,采用缺氧的方法,抑制霉腐微生物的生命活动,从而达到防腐的目的。气调防霉窝主要有真空充氮防霉腐和二氧化碳防霉腐两种方法。气调防霉腐对好气性微生物的杀灭具有较理想的效果。

真空充氮防霉腐是把商品的货垛或包装月厚度不少于 0.25~0.3 毫米的塑料薄膜进行密封,用气泵先将货垛或包装中的空气抽到一定的真空程度,再将氮气充入。

二氧化碳防霉,不必将密封货垛抽成真空或少量抽出一些空气,然后充入二氧化碳,当二氧化碳气伓的浓度达到50%时,即可对霉腐微生物产生强烈的抑制和杀灭作用。

(3)低温冷藏防霉腐

低温冷藏是利用各种制冷剂降低温度,以保持仓库中所需的一定低温,来抑制微生物的生理活动,达到防霉腐的目的。

(4)干燥防霉腐

干燥防霉腐是通过降低仓库环境中的水分和商品本身的水分,达到防霉的目的。干燥法,一方面对仓库进行通风除湿;另一方面可以采用晾晒、烘干等方法降低商品中所含的水分。

商品防霉腐除以上较常用的方法外,还有蒸气法、自然冷却法、盐渍法。目前在食品防霉腐中采用的射线防霉腐,越来越受到广泛的重视。

3. 金属商品的防锈蚀

商品锈蚀,是金属商品或附有金属件的商品在环境介质的作用下,发生化学或电化学反应所引起的破坏现象。

金属锈蚀的原因主要有两种:其一是某些金属制品原材料结构不稳定、化学成分不纯,物理结构不均匀等,是引起金属制品锈蚀的原因;其二,由于空气温湿度的变化,空气中的腐蚀性气体的影响,以及空气中的灰尘都是影响金属制品发生锈蚀的外因。因此,在库房管理中,针对金属锈蚀的原因,采取必要的防锈蚀措施,以确保金属制品的安全。

(1)创造良好的条件,选择适宜的场所,改善储存环境,是进行金属制品养护的最基本措施。

在露天货场存放金属材料及其制品,要尽可能远离工矿区,特别是化工企业。地势要高,不积水,地下水位要低,干燥通风,必须做到垫地隔潮,垛底离地面高度为 30~50cm。露天堆垛最好一头高,一头低,或垛顶呈龟背形,以防积水。对于长期露天存放的货垛,最好采用整垛密封。货垛四周无杂草,并有排水沟。

储存金属制品的仓库,要求通风干燥,门窗严密,便于调节库内温湿度,防止出现较大温差,相对湿度一般不超过70%。库内严禁与化工商品或含水量比较高的商品同库储存,以免相互影响,而引起锈蚀。

(2)涂油防锈

涂油防锈是一种最常用的防锈方法。就是在金属制品表面涂一层油脂薄膜,以起到大气中的氧、水分子以及其他有害气体与金属表面隔离的作用,从而防止或减缓金属制品的生锈。涂油防锈法,简便易行,一般效果也较好,且随时间的推移,防锈油逐渐消耗,或者由于防锈油的变质,而使金属制品生锈,所以用涂油法防护金属制品生锈要经常检查,发现问题及时采取新的涂油措施,以免造成损失。目前采用的油脂主要有蓖麻油、变压器油、机械油、凡士林、仪器油、黄油等。为提高防锈油的耐热性能,油膜强度以及对制品表面的附着力,常加一些蜡、松香和缓蚀剂。

(3)气相防锈

气相防锈是利用气相缓锈剂来防止金属制品生锈的一种较新的方法。气相缓锈剂是一些挥发性的物质,它是靠挥发出来的气体达到防锈的目的。气体无孔不入,它可慢慢地充满整个包装空间,及至空隙和小缝中。因此,气相防锈,具有方便、封存期长、包装干净和适用于结构复杂的金属制品防锈等优点。气相缓蚀剂的使用方法有气相防锈纸法、粉末法、溶液法等。

(4)金属除锈方法

主要有手工除锈、机械除锈、化学药剂除锈等。除锈后的金属制品应立即采取有效的防锈措施,以防再次生锈。

4. 危险商品的保管养护

危险品的种类很多,性质也比较复杂,它分别具有不同程度的爆炸性、助燃、易燃、毒害、腐蚀和放射性等危险特征,在储存运输过程中,当它们受到较剧烈的震动、撞击、摩擦或接触火源、热源,受日光暴晒、雨淋水浸、温湿度变化的影响,以及与性质相抵触的物品相接触时,会引起爆炸、燃烧、人身中毒、灼伤等灾害事故。

(1)易爆性商品的保管

易爆性商品在储存中遇到:高温、火触、日光暴晒、摩擦、冲击和强酸的作用等,都会引起爆炸。因此,对易爆商品要加强保管,除作好防热、防潮、防日光、防火、防鼠等日常工作外,在干燥季节要加强做好安全消防工作。

为了确保安全,储存爆炸物品的仓库应选择在人烟稀少的空旷地带。在山区,最好选择多面环山,又没有建筑物的地方;在丘陵地带,最好选择地势低洼、不易危及附近建筑物的地方;在平原,要与周围居民建筑有足够安全的距离,其安全距离要根据爆炸物品的数量、建筑条件和地形情况而定。

储存爆炸物品最好是地下、半地下库,为防止日光照射,库房门窗安装不透明玻璃或用白色涂料染刷,库内照明要安装防爆式电灯,并注意通风,库外四周应设刺丝网或筑围墙等。

爆炸品必须严格按其性能及类别分专库存放,起爆器材及炸药及其他易爆品不得同库存放,库内堆放炸药垛距为1.3米,垛长不得长于5米,垛宽不得超过两个药箱的长度,一般炸药垛高不得超过1.8米。脱脂硝化甘油、雷管等敏感性强的炸药,垛不得高于1.5米,堆码、铺垫平稳牢固。

每幢库房的存药量必须严格限制,一般要求:硝铵炸药为240吨,芳香族类为120吨,硝化甘油为40吨,导火索和雷管为120吨,不可超过以上限量。

在库内不得进行分装。开箱检验和装填药包等作业,发放爆炸品等,要在专门房间进行,无关人员免进,操作时防止摩擦、撞击和震动,不得使用铁制工具,可用铜制工具操作。

(2)易燃性商品的保管

易燃性商品在保管时应做到:库房应具有阴凉、干燥、通风的条件,并严格按照各自的特性分类专库存放,严禁将消防灭火方法相抵的商品同库存放。

严格库内温湿度管理。要将温度严格控制在其燃烧点以下,遇水易燃烧的物品,如钾、钠、电石、氢化铝等要严格仓库湿度的管理,库内要严密干燥。水溶性商品,与此类商品相抵触的商品不准同库存放。库内易燃品还要防止日光直接照射,并做好定期测试温湿度的工作。

严格安全措施。库房之间,库房与其他建筑物之间,要保持一定的消防间距以便于消防作业。库房要安装避雷设备,库内电灯应使用低压电源,并安装防护灯罩。易燃品库区要严禁烟火。柴油车不准驶入库房,其他机动车要装有防火帽。在装卸、搬运易燃物品时,要轻拿轻放,避免震动和互相撞击。

(3)毒害性商品的保管

腐蚀性商品、有毒性商品和放射性商品均称为毒害性商品。对毒害性商品的在库保管注意做到:分门别类专库储存,库房门窗和铁木结构的屋顶架,均应涂刷防护涂料;严格入库验收和在库商品检查。验收时,发现渗漏和破损,不准入库。包装容器应具有较强的耐蚀性,并有严密的封装措施。在充分通风换气后,戴好防护用具,认真做好在库商品检查,发现问题及时救治;库内要清凉干燥,有良好的通风设施;放射性物品库房要坚固严密;装卸搬运要轻拿轻放,不准滚、摔、碰、撞、震动、摩擦和倾斜。

5. 仓库害虫的防治

(1)仓虫的传播途径与生存条件

仓库害虫适应仓库环境,以仓储物为主要危害对象。其传播途径:一是自然传播;二是人为传播。其生存条件主要是温度。仓库害虫是变温动物,能使其生长、发育、繁殖的温度是15℃~35℃,最适宜的温度是25℃~35℃,停育的温度是0℃~15℃及35℃~40℃,低于0℃,高于40℃就达到了仓库害虫致死温度。水分,仓库害虫体内的水分,主要来源于商品所含水分。一般仓库害虫可在商品含水分13%以上和相对湿度在70%以上的条件下生活。干燥的环境会使害虫休眠,以致死亡。

(2)仓虫的防治措施与方法

仓库害虫的防治要贯彻"以防为主"、"防重于治",治早治了,消灭害虫于发生初期。防治的具体方法有:

卫生防治,是杜绝仓虫来源和预防仓虫感染的基本方法,以造成不利仓虫生长发育的条件,使仓虫不适宜生存的一种限制性措施。清洁卫生就是彻底清除仓库内外容易隐藏害虫或不清洁的地方;彻底清洁仓具和密封库房缝隙、孔洞等,严格进行消毒;严格检查入库商品,防止害虫进入库内,并做好在库商品的经常性检查,发现害虫及时处理,以防蔓延。

物理机械防治,一是以自然或人为的调节库房温度,使库内最低温度和最高温度超过仓虫不能生存的界限,达到致死仓虫的目的,例如,粮食、油料可采用日光爆晒;竹木制品可利用蒸气、热水烫杀。低温杀虫是利用其适宜温度以下的低温,致死仓虫,主要是冷冻方法。二是利用人工机械清除的方法,将仓虫排除。这种方法,不仅能杀死或清除害虫,而且还能降低商品水分和杂质,从而破坏害虫正常的生活条件,抑制害虫的发育和繁殖。人工机械清理,利用风车、筛子等人工器械进行清理,将害虫排除。一般在晒后进行效果好,注意把清理出的害虫及杂质聚集烧毁。

化学药剂防治,是利用杀虫剂杀灭仓虫的方法,具有彻底、快速、效率高的优点,兼有防与治的作用。但也存在对人有害、污染环境、易损商品的缺点,因此,在粮食及其他食品中应限制使用。在使用化学药剂防治中必须贯彻下列原则:对仓虫有足够的杀灭能力,对人体安全可靠,药品性质不致影响商品质量;对库房、仓具、包装材料较安全,使用方便,经济合理。化学药剂防治方法有:一是驱避法。即利用易挥发并且有特殊气味的毒性固体药剂放入商品包装或密封货垛内,以药剂挥发的气体驱避和杀虫。常用的驱避剂有萘、樟脑精等,一般可用于毛、丝、棉、麻、皮革、竹木、纸张等商品的防虫,不可用于食品和塑料等商品。二是喷液法。即使用杀虫剂进行空仓和实仓喷洒,直接毒杀仓虫。常用的杀虫剂有:敌杀死、敌敌畏、敌百虫等。采用喷雾、挂布条等方法防治害虫,除食品外大多数商品都可以用来进行实仓杀虫或空仓杀虫。三是熏蒸法。即利用液体或固体挥发气体杀死仓虫的防治方法,所用药剂称为熏蒸剂,常用的药剂有氯化苦、溴代甲烷、磷化铝等。一般多用于毛皮库和竹木制品库的害虫防治。

综合防治方法,根据害虫的生活习性,人为地加以控制和创造对害虫不利的生长、发育和繁殖的外部环境,达到防治仓虫的目的。在综合防治中,需各部门、各环境的协调配合,把防治害虫的基本措施与各种防治方法有机结合起来,因地制宜地全面开展综合防治,才能收到良好的效果。

6. 防止商品老化

防老化是根据高分子材料的性能变化规律,采取各种有效措施,以达到减缓其老化速度,延长其使用寿命的目的。